《中外管理》
杂志的创办人、董事长

我国科技情报学、科技史学
科技政策学、领导科学
管理科学、软科学、环保科学
咨询产业等众多领域奠基者

国务院表彰的第一批
国家级突出贡献学家

杨沛霆 教授 简介

1960年代杨教授围绕关于《日本人如何摸大庆》《中国绿色产业现状》等报告，得到周总理等中央领导批示，也成为中国咨询业的起点。杨教授在1978年首届全国科学大会上荣获个人奖状。

杨教授在文革中完成的《科学技术史》，是我国综合学科研究生最早教材之一，也是国内唯一一本科学技术史专著。其《世界五大科学经济中心转移的经验》在首届科学大会上发言，并下发各省。

1980年代，杨教授领衔中国科协中国科学技术培训中心。1984年起，与钱学森同志、钱三强同志共同成为中国科技讲学团、全国市长培训中心核心讲师，先后为中央各部委100余位部长、1300余位司局长和1500余位市讲课，并获得时任中央军委总参谋长杨得志同志认可。

1991年至今，杨教授致力于企业管理研究，白手起家创办了蜚声官产学三界的《中外管理》杂志，获得袁宝华同志、成思危同志、朱光亚同志、王光英同志等国家领导多年支持。其间，杨教授为国内数十家知名企业和数万名企业界人士作过报告，深得中国企业界广泛尊重。从1991年直到2010年，杨教授执笔的《中外管理》卷首语，始终广受官产学各界名家的关注与喜爱。

八十岁后，杨教授先后完成了《微言薄悟》《企业命典》等个人心得著作。

中外管理
SINO FOREIGN MANAGEMENT
30周年 1991-2021

20年
创业者想大事 不出事

杨沛霆 著

为什么德鲁克（杜拉克）的洞察 70年还管用？
为什么杨沛霆（千字文）的提醒 30年不过时？
为什么中外管理事业30年 能够不仅一本杂志？

能传代的，
只有本质规律，
与深入浅出

朱丽兰
张瑞敏
联袂作序

企业管理出版社
ENTERPRISE MANAGEMENT PUBLISHING HOUSE

图书在版编目（CIP）数据

20年创业者：想大事，不出事/杨沛霆著. — 北京：企业管理出版社，2021.3
ISBN 978-7-5164-2340-0

Ⅰ.①1… Ⅱ.①杨… Ⅲ.①管理学-随笔-文集 Ⅳ.①C93-53

中国版本图书馆CIP数据核字（2021）第045704号

书　　名：	20年创业者：想大事，不出事
作　　者：	杨沛霆
责任编辑：	尚元经　郑小希
书　　号：	ISBN 978-7-5164-2340-0
出版发行：	企业管理出版社
地　　址：	北京市海淀区紫竹院南路17号　邮编：100048
网　　址：	htt://www.emph.cn
电　　话：	编辑部（010）68414643　发行部（010）68701816
电子信箱：	qiguan1961@163.com
印　　刷：	北京天宇万达印刷有限公司
经　　销：	新华书店
规　　格：	170毫米x240毫米 16开本 22印张 230千字
版　　次：	2021年3月第1版 2021年3月第1次印刷
定　　价：	148.00元

版权所有　翻印必究·印装错误　负责调换

序

20年我每期必读

朱丽兰

科学技术部原部长、党组书记 《中外管理》顾问

沛霆同志是我在科技管理领域最为敬重的老朋友之一。记得20世纪八十年代初，沛霆同志就是中组部干教局负责中央领导干部"迎接新技术革命"系统讲座的特聘专家讲师。随后，中宣部联合其他部委举办了"科学决策与九十年代科技讲座"，五讲的次序是钱学森、我、杨沛霆、蒋顺学（时任中央军事科学院院长）、盛树仁（时任国家计委副主任）。我们五位从不同方面去讲，也因这个机缘，我对沛霆同志也更加熟悉起来。

随后，在沛霆同志直接参与下，《迎接新技术革命》讲座走遍了中央部委和全国各省市班子，有总共百余位部级干部、1300多位局长先后现场聆听。这种讲座形式，对我国干部教育事业的发展开辟了一条新途径，对我们改革开放初期的干部领导水平的提升很有帮助，同时也促进了我们在相对落后的科技管理领域能够迅速地赶上去。

我后来负责国家科技部的领导工作，对于如何更有效地促进中国科技发展，自然非常关注。为此，我也会更加感兴趣国内外专家对于发展科技的各种真知灼见。其中沛霆同志的很多看法很新颖，我印象很深，也很认同。比如他说："大家都认同'科技兴国'，这当然是对的。但这只是结果，而还不是本质。因为决定科技水平的，并不是科技本身，而是对于科技的管理水平。没有好的管理，科学技术是搞不好的。管理与科技是促进与制约的因果关系。而就管理而言，决策又是第一位的。"我从事科技管理工作多年，对此深有体会。

序

1991年，沛霖同志受我国"两弹元勋"钱三强同志的倡议委托，创办了《中外管理》杂志。这是一本时代性、针对性很强，且与国情结合上有独到之处的刊物。我几乎每期都看。

《中外管理》的办刊宗旨是"开拓视野，理念领先"。除了每期文章的新鲜、有用之外，这一点也始终表现在他们举办的各种活动上。记得在《中外管理》创办之初，我们国家刚刚确定走中国特色的社会主义市场经济道路，全国企业管理研讨会、训练班很多。但那时我只接受沛霖同志的邀请。因为我相信沛霖同志领导下的《中外管理》，不仅是杂志，办的会和班，也都会有很高的水平。事实也是如此。

1998年，正值国企解困关键之年，沛霖同志开始筹划为我国企业家与国际顶尖水平的管理咨询专家搭桥，并于第二年邀请了世界四大管理顾问公司（麦肯锡、波士顿、安达信、罗兰贝格）联袂为中国企业出谋划策。我记得那是他们唯一的一次同台。这次会议让世界水平的管理经验与中国企业打破现实发展瓶颈的需求，实现了一次零距离接轨。成思危同志、袁宝华同志对这次会议非常重视，也评价很高。我参加后，也确实感受到国外著名管理顾问公司给我们介绍经验、提出意见，对我们企业竞争力的提升，确实是非常必要和有好处的，为我国企业进一步发展提供了强劲动力。

进入21世纪之后，随着全球信息科技革命的崛起，沛霖同志也和《中外管理》一起担负起了围绕企业管理与信息技术对接融合，进而推动我国企业管理水平进一步接近全球顶级管理水平的工作中。科技和管理，第一次关系如此密不可分。而《中外管理》在很早就已捕捉到了这一点，并成为我国最早研讨推动企业管理信息化与数字化浪潮的科普媒体之一。这是很有前瞻性的。

随后，沛霖同志又通过举办企业评选（即"管理中国"总评选），来为中国企业管理水平的提升，提供可借鉴的现实标杆。在他们每届"官产学恳谈会"开幕式进行颁奖典礼时，我经常应邀作为颁奖嘉宾登台，也使得我有机会亲自见证了中国企业管理水平的不断提升。

确实，不能不说，《中外管理》的活动特色，特别表现在自从1992年开始每年一度的"中外管理官产学恳谈会"上。过去20多年，我有幸经常应邀参加。除了为企业颁奖，除了与老友们重聚，这么多年我参会还有一个重要目的：学习。与此同时，经济与科技的结合点落在企业，我在《中外管理》的恳谈会上，又总能够捕捉到企业促进科技发展的最新动态。

  这几年，我虽然年纪大了，也退居了二线，但是我对科技与管理的相互促进依然很有兴趣。而《中外管理》的活动总能让我有所收获。比如8年前，《中外管理》在已过八旬的沛霆同志支持下，很超前地将如今大家刚刚熟悉的AR（增强现实）技术，引入到了恳谈会现场。又比如前几年，《中外管理》邀请了英国的管理学家佐哈尔来恳谈会做演讲。她通过研究量子力学感悟到了在信息化时代，不仅科技自身将从牛顿时代实现升级进入量子时代，管理也将随之进入量子管理时代。那次会议我就专门赶过去，听得津津有味。

  活动再精彩，开完也就完了。而沛霆同志为我们企业发展所做的一切，最主要的是每每通过他20年每月不辍的和企业家们卷首谈心，真切地流淌出来，并凝固下来。20年来。沛霆同志的文章，词句并不华丽，但都是发自肺腑；每篇篇幅也不很长，但总是点中要害。我听说包括海尔CEO张瑞敏等很多优秀企业家，对沛霆同志的卷首语都是每月必读，很受启发。我也是。即便今日，随手翻看，他那些10多年甚至20多年前的文章，很多并不过时。我印象尤其深刻的，是他很早就总结提出的：企业家一定要做到"想大事，做实事，不出事"。至今回想，大家是不是更觉很有道理呢？也因此，《中外管理》是我非常喜欢看的一本杂志。一路走来，很不容易。沛霆同志，功不可没。

  今年正好是沛霆同志九十寿诞，又闻听沛霆同志20年的卷首语，与他的接班总编杨光的10年著述这次合集即将面世，来纪念《中外管理》创办30周年，我很是欣喜，也很期待。愿以此为序，并为老朋友祝寿。

朱佳兰

2021年2月26日

《中外管理》是海尔管理实践创新的发现者

张瑞敏

海尔集团董事局主席、首席执行官 中外管理理事长

作为一位德高望重的著名管理学家，杨沛霆先生对企业很尊重，对致力于管理实践创新的企业尤其关注。他对管理实践充满热情与激情，这是在其他管理学者身上较少看到的品质。正是因为对中国管理发展的一片赤子之心，花甲之年，杨沛霆先生才会担起创刊《中外管理》杂志的重任。

从这本杂志刊名中"中外"二字中可以看出，《中外管理》是开放的，视野是全球的，推动的是全球先进管理理念与中国实践的互动，但其倡导的并不是照搬国外模式和理念，而是通过对话、碰撞，为中国企业实践带来更多启发。可以说，海尔也是《中外管理》的受益者。杨沛霆先生自己谦称是"海尔成长理念的追随者、传播者"，我将此视为他对海尔管理创新探索的鼓励和肯定，而我也更愿意称他与《中外管理》是海尔管理实践创新的发现者。

2004年6月，我和杨沛霆先生在青岛有一次关于管理知与行的谈话。当时，有"传奇经理人"之称的GE前CEO杰克·韦尔奇正受邀在中国巡回讲演。杨先生问我为何不去参加？我回答他，中国企业家去听演讲，是好事儿，会让我们眼界开阔甚至受到启发。但企业管理绝非一蹴而就，最重要的是必须要自立自强！我打了一个比方，这就像把贝克汉姆请来给中国足球队讲上三天三夜，中国足球的水平也不会迅速提高到哪儿去。这也是海尔的管理创新实践心得。海尔的人单合一模式就是源自于海尔的实践，又在小微、链群的实践中不断的丰富和发展。而在向全球复制的过程中，像美国GEA、日本三洋、新西兰斐雪派克，以及全球7万多家

复制和学习人单合一模式的企业，也都是在把握人单合一的根本理念，也就是人的价值第一的基础上，结合实践，创新发展出适合自身的管理方法和工具，实现了引领发展。

杨沛霆先生在此后的文章中谈及此事时，引用了德鲁克所说的：管理是一种实践，其本质不在于"知"，而在于"行"。中国企业面临着中国企业特有的问题，不同国家和文化的企业也都面临各自的问题，这不是只靠学习管理工具和方法就能解决的，必须要"知行合一"，而且知与行要动态合一。

受这次谈话的启发，杨沛霆先生也开始更深入地思考如何让中国企业能更好的活学活用，开始率先在国内开始推广现场访学，而这也不是中外管理的第一次创新。从最初的一本杂志，到1992年创办"中外管理官产学恳谈会"，形成"政府为主导、企业为核心、学者为后盾"的"官产学联手"模式，再到现场访学、赋能企业实践，《中外管理》自身也在服务企业的实践中不断创新变革。

杨沛霆先生将关于管理实践的思考凝结成一篇篇的卷首语。自创刊以来，杨沛霆先生就坚持为《中外管理》杂志撰写卷首语，这一传统被杨光社长传承下来。每期短短千余字的卷首语实用又有启发性，亦能感受到鲜活的中国企业管理实践，值得细细研读。而正在如火如荼行进的中国管理创新实践，和变化创新中的"中外管理"也让我们对下一个30年充满期待。

2021年初春，杨沛霆先生迎来了九十岁大寿，谨以此序言致敬先生，祝先生福寿安康。

2021年3月3日于青岛

目录

002／ **企业的繁荣与发展靠什么?**

004／ **政府应该为企业干些什么?**

006／ **企业机制转换的目标何在**

008／ **再谈政府转变职能**

010／ **要把管理人才培训放到战略位置**

012／ **"翻牌集团公司"可以休矣**
　　　企业家呐喊：新婆婆来了

014／ **市场经济的社会机制**
　　　专业化、社会化

016／ **企业竞争机制依靠政府政策**

018／ **朱镕基经济管理观念的启示**

020／ **市场经济也是一把"双刃剑"**

022／ **现代企业制度在从严管理中诞生**

024／ **企业家的人生真谛**

026／ **中小企业设副职好吗?**

028／ **建立中国式企业领导体制**

030／ **职工股份制与现代企业制度**

032／ **世杯赛与商战**

034／ **企业，要警惕大小骗子**

036／ **华人企业振兴之道**

038／ **国际企业的"再造热"和"外包热"**

040／ **成由勤俭败由奢**

042／ **从企业家的辛酸苦辣谈起**

044／ **管理真谛是"义"**

046／ **当前，企业家要学会保护自己**

048／ **没有创新就没有管理**

050／ **再谈企业家要学会保护自己**

052／ **"认真"是质量的关键所在**

054／ **企业命运在于选拔厂长**

056／ **关键是企业的责任机制**

058／ **世界通用的识别人理论**

060／ **乌杰同志报告的启示**

062／ **青蛙、啤酒和悲剧的反思**

064／ **多元化经营是福是祸**

067／ **混合型企业会有大发展**

069／ **EQ与人才标准**

071／ **产业同构与危机管理**

073／ **"烟草大王"失落的感受**

075／ **索罗斯与知识经济**

077／ **网络化数字化**

079／ **马俊仁、企业名星和炒家们**

081／ **现代企业制度有效组织方式——外包**

083／ **迎接莫测的巨变时代**

085／ **新年要有新思路**

087／ **企业持续发展的五大关键**

089／ **什么是幸福人生**

091／ **炒风不可长**

094/	决策超前管理从严	138/	世界名牌新排名说明什么？
	新加坡归来遐想	140/	创业"三识"
096/	呼吁：重视企业文化	142/	企业经营真的"无国界"了吗？
098/	财富论坛后的静默	144/	从《韦尔奇自传》想到CEO之争
100/	向"常识"挑战	146/	竞争胜利=情报成功
102/	新世纪需要新战略	148/	文化冲突浮出水面
104/	戴尔的故事	150/	世界杯冷门告诉企业什么？
106/	请爱护企业家	152/	科学太远+技术太烦=企业太弱
108/	策划、MBA与炒作	154/	"担保"，危险！
110/	"e"是什么？	156/	盛会在即，恳谈企业家精神与创新
112/	万不可忽视危机管理	158/	从寿星到百年老店的真理
114/	老总的哲学与品格	160/	柯林斯"二鸣惊人"说明什么？
116/	"实事求是"是最高规则	162/	借柯林斯放眼2003
118/	只在灯下找钥匙	164/	一个更替领导模式的时代！
120/	什么是领导？	166/	从美伊战争悟管理
122/	管理是圆形的	168/	面临"非典"的挑战
124/	人对人？制度对人！	170/	"非典"与文化
126/	编辑发明了新手机！	172/	人、文化、管理
128/	蝎子、青蛙与认清本质	174/	员工持股与股票期权的瓶颈是非
130/	中国"大企业病"来了！	176/	CEO要学会讲故事
132/	以德立国与企业管理		推荐《管理故事与哲理》
134/	综合就是创新！	178/	大亚湾归来的感悟
136/	7·13狂欢与"无为而治"	180/	行业协会要大显身手！

目录

182/ 人·兽·权

184/ 官、产、学三股道上的车

186/ 呼唤"科学发展观"

188/ 不可小看文化提升

190/ 故事里的学习型组织

192/ 对话张瑞敏与人生的"三个如此"

194/ 从鞍钢学到了什么?

196/ 中国企业离"了不起"还有多远?
　　造访日本松下的感悟

198/ 谈谈企业人生

200/ "风云榜"与"三个有利于"
　　掩卷2004年的思考

202/ 谦虚、感恩与尊重人
　　感悟在袁老九十寿辰

204/ 养生之道与人生和谐之理

206/ 瞧瞧星巴克,想想狗不理

208/ 从连战"脱胎换骨"谈起

210/ 都来保护"创牌"企业家!
　　以人为本,以钱为本?

212/ 我最敬仰的三大哲人
　　庆贺于光远九十寿诞之感

214/ 领导者的"活法"
　　感悟稻盛和夫

216/ 海尔思想新起飞

218/ 杜拉克与巴金的思想光辉永存
　　深切悼念两位人类思想大师

221/ 有感"富豪"严介和的生存理念

224/ 听比尔·盖茨,想我们自己

226/ 两会晤谈五老总的三大感受

228/ 成功:打破寰臼,豁然开朗
　　有感李开复《做最好的自己》

230/ "世界是平的"我们准备好了吗?
　　"平"旋风刮到中国

234/ 坚持企业的市场主体地位

236/ 攻坚国际品牌:难!却必行!

238/ 十五年,意味着什么?

240/ 武侯祠对联与杜拉克思想
　　从"审势攻心"到"建设性矛盾"

242/ 我所感悟的"效率、公平与和谐"

245/ "三个如此"

249/ 两会新精神与企业新政策

251/ 担当CEO需要什么条件

254/ 为什么热衷领导而非领导的学问

256/ 管理与人

258/ 权力、人性与管理

260/ 通用电气的接班人攻略

263/ 世界级企业家的反主流人生

263/ 感言盖茨与乔布斯的演讲
　　　感言盖茨与乔布斯的演讲

265/ 重温袁老四句铭言
　　　写在《中外管理》创刊十六周年之际

269/ "而立"之际悟道人生

272/ 企业家"养生"之道
　　　感悟"自我管理"

274/ 拜年,先拜健康!
　　　再谈养生健康的学问

277/ 从前辈感言想到管理者素质

279/ 中国经济改革到了哪一步?
　　　感悟两位大经济学家的对话

282/ 中国企业要强化危机意识了

284/ 为什么它们能幸免次贷危机?
　　　震灾之际再谈危机意识

286/ 震灾后,反思管理之本

288/ 立人立言居内创外
　　　企业家成熟的两大表现

290/ 奥运热中静读南怀瑾

293/ 两国元首突然下台之恨
　　　秋高月圆之际,慎思明辨接班人

295/ 解救危机之道,是向潜规则开火
　　　慨然奶粉危机与金融海啸

298/ 感悟企业信仰的奥秘

301/ 向问题"添加剂"挑战

303/ 危机中企业精英们现况如何?

305/ 吴炳新大作与人生哲理

307/ 和老总们谈谈企业文化

309/ 经济危机中,感悟"二次决策"

311/ 盖茨父教之悟与中国教育之殇

313/ 感悟三株吴炳新的《消费论》
　　　什么是社会、组织繁荣
　　　的决定性因素?

316/ 企业大趋势:信息上行,权力下行
　　　南车集团赵小刚董事长的管理理念

318/ 六十年华诞重在警觉未来
　　　从中美博弈谈起

322/ 喜听稻盛和夫与张瑞敏
　　　谈当今企业之本

328/ 缅怀为国鞠躬尽瘁的钱学森主席

331/ 从城管"进村"到房产"绑架"
　　　"以民为本"谈何容易

333/ 中国不能再陶醉于GDP总量了

335/ 比尔·盖茨的父教启示
　　　什么是培养企业家的正确道路

338/ 世博会应该给中国带来什么?
　　　回想1985年参观日本筑波世博会

340/ 当中国模式席卷全球,中国怎么办

342/ 稻盛和夫:也是国人之师

1992.02 企业的繁荣与发展靠什么?

现代企业的繁荣与发展,靠什么?

就此,有种种议论。

我国有几十万个企业,上百万企业家,由于处境、地位不同,会有种种不同答案。但归纳起来不外两类。

一类强调大环境的改革,认为外来干扰,外加负担过重。有的企业接到政府部门颁发的奖状有100多张,但年年亏损,靠政府贷款过日子,这正反映了它们的严酷现实和复杂心态。关键所在,是国家大政策的疏导。占国家总产值近50%的一万个大中企业的领导,有相当多的人持此观点。

另一类强调企业自身管理问题,确认内因是主要的。为什么大环境相同,企业之间出现有盛有衰、有盈有亏?关键在于企业要在吃透用好党和政府的各项方针政策,要在建立健全严格的规章制度,顽强不懈地提高职工素质上下功夫。正如东港公司刘经理所云:国家有利于企业发展的政策够多了,主要是认真理解、认识和执行不够。只要不断提高职工工作的思考热情,一切都好办。持此观点的多是三资企业和乡镇企业的企业家们。

这两种观点都需要我们认真研究思考

从当代企业家们共同的进步思潮来评判企业繁荣与发展,大致有如下三条。

第一,深刻认识产品技术发明很重要,技术改造更重要的原理。一个企业要动员一切技术力量搜索和研究新产品发明,同时要结合厂情动员广大职工从事技术改造。发明靠科技人员,产品生产过程的革新要靠广大职工。我们需要在深层次上认识，这"两靠"不可少，后者更重要的道理。这一经验，已有令人信服的前车之鉴。近十年，美国企业家已承认与日本企业家较量的失败，其重要原因之一，是美国把全部努力的2/3，用在新产品的发明上，而用在产品生产过程的改进与生产技术提高上，只有1/3。日本恰恰与其相反，却产生出世界一流的新产品，畅销全球返销美国。发明此产品的美国人也热衷使用日本公司的产品。我国苏州一带也有类似情况，在全国市场疲软中不疲软，始终保持经济效益增长的势头，这些现象很值得深思。

第二，要靠不断创新实用的管理方式。它产生于认真实践，严格管理的思考创新的过程之中。五六十年代，美国管理方式红极一时。目前，日本管理方式又为世界企业界称道，一个美国厂的原班人马、设备交给日本人管理就能效益改观，奥妙所在是日本管理方式已压倒了美国。美国汽车业贸易逆差根本好转，在某种程度上是靠日本在美国办厂解决的。

日本管理方式的出台，是从丰田汽车的工程师大野耐一创造的"及时适量制造法"开始的。它的完善发展，击败了美国百年来盛行的单一产品大规模生产管理方式，完成了小批量、多样化、低成本的日本生产方式的创举。它的成功，是持久不怠、苦干实干的结果。

我国企业的出路，在于国家大环境、大政策不断合理化的疏导下，更多企业把全部精力用在如上两条，使企业走上自身素质不断提高、产品竞争力不断加强的正确道路上来。至于第三条：资金，不能与上两条相提并论，只要技术不断更新、管理不断合理，自有慧眼之人把资金送来。有了这三条，企业便如鱼得水，进入自由王国。

近年大量报道表明：以上三条，是世界一流企业家的共识。

要坚持按生产要素的作用大小进行合理分配，否则不利于事业发展。

杨泽建

政府应该为企业干些什么？

1992.05

在一次会上，一位对企业管理很内行的专家说：一个大企业的会客室里挂满了政府各部门颁发的奖状，诸如：植树绿化、环境卫生、计划生育等等，几十块红红绿绿盖有政府各部门印章的大牌子，琳琅满目。但是多年大额亏损，无人问津。

上海某厂连续几年亏损，但当该厂职工得知与英国斯米克公司合资经营的消息之后，在领导、职工、设备等一切照旧，英国人也没进厂的情况下，全厂职工精神振奋，产值、收入、利润、人均劳动生产率和出口创汇等直线上升，分别增长54%、62%、32%、77%和200%，企业到处呈现生机勃勃的新气象，人们称这种现象为"斯米克"现象。

这两件事向我们提出一个问题，到底政府应该怎样管企业才好呢？

就此问题，笔者回忆近年几国官员对此作出的不同回答：

德国官员说：我们一年到头的工作就是抓计划，通过计划引导企业符合国家经济发展的需要。只要计划工作制订和执行搞得好，政府的任务就完成了。但是政府绝不参与或干涉企业的运营管理。

苏联官员说：党和政府管企业，首先是管干部，政府主要是通过干部任免、考核、使用、培养工作来控制管理企业，企业服从政府的管理，是政府的基层生产部门。

美国官员说：政府不管企业，是美国政府引为自豪的政策。放开让企业公平地运营竞争，是美国多年一贯的做法。政府只管从企业收税款，并把它花好用好。钱是政府的力量所在。

日本官员说：日本与欧美国家比，不是纯粹市场经济，是政府主导型市场经济，政府对企业的控制与影响比欧美大得多。政府主导是政策主导。日本政府官员下到企业只是发现问题，提出政策方案，不直接指挥、干涉企业。政府官员所提出的政策建议一旦被采纳，晋升几乎是同步的。基层官员在政策建议的竞争中求晋升，这是唯一的仕途。这种机制保证政府是制订产业政策的职能部门。政府是通过政策管理影响企业，促进经济繁荣。

同是政府官员，职能与做法迥然不同，耐人寻味。对企业来说，政府的功能，德国人回答是管宏观计划，苏联官员回答是管干部，美国人回答是管税管钱，日本人回答是制订产业政策。作为政府与企业的关系，怎样做是对的？应该看到，它也和其他问题一样，是有共同规律可循的，这就是它的学问。德国政府是通过计划工作把政府与企业联系起来，把企业目标与市场联系起来，进行有效协调，减少盲目性，发挥国家总体组织效能。苏联政府是把企业作为政府的附庸，具有完全从属性，政府官员没有市场调节观念，因此，在几十年的漫长经济发展过程中，在世界市场上始终处于微不足道的地位，生产缺乏活力。这种政府统管企业的管理模式到1990年已难以为继，走入死胡同。同一年代，美国完全不管的"大撒把"政策也完全破产，由于政府不参与企业经营，不能发挥总体效应，美国企业被欧洲人、日本人各个击破，致使大批企业倒闭、经济衰退。日本通过政府官员不断发现问题，不断修订产业政策，通过大量好政策的协调作用，使经营管理机制不断优化，从而战胜对手。这种政府与企业的通力合作模式基本上是成功的。但是由于政府参与金融、股票、经营活动很深，宏观控制很严，这给高级官员与大企业家勾结谋利创造了机会，丑闻时有发生。另外，出于国家企业的共同利益，哄抬地产与股票价格，形成扭曲的泡沫经济，也给未来隐藏了危险。

总之，美国经济衰退，苏联经济危机，政治解体，日本泡沫经济无不与政府与企业的关系有关。像美国那样不管、像苏联那样与政府一体化都不行，必须在政策、计划宏观软控制上下功夫，认识到政府领导就是政策，成为全心全意为企业服务的真正后台才行。我们必须清醒地看到，过去世界最大规模的组织是军队，是它在决定政府的威慑力量。现在则是企业，是企业决定着国家的实力地位。因此，政府必须全力为企业服务，主要是通过不断推出优化产业结构的政策，使企业获得繁荣，国家得以富强。

企业机制转换的目标何在

1992.07

吸收人才与技术的机制。

这个问题应该说又明确又不明确,明确是要搞活企业,不明确是没说出症结要点。

这里想就此问题展开讨论。

当今世界,国家经济实力的较量,说到底是企业效益的较量,而企业效益的核心问题是吸收技术和吸收人才的机制。

当前的改革开放大业,无论是经济体制改革,还是科技体制改革,其目标与核心问题正是科技与经济脱节。企业不能吸收技术与人才,科技不能进入企业,这个"两层皮"不解决,生产发展的原动力何在,第一生产力如何形成?

一般说生产力要素有四个:生产力=(劳动力+劳动对象+劳动资料)×科技。在这个公式中,奴隶社会衡量财富的标志是奴隶(劳动力),劳动力是第一要素;封建社会衡量财富的标志是土地(劳动对象),劳动对象是第一要素;资本主义社会是大机器(劳动资料),劳动资料是第一要素;当今时代衡量财富的标志正在发生变化,它将是科技力量(劳动资源),科技力量是第一要素。这四个要素在不同历史时期形成相适应的"第一生产力"。

当今世界诸国处于三大类之中:第一类是企业吸收技术与人才的机制很强,技术转化生产力的工作较好,其代表是日本;第二类是科技实力较强,但技术转化率不高,其代表是美国;第三类是科技力量较弱,转化率更低,其代表是非洲贫穷的国家。我们属于哪类?

我国科技队伍不算小,尤其是科研队伍之大可以与列强并提。1988年,日本科研队伍为44万人，中国是41万人，旗鼓相当。水平和能力也没有天壤之别，从最近日本在基础研究上积极与中国合作的态度看，我们的水平受到国际重视。但我们的成果转化率不到10%，日中之间科研经济效益差距之大是惊人的，从经济实效规模看，差40倍以上，我们的科研规模与经济实效与之比较，很不相称。可见，我们要做的大块文章是企业的技术与人才的吸收技术倾斜问题，要从这个最大症结上下功夫，要从活化企业技术力量上下手，才是出路。

当前，政府必须为企业服务，不能再给企业增加负担，这个服务的重点是政策服务，人力、物力、财力流动是服从政策的，政策搞好了，企业的大环境搞好了，企业的"四自"实现了，向技术、向人才的倾斜突出了，企业就会腾飞繁荣。

当务之急，是政府部门精简机构，权力下放，在为企业服务方面有一整套政策，使企业形成吸收人才、吸收技术的机制，则万事大吉。政府要从事务堆的"地狱"中解脱出来，进入抓政策、抓计划的"天堂"，把企业推向市场。让我们千千万万个大中小企业在市场的大洋中迎风破浪前进，它的巨型发动机正是人才和技术。杨

> 一个企业文化绝不同于其他任何一个企业的文化。它是一个企业特有的、传统的、共有的、约定俗成的价值观。
>
> 杨泽建

再谈政府转变职能

`2011.10`

前文我们讨论了政府应有的职能。该文最后指出：政府和企业的关系，像美国完全不管的"大撒把"的办法失败了，像苏联那样把企业与政府一体化的办法也不行，只有像德国和日本那样，政府的全部精力放在计划和政策上，主要是产业发展计划和产业政策，政府通过计划与政策全力以赴地为企业服务，真正当好企业经营的"总后台"，从而达到不断增加企业竞争活力和繁荣经济的目的。

政府要做到这点应该具备什么条件呢？人们普遍认为：首先是精兵简政。政府的职能是通过计划和政策软控制企业，而不是直接指挥，这样把精力聚焦到计划与政策上，所需要的干部就少多了。许多"管理工作"就会转化到以服务为目标的第三产业上去。据统计分析，并得到世界公认的数据是二与八的比例关系，即用在计划和政策上的人力物力最多不会超过20%，而80%的工作是非计划、非政策的"管"性工作。而"管"性工作的效益是低的，有时"管"不好反而起副作用。这部分工作要尽量压缩，让群众根据国家计划与政策自己管自己。日本一个通产省的工作，就相当于我国十几个部的工作，总共才一万人，而我们现有的相当于通产省管理范围的干部达到六万人，是日本的六倍，可是我们所管的经济规模只是日本的十分之一。我们一定要发挥抓计划政策的职能作用，采用"小政府大服务"的组织方式。形势要求我们必须采取持之以恒的坚持精兵简政的整治方针，即使有困难，也要从大局出发，完成历史重任。

精兵简政是日常行政管理工作，它应在日常工作中时时处处得到体现，而不应只靠精简运动解决问题，实际上走的是"日常膨胀，运动精简"、"运动后大膨胀"的路。这样下去，不只是压迫企业不能喘气的高税收下不来，还使政府的职能不断扩大化，造成政府与企业的对立，使经济形势不断恶化。

目前，企业经营中遇到的政策问题很多，由于政府职能没有从"管"转到政策上来，政府干部没有花主要精力放在政策与计划上，使企业在前进中所遇到的政策问题长期得不到解决，这就大大减缓了经济发展速度。这种需要解决的政策问题是很多的，如：实行股份制的大环境与配套政策是什么？股份制实行过程中所需要的制度、章法？股份制带来的问题如何解决？中国证券市场如何管理？如何避免政府部门或干部的操纵与利用？企业产权如何明确？政企分开与党政分开如何做到有法可依？如何把企业推向市场？如何形成企业竞争机制？国家仅有资源如何合理配置？如何使企业承担合理税收，不过重、不漏逃税？如何实行跨国经营，走企业集团化道路？如何使企业具备吸收技术和吸收人才的机制？企业如何实现人事、劳动与分配的合理化？如何完成逐步打破"三铁一大"的历史任务？如何实现群众民主参与企业管理？如何调动职工积极性，真正成为企业的主人？对个别不干活而且捣乱的职工如何处置？如何正确贯彻真正按劳取酬的社会主义分配原则？企业如何实现一业为主多种经营？企业精减人员怎样安排？如何实现企业职工劳动的优化组合？建立什么约束机制使政府真正为企业服务？政府经济发展计划如何通过企业自主经营加以实现？等等。政策问题很多，都需要政府干部深入基层逐一调查研究，提出解决的政策和办法。我始终认为：日本官员的政策业绩是提拔使用的唯一根据很有道理，很值得我们借鉴利用，从而形成政府应具备的政策与计划的国家经营者的职能。

要把管理人才培训放到战略位置

2011.11

"不懂得事在人为，就不懂得管理。"

这句话，在管理学界是公认的至理名言。可见，"人"与"管理"关系之密切，也可见人对于管理来说，是第一重要的。

但是，不是"有了人就有了一切"，而是"有了人才，才有了一切"。人才是经过教育训练出来的，不是天生的，也不是自然成长的。就"自然人"来说，他具有双重性，可能成"人"，也可能成"鬼"，就像伊索寓言中对"舌头"的论述一样，它一方面是"至高无上"的，另一方面又是"万恶之源"。两种后果，来自于两种政策、两种途径，其根本分野正在于有没有重视日常的教育和训练工作。

在管理学理论方面有道格拉斯·麦格雷戈等人的X理论与Y理论，两种理论的基础是把人放到"性本善"，还是放到"性本恶"这两杆秤上度量的问题。X理论把人看成是懒惰的、不诚实的、愚蠢的、不负责任的；Y理论则相反，把人看成生来就是勤劳的、诚实的、聪明的、负责任的。而实际情况，不完全是X理论，更不是Y理论，应该是Z理论。就是人生下来是一张白纸，"近朱者赤，近墨者黑"，完全在于人们给他适当的培养和教育。人在自己的工作生活实践中，通过教育，使人格完善化，使知识与技能结构合理，以适应社会进步的需要。

对现代企业来说，不能像小作坊那样，职工的素质单靠他个人学习与实践的自然形成，而在很大程度上要靠有计划、有组织地教育、培养、训练。只有这样，职工才能一个一个变成有用人才。当今世界现代化企业无不把职工的培训放在一切工作的首位，而在这项事业上，我们在真正的岗位培训上几乎还是空白，中外差距是惊人的。韩国300人的小厂就有专门岗位培训学校，职工出出进进十分繁忙，使任何一个变动工作岗位的职工，都受到应有的岗位培训。这就从根本上解决了"干什么像什么"的问题。

《中外管理》是面向广大企业的以传播经营管理的政策、理论、实践、方法为内容的普及型杂志，愿意为各大中型企业或中小型企业团体提供培训计划、培训组织、培训师资、定期讲课等多项服务。全国所有大中小型企业都应切实注重管理人才的培训工作，使企业跃上一个又一个新台阶。

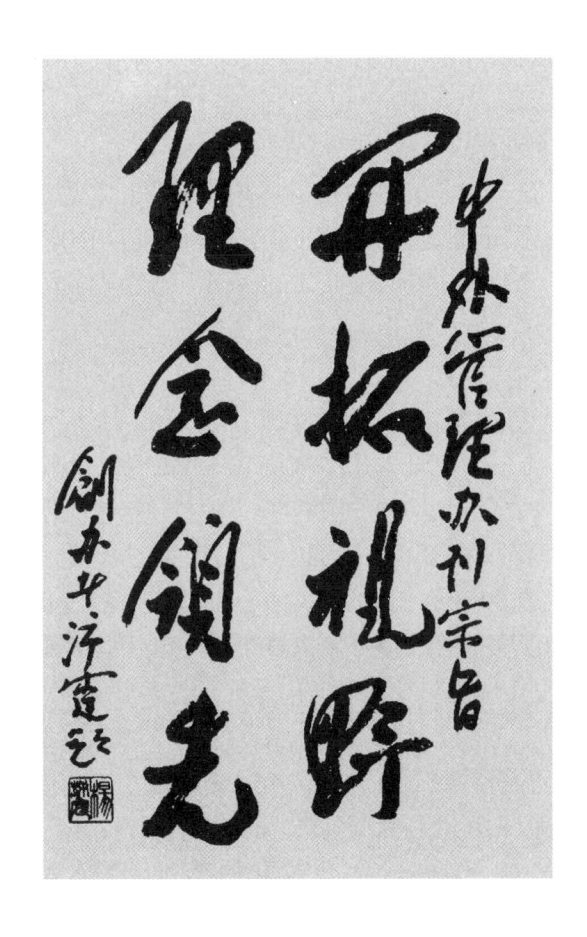

1993.03 "翻牌集团公司"可以休矣

企业家呐喊：新婆婆来了

近来，诸多报刊披露：一些行政机关（主管局）利用政府转换职能的机会，一喝酒一剪彩，把行政机关的牌子一翻，立刻变成"××集团"、"××总公司"。不仅截留了《条例》中规定的企业自主权，还强行收缴了下属企业的法人资格，公开向企业要权要钱。成为企业的新"婆婆"。

在中国企业管理协会召开的厂长、经理座谈会上，袁宝华会长呼吁政府有关部门迅速制止这种严重损害国营企业自主权的行为。

北京内燃机总厂是北京市厂长负责制的首批试点企业，这次却险些被"集团"收编。由于全厂上下坚决反对，多次上书，才得幸免。北京琉璃河水泥厂不愿参加"集团"，提出"参加自愿，退出自由"，遭到拒绝，要它统一参加，且要收缴该厂法人资格。厂领导据理力争，没收成，但自主权被截留了。仅定额摊管理费一项，一年就抽走几百万元。某著名中药厂是国家一级企业，在强行成立集团后，把18家企业作为核心层绑在一起，共同吃这块著名的老招牌，正像有的职工讲的"龙尾巴上的虾也一同混上天"了。多厂生产药品，都用一个牌子，致使短期行为泛滥，80港元一盒的牛黄清心丸跌到50港元，国家吃了大亏。北京红狮涂料公司被定为集团核心丢了法人资格后，企业活动都必须到集团公司报批，这就大大降低了工作效率和效益。

在这种行政命令下成立的翻牌"集团"危害极大，其后果不可低估。首先，它不是转换机制，而是旧制的变本加厉，换汤不换药。它一身二任，对国家它是企业，对企业它是"婆婆"，权钱二者得兼；第二，它是以政企分开为名，行政企合一之实。不是专业化、社会化的产物，而是大而全小而全的行政与企业的合体；第三，增加流通环节，降低效能，成为以权谋私，制造不公平竞争的温床；第四，"集团"难免行使"一大二公、一平二调、杀富济贫"的政策，下属企业重新走上等靠要、依赖政府指令的吃大锅饭道路。

　　本来，组建集团公司，对于提高生产力，合理配置资源，增强企业竞争力，迅速与国际市场接轨有着重要的意义，但是不顾下属企业意愿，不研究发展企业集团规律，强行组建行政化集团，收缴企业法人资格等做法，是和改革的目标背道而驰的。组建这种翻牌集团公司，不是企业本身发展的需要、不是企业转换机制的需要、不是企业领导与职工的意愿，而是利用政府现有职权，强迫执行"包办婚姻"，怎能过好日子？袁宝华会长对这种翻牌"集团"产生原因的分析很有说服力。他指出：一是出发点可能是好的，但没有按经济规律办事；二是糊涂，没弄清企业集团的真实内容；三是为了局部利益，不顾改革大局。最后他强调，已进入误区的要赶快刹车，已经成立的要清理整顿，一定要把以政府行为为主的经济，过渡转换到以企业行为为主的社会主义市场经济轨道上来。

> 企业文化是企业上下的共同信仰。它包括人群共同的行为模式、目标追求、思想信仰、生产生活方式等意识的总和。

1993.05 市场经济的社会机制

专业化、社会化

为了说明这个问题，我先讲个故事。

1980年代初，在德国"西柏林"考察。一天，我们参观一个"东亚研究所"。实际上，这是一个专门研究中国的机构。

在门口，这个研究所所长迎了出来，并首先向我们介绍坐在门口的一位年轻华人妇女。他风趣地说："她是我们所唯一的行政人员，其他人，包括我在内都是研究员，几乎不承担具体行政管理工作"。这位年轻妇女承担了收发、文具、打字、用车、用餐、档案、资料、接待等后勤和办公室的全部工作。

而我们研究所做这些工作的同志约占总职工人数的20%~40%，而它们只占1%~2%。为什么？它们的文具、用餐、车……都由社会专业化部门提供。

在我们参观研究所的时候，一位中年研究人员，讲一口流利的中国话，他说："我是中国政治局委员专家"。在他办公室墙上挂满了中国政治局委员的大相片，相片下面桌子上记载每位政治局委员的历史、生活、工作行踪的资料卡片。他很得意地指着室内中央放着的办公桌说："这是我的办公桌，我每天就生活在你们政治局委员中间"。并指出有三位政治局委员长时期不见报，并分析其原因和结果。后经了解，确是如此。他说他是专家，泰然自若。因为，当时西德只有他一个人研究中国政治局委员。这可以说很"专业化"了，但他开放，向全社会有偿服务，任何想了解中国大政策的，都找他这个中国大政策动向专家。另一个年轻人，说他是"常州专家"。他为研究常州，"蹲点"调查一个月，后又充当旅游团的翻译到中国来，其目的通过常州这个中等城市的动态了解中国经济概貌，监测跟踪，防止亚洲出现与其争市场的"第二个日本"。他们很"专业化"，也很"社会化"。而我们相应的研究所，研究课题过大，总体人力投入过小，成果不深刻、不具体，而且只为某一客户服务。研究工作也不能长期稳定在一个持久需要的专门课题上。既没"专业化"，又没"社会化"，效能与效益都较差。那种教授、研究员卖馅饼之说，岂不是乱弹琴。

中国马路上跑的车，至少80%不满载或空车，因为它属于各家专用，没有专业化、社会化，这种社会现象可以说比比皆是。

再看看我们的工厂。去年，我在京西宾馆主持召开"官产学企业管理恳谈会"，一位厂长很得意地说："我们厂去年新建陈放骨灰盒的灵堂，从此，我厂从幼儿园到死后安置，全了。"真是反专业化与社会化之道而行之，愈走愈远。这样的工厂厂长，根本无法管好生产，实际上是在管"社会"。"小而全""大而全"不解决，人均生产效率和效益将不会有大幅度提高，我们必须看到这个阻碍经济发展的社会机制。

我们不妨分析一下资本主义社会是怎样战胜封建主义的，它主要靠两条：一是大机器生产的生产力因素；一是专业化、社会化生产的生产关系因素。不实现专业化、社会化，就没有现代文明，就没有近百年生产的飞速发展和人民生活水平的根本变革。1800年，全世界各地区人们生活水平是极为接近的，是大机器与专业化、社会化组织的社会机制，开辟了今日新时代物质文明。在改革开放大潮中，万万不要忘记市场经济的社会机制——专业化、社会化这个大目标。

1993.07 企业竞争机制依靠政府政策

1992年，哈佛企业管理顾问公司总经理、《管理杂志》社社长洪良浩先生和夫人郭翠翠女士访问《中外管理》杂志社，在谈到市场经济无情竞争的时候，讲了这样一个故事，据说这个故事常常被企业家谈话所引用。

一个秋高气爽、万里无云的日子，久坐办公室，不是谈话，就是批阅文件，冥思苦想经营策略的厂长、经理们也毫无例外地想到郊外走走。两位十分要好的企业家兴致勃勃地相约去远足打猎。

茂密的森林，五颜六色的野花，飞来飞去的小鸟不停地鸣叫，这一切使他俩陶醉。他们边走边谈，不知不觉走得很远。忽然，一件意外的事情发生了，一只大熊突然出现在不远的草丛里。一位惊慌失措不知如何是好，而另一位却不慌不忙地从背包里取出胶鞋。那位莫明其妙地问：穿上胶鞋也没有熊跑得快，可有何用？那位穿胶鞋的飞奔而去，他心里想："只要我比你跑得快，就解决问题了。"

他以这个故事来说明市场竞争同样是你死我活的无情的生存竞争，只要我比你高明一点，我就是胜利者。

邯钢、宝钢、上海二纺机等先进企业的共同特点，就是让全体职工时刻感受到市场竞争的压力，主动创新，使自己的产品与服务比别人更高明一点，成为同行的佼佼者。没有竞争意识，就没有市场观念；没有市场观念，企业就不能转换机制。

一位管理专家说得好：没有竞争，大家每天在一块儿"泡"，聊天散步，谁跑得快，领导无从知道，领导说谁好，大家都不服气；只有大家都铆足劲儿跑，跑在最前面的受到领导表扬、提拔、重用，大家才心服口服。企业内有部门与职工之间的竞赛，企业外有市场与工厂之间的竞争。这种机制无疑会提高整个社会的经济效益。竞争，是市场赖以发挥作用的基础，是资源、人才优化组合与合理配置的前提，是使顾客得到满意的商品与服务的根本保证。

竞争，必须是公平合理的竞争，是在同一起跑线上享用同一行为规范的竞争，是有序的竞争，是保证强者优者胜、弱者劣者败的竞争。这个责任就放在政府的肩上了，在落实《条例》的大讨论中，著名专家、国务院发展研究中心的杨培新教授，特别强调政府在计划、金融、税务、外贸、市场管理体制上的改革。社科院工业经济研究所所长周叔莲教授也主张让企业家参与这种改革，仅仅依靠旧有的承包制，放手不管，缺乏强有力的政策疏导是不行的。国家计委、经贸委的同志也在倡导给企业自主权，解决好政府与企业法人的关系问题。体改委的一位同志说得好，"'国有'实际不知谁有的日子应该结束了"。

杭州中药二厂厂长冯根生拒绝外国企业重金聘请，是因为舍不得用毕生心血创办的厂。最近，他突然决定把60%的工厂股份卖给外国人，换来"合资"二字。他不缺资金、技术和管理经验，为何这么干？要的就是合资企业的政策优势，保证自己具有公平竞争的外在条件。这些事实表明：在广泛的企业经营活动中，存在着许多需要建立正常竞争秩序的政策等待政府去制定，其压力是前所未有的。

> 科学技术的发展变化是起伏的、波动的。但它是有规律的，它的本质、贡献和成就是倡导人们实事求是，倡导人们发现与利用规律。

1993.09 朱镕基经济管理观念的启示

1981年,朱镕基同志主编"现代科技知识干部读本"《管理现代化》一书。该书全面地介绍了现代管理知识,同时力求通俗易懂,以适应广大干部读者的文化水平。该书的重要章节是朱镕基同志亲自执笔写的,现在读起来,颇有新鲜感,联系当前实际,颇受启发。

最近,江泽民同志又提出为县以上领导干部编写普及科技知识的教材。再一次表明:中央领导同志重视干部培训工作,重视科技、重视管理的一贯风范。

朱镕基同志在十年前《管理现代化》一书中就指出经济管理的重要,认为它将是"最困难、最崇高的任务"。我们"必须刻苦学习管理,没有管理的本领,我们社会主义革命就不能巩固,共产主义理想也无法实现"。几句话,高度概括在改革开放大潮中学会经济管理的重要战略意义,管理的好坏在决定着我们的经济形势,决定着国家前途命运。

朱镕基同志明确提出:"先进的科学技术和先进的经营管理是推动现代经济高速发展的两个车轮,二者缺一不可。"但这一认识,至今还没有被人们普遍接受,没有形成认真抓科技和抓管理的习惯,在认识上也只是停留在口头上,在行动上落实得还很差,如我们一些干部还不能按江泽民同志指示的那样,去认真作调查研究。往往对科技与经济的体制和政策不甚了了,提不出任何见解,或具体方案。一些厂长经理不能眼睛向内,在落实《条例》上下苦功夫,也拿不出办法来。所有这些都显示出我们对科技与管理还缺乏认识,与朱镕基同志所提出的要求有很大差距。

在科技与管理的关系上,朱镕基同志特别指出:"管理水平一般总是落后于科学技术的发展"。"对管理水平必须更加重视,否则就要吃大亏"。如:"引进工作盲目重复,造成大量资财浪费,更是直接由于管理水平落后所致"。这就明确了"科技兴省""科技兴市""科技兴农"……的以科技为动力的口号后面有一个"谁兴科技"的问题,应该是"管理兴科技"的二者制约关系,管理水平不高,科技就搞不好,各项事业也就难以有较大发展。此因果关系,需要我们在更深的层次上思考。朱镕基同志一针见血地点到:我国"管理上的潜力比生产技术上的潜力要大得多"。他强调指出:"中日对比中,管理差距远远大于科技差距,这个事实说明什么,耐人寻味。"

朱镕基同志呼吁:"当前需要优先解决的问题,第一是管理,第二是管理,第三还是管理。"中国经济管理的现实是严酷的,因为管理这一关是最大的拦路虎,我们还没有取得突破性进展,真正建立起中国式管理理论体系,像早期美国、近期日本那样引世人瞩目,它还需要一个漫长过程。

在完全实行计划经济的历史阶段,我们走的是"三高"(高速度、高积累、高消耗)和"三低"(低效益、低效率、低消费)的路子,这是因为我们当时没有利用市场机制,不重视运用经济杠杆,不承认物质利益原则,对企业实行统、包的"大锅饭"办法,加上微观决策过多集中在政府方面,造成不应有的干预,出现大批亏损企业。今后,怎么办?需要在管理上有个突破,走出一条新路子。就此朱镕基同志指出:"把管理问题提到战略的高度,把经营管理这门科学列为经济工作人员必修课,把管理现代化作为全党全民为之奋斗的任务,就成为当务之急了"。"管理现代化是一次全民的智力革命,它将和西方十五世纪的文艺复兴、十八世纪的工业革命一样具有毫不逊色的深远意义"。

管理现代化的内容是广泛的,涉及到生产力的组织、利用和发展,也涉及到生产关系和上层建筑的调整与变革。它不能等同于计算机化,计算机只是装备现代化的一个方面。管理现代化,重要的在于决策科学化、合理化,有利于事业的发展。

1993.11 市场经济也是一把"双刃剑"

1987年，中央举办"科学决策知识讲座"，我在"历史上的决策观念与方法"一文中指出："检验一个人是否有一流的领导决策能力，就要看他能否同时想到两种截然相反的观点，而仍能保持自己行动的能力。"1989年，全国政协副主席钱正英同志和我谈到这句话很有意思，对领导决策有用。她当时正在写书，总结担任水利部部长时期的领导决策经验。

从这段往事，我想到市场经济也是一把"双刃剑"，有正刃，也有反刃。七十年代，我爱讲它的正刃，宣传现代领导思维方式，要从实际需要出发，用"后推法"思维方式即从需求（市场）考虑新产品；再从新产品生产考虑信息与开发；由技术信息与产品开发再想到组织队伍和建立机构；从队伍机构的任务出发再选任干部、引进人才和购置设备。这是与常人相反的思路，即市场经济思维方式。不是先定领导班子，再研究队伍，最后再考虑产品和市场的正向思维。这无疑是在市场经济需求下的一场思想方法的根本变革。

目前，从中央到地方都在宣传推行社会主义市场经济，此时此刻谈谈它的"反刃"，可能不无好处。事实上，一切推向市场，不是一切问题都解决了。"要想到截然相反的观点，仍保持贯彻执行（市场经济）行动的能力"。市场需求似乎是无所不在的"看不见的手"，不能起作用甚至起些反作用的地方。

首先，它看不见、管不了对社会无益或有害的种种活动。如：环境污染、资源浪费、吸毒贩毒、假冒伪劣商品和嫖娼宿妓、贩卖人口等非法活动。尤其是对欺行霸市、蒙骗作伪行为，更显得无能为力。

其次，市场的盲目性带来"短视眼光"、"泡沫经济"现象，造成经济发展恶性倾斜和哄抬物价的危机，产业结构的扭曲，生产布局的畸形等不良后果。

第三，市场可能加剧分配的不公正、不合理，使富者越富，穷者越穷；社会奉献很大的可能受穷，无益于经济与社会的投机者发了大财。一个"活动周"，作长达半天的精彩科技报告，讲课费100元，当晚的演出，15分钟歌曲的歌星出场费高达1.2万元，出面组织此项活动的公司发了财，分配悬殊太大。

第四，市场不能解决人的素质问题，它只有益于锻炼经营者，调动商业家积极性，而无助于社会各界有用人才的成长。

不难得出结论，市场经济既然不能解决上述种种问题，政府通过政策、法律进行宏观控制、协调的担子就史无前例地加重了。倡导市场经济，不能忘记政府的信贷、税收、计划、政策的超前引导的巨大杠杆作用。

市场经济的"双刃剑"，提醒我们注意反向思维，实现全面、稳定、微调的理想宏观控制，关键是摆好政府在市场经济中的地位，看到政府对市场的支配作用和补充作用，劲儿用在点子上。

人际关系管理是第一管理：1) 万万不可小看人际关系。大企业家卡耐基有句名言：我的成功85%是靠朋友，只有15%是靠我自己直接工作；2) 首先是与领导的人际关系。没有领导的支持，管理者的支持，要想完成什么大的发明创造，那几乎是不可能的。

1994.01 现代企业制度在从严管理中诞生

在1986年的一次国际管理科学学术讨论会上,日本企业经营学专家梅田惠三教授侃侃而谈。在结束报告时,他说:企业管理理论,说到底就是"胡萝卜加大棒"。"胡萝卜"就是职工福利待遇、工作生活条件等物质与精神上的满足;"大棒",就是严厉的规章制度、严格的训练和集体约束而形成的工作习惯和敬业精神。说完,他哈哈笑了。

我立即向他提出问题:你们日本又是怎么做的呢?他答:日本是先从"大棒"做起的。战后,为了生存,不少人看到不从严管理,不吃尽苦头,国家、企业、个人都没希望,因此都在研究提高效能的方法。丰田管理方式和三隅二不二的PM理论就是在常人不可理解的超常规的严格管理要求下形成和发展的。譬如:总经理不在个人小屋内办公,而是和全体行政干部面对面地坐在一个大房间工作,可以一览无余地看到下属的出勤和工作情况,下属也能看到总经理是否在办公,谁也不能喧哗和自由走动,一派严肃紧张的气氛。但是,后来发现这样做还不严格,因为总经理不在,下属又"自由"了。于是,所有职员按领导关系由大到小都朝一个方向坐,每人后面都是自己的上司,只能埋头工作,回头就是有事向领导请示,否则就无法解释。而且规定,经理走小门,职员走大门,以确立领导的尊严。时至今日,我在日本的野村研究所、三菱综合研究所和我国福州的福日电视机厂都看到类似情况。这就促使职工养成持久埋头工作的良好秩序和工作习惯。以上所谈,大体反映了战后困难时期日本从严管理的科学管理方式,至于所谓"人本主义"的感情管理则是今天才提倡的。

1993年,在亚运村国际会议大厦召开了近千人的"中港杰出青年管理科学研讨会"。在会上，我听到一位香港学者介绍"人本主义"的管理思想，在提问题的时候，我问道，实行"人本主义"的感情管理或软管理，是否适应一切情况？在香港试验成功，在内地是否也一定能成功？她没有回答上来。倒是长城饭店的一位经理回答得很好。他说：在内地，要从科学管理开始，一切从严管理才行，待有了成效、形成习惯，科学管理上路以后再实行"人本主义"的感情管理，才是最有效的企业管理之路；没有从严的科学管理过程，一开始就实行感情管理是要坏事的。我和这位经理的意见是一致的。

什么是现代企业制度？首先，它不同于生产者与消费者集一身的小农经济生产的非商品化的体制，它是在人类社会进入生产者与消费者相脱离的阶段，形成商品化的市场经济以后才出现的现代化生产体制。显然，这种以大机器生产方式为中心、以专业化社会化为特征的生产组织，为了保证市场经济的运行，需要有严密的组织、严格的纪律和规章制度这样的科学管理。人们说，我们现在是用小农经济管理思想，大而全、小而全的管理方式，不从严要求的松弛组织，来从事现代化大生产的。这就是我们企业面临的根本问题。这个问题不能解决，建立现代企业制度就会遇到不可克服的困难。所以，现在十分强调以从严要求的科学态度练好"内功"和"外功"，只有从严要求，使上至经理、下到职工形成科学的工作态度，紧张而有效的劳动秩序，才能建成我国的现代企业制度。

在一次会上，国家体委袁伟民同志和我说：体育、战争和管理的原理是相通的。我很同意他的论断。袁伟民的女排为什么获得成功？首先是爱国主义教育和为中华民族献身精神的强大鼓舞力量等重要因素，但这些最后集中表现在严格要求和严格管理上。本刊介绍的管理成功的企业，无一不是从从严要求开始的。让我们中华民族这条巨龙以大庆倡导的"三老四严"精神为指导，在世界的东方腾飞！

1994.03 企业家的人生真谛

前不久，我和本刊常务顾问、前北京松下中方总经理张仲文，原日本经济评论家《朝日新闻》特派员邱玉成老先生等，一起拜访了日本松下电器企业集团驻中国首席代表青木俊一郎先生。青木先生已在中国工作十多年，对《中外管理》杂志与松下集团PHP研究所（首任所长是松下总裁兼）加强联系与合作一事十分支持、十分重视。在交谈中，大家赞赏松下幸之助老先生提出的、为中国企业家所熟悉的经营理论——"自来水哲学"。青木先生当即送给我们松下临终前完成的遗著《人生谈义》。我如获至宝。尽管过去读了不少关于松下经营理念的书，但读人生理念的书还是第一次。真是久旱逢甘霖，语重千斤。我想中国企业家了解他的铭言警句，定有裨益。

松下年幼时父母双亡，家贫体弱，他拖着病弱之躯，经过几十年如一日的艰苦奋斗，完成世界驰名的家电大业。他晚年提到的"三长"，更显示出其生活充实而自豪的情趣。一是寿命长，活了94岁；二是当总经理时间长，丰田等企业都经三任总经理才成为知名跨国企业集团，而它只经松下一任则由街道小厂进入世界大财团之列；三是松下事业长，从1918年发明制造双灯插座开始，一直延续发展成现在世界最大电器集团之一，长达75年，而且仍有很强发展势头。

是什么使他在恶运中成为幸运者？是什么使他在困境中崛起而傲视企业群雄？松下的机遇与经营理念固然是重要的，但更重要的是他的人生理念。

作为一位企业家，如何活得更好、更有意义，这应该是其思考的终生主题。松下对此颇有独到之处，他的至理名言，跃然纸上。

一、谈到人为什么活着时，他说，对工作、对家庭、对爱好……都觉得活着好，但为什么要活着，如果只是为了自己的喜悦与满足是不行的，而是要求你的工作，你的事业得到社会承认、赞同，这样活着就有意义。生活，在于自己的追求，而不是靠别人的恩赐。

二、谈到什么是幸福时，他说，一百个人会有一百个答案。有人认为吃穿住得好就是幸福，可是真的每天都吃好、穿好、住好，长久下去，幸福又会逐渐消失。有人说有钱就是幸福，有的有了钱过着纸醉金迷的生活，又有什么幸福可言。只有一种幸福是真正的幸福，这就是大家共享的"物心如一""感激之情"的幸福。比如：家里两个小孩，妈妈早晨呼叫吃饭上学，一个不愿起，满肚子怨气；一个很高兴起来，感激妈妈，不然就迟到了，两个小孩哪个幸福，这是很清楚的事。因为，只有在他感到幸福而且别人也感到幸福时，才是真正的幸福，幸福来自心中。

三、谈到什么是成功时，他说，人人都希望有出息，更希望有名誉、地位、财产，具体说是想当日本第一、世界第一的大企业家。"我以前曾经这么想过，后来我悟出个道理，所谓成功，就是充分发挥自己的天资，在自己得到了事业满足的同时，也给大家带来喜悦和欢乐。"只有以这样的标准作尺子才是正确的。失掉这个尺子，可能去抢当什么领袖、总经理或搞不义之财，而损害他人，使自己的灵魂扭曲变形，这还算什么成功呢？

这是一位成功企业家的人生真谛之所在。企业家如何在灵魂上、人心上塑造自己也许比什么都重要。这是我初读松下《人生谈义》得到的一点启示，也是本刊拟在今后"企业家的苦辣酸甜"专栏中要宣传介绍企业家心声的宗旨。

> 今天的经营思路不是看到什么，而是用全新眼光思考什么。这是新时代的要求。
>
> 杨泽运

1994.05 中小企业设副职好吗?

近几年,我注意到一种较为普遍的现象,即许多全国闻名的、经营十分成功的中小企业,都不设副职。我带着这个问题做了点调查研究。

我问本社社长、东港实业有限公司总经理刘大庆。他现在又兼并了五个国营纸厂,成为万人企业——大易造纸集团的执行总经理。他在任东港公司总经理期间,不到三年时间,使公司年营业额超过一亿元,赢利一千多万元。这个三百多人的企业,只有总经理刘大庆一人全权负责领导工作。他早来晚走,全身心地投入,企业日益繁荣。我问他,你为什么不设副总经理? 他回答得很简单:"我一个人行了,何必再增加人! 企业主管也要讲究效率。"我说,只财务报销审批一项就不简单。他说:"平时没问题,即使出差十天半月,回来厚厚的报销单,也能很快审批完毕,这有利于我掌握全面情况。"

全国闻名的咸阳保健品厂,不到三年把505神功系列保健品推向世界,获得国内外58项前三名大奖,产值与销售额双过亿,成为陕西甚至全国利税大户之一。但这个500人的厂也只有来辉武教授一人负责全厂工作。工作忙不过来,一律由多名厂长助理承担。他社会活动很多,但厂里生产销售两旺,效率效益都不错。

以三九胃泰闻名的三九集团,现已是五十多家子公司包括12家跨国公司的较大型企业。六年间产值与利税分别翻了50~60倍。但这一事业完全由厂长赵新先一人负责到底。他现在是三九集团总经理兼党委书记,没有设副总经理,三个党委副书记没有一个是专职的,都是部门经理兼的。南方制药厂,赵新先是董事长兼厂长,也不配专职副手。四套班子一个人。记者采访赵新先时,他说这样有三大好处:一是决策快。在正大集团为了一件事在全国走一大圈毫无所获,与三九集团赵新先一人一谈就有了结果。二是有人敢负责。三是没有内耗。

半个月前，日本亚细亚大学杉本常教授一定要约我谈谈对"大中华圈"的看法。他在谈到台湾投资大陆办企业的特点时说："台湾的企业到大陆投资，最大的顾虑是对大陆企业的领导总不明确谁能真正负责。强调集体领导，但谁都不负责，一旦更换新领导，对过去的事就更不负责了。这是台商最耽心的事。"

去年在国际会议中心举办的京港杰出青年企业家报告会上，我向香港学者提出这个问题，她没有答上来。但北京长城饭店总经理立即回答："设副职，就是增加层次，降低效率，我们长城饭店就没有副总。"

国务委员、国家科委主任宋健视察中关村高新技术企业时，问到领导班子决策问题，时代公司副总裁说："日常工作实行总裁领导下的部长分工负责制，副总裁只是协助总裁负责某一方面的工作，不直接领导各部。决策过程是多数人提意见，少数人论证，总裁一人拍板。"实际上该公司副总裁接近于总裁助理的职责。

为什么80年代以来世界各国出现小企业战胜大企业？为什么消除管理层次成为现代企业组织建设追求的目标？为什么不设副职的企业效益多比较好？我好像有点明白了。希望大家对此做出结论。

科技人才重在看成果，
管理人才重在看效率。

1994.07 建立中国式企业领导体制

最近在企业界、经济学界、管理学界研讨企业管理,特别是谈公司制企业管理问题时,常常提到"新三会"与原领导体制问题。我们认为,这不单是公司制企业领导体制的局部问题,而是关系到建立中国式企业管理模式和理论的全局大事。

"新三会"是指董事会、监事会和股东代表会;原领导体制,是指党委会、工会和职工代表会。现在的问题是,我们过去一直坚持的原领导体制与股份制企业所实行的"新三会"如何接轨,如何结合中国国情,从实际出发建立具有中国特色的企业管理的领导体制。这个问题能得到合理解决之日,也就是建立了我国企业管理领导体制理论之时。

原领导体制反映了我国过去企业管理的国情,"新三会"反映了现代企业制度中股份制企业领导体制的国际经验。要实现二者的融合,取其两者的优势,建立符合国情的具有中国特色的新体制,显然是很重要的。原领导体制的优势是体现党的领导和广大职工参与管理,实现职工群众当家做主的优势。在中国,即使是一个企业都必须坚持党的领导,这是我们的共识。作为一个外国人,如日本"经营之神"松下幸之助访问中国时,与中国有关部门领导谈话时也谈了他的看法,他说:在中国,共产党的领导是中国的巨大财富,是中国管理的一大特色。前些天,日本三菱金属企业家代表团访问北京时,也提到中国共产党的领导就是中国企业管理的重要内容。既然党的领导对企业发展如此重要,也被国内外有识之士所接受,那么作为党在企业内的组织——党委会如何发挥作用呢?首要的就是在企业重大决策中发挥决策指导作用,使企业沿着国家各项方针政策的轨道运行。因此，在国有企业中，作为企业决策的董事会应该有能体现党的方针政策领导的党委主要负责同志参加。因此，参加董事会的党委负责同志不只是熟悉掌握党和政府种种有关企业的方针政策，更重要的是熟悉本企业的情况和企业管理的原理、原则和方法，使党和政府的方针政策灵活有效地贯彻和融合到企业各项活动中去，特别是重大决策活动中去。

工会在企业中的作用，从总的发展趋势看，其活动已不限于为工人自身利益而奋斗的狭窄范围内，而是从企业总体利益出发，协助、支持、促进经营管理工作，使之更加完善有效，发挥政策执行的保证作用。另外，在一些重大政策实施过程中对失误与不足起到及时反馈、修正、补充的重要作用。换句话说，工会活动不只是追求利益分配的合理化，更重要的是着眼于在经营管理活动中实现生产销售服务的合理化。国内外很多成功企业，都是得到工会的支持与配合促进发展的，很多成功的企业家无不重视工会的作用，主动与工会领导沟通联系。从而形成密切配合、共同领导企业的完善体制。

事实证明：董事会应吸收企业内外有战略头脑、会策划、懂政策的优秀人才参加。监事会应吸收企业内外对本企业经营情况熟悉，懂政策和财务，又能够严以律己、严以律人、对事业赤胆忠心的人参加。特别是负责日常工作经营管理的主管，如：总经理要善于接受党委、工会的监督和指导，充分发挥党群组织的作用，是至关重要的。至于股东代表大会，与董事会、监事会相比，不是那么重要，国内外股东代表大会的作用都是有限的，尚在改进发展之中。

如何建立中国式企业领导体制是个复杂又重要的课题，正像朱镕基同志说的，"管理是最困难、最崇高的任务"，需要大家共同作出努力。

职工股份制与现代企业制度

1994.09

决定现代企业制度的首要因素是什么？人们一般认为是明晰产权，健全企业法人制度和完善现代企业领导体制。在这里，明晰产权显然不只是做到明晰或者是界定产权所有的客观存在，还应该包括怎样的产权分配才是合理的；怎样的产权结构最适应现在和未来的发展；怎样性质的产权才是理想的；应该追求的目标是什么。

人们熟知，近十年世界出现"民营化""私有化"热潮，而且持久不衰。为什么人们认同它的优势和生命力？十年前我去日本，看到"国铁"售票员工作无精打彩、昏昏欲睡的样子，至今记忆犹新。可是一旁的"民铁"，却购票者众，服务热情。鲜明的对比，令人困惑不解。后来日本把"国铁"改"民营"了，情况有了很大的改变。几年后的今天，我又到东京，日本朋友还是告诫我："你不要坐JR，它原来是国营，票价贵，服务态度不好。成为习惯，改也难。"

这些年，我国乡镇企业、民办企业都很火，比较而言，原有的国营企业都有这样那样的困难。

这使我不禁想起五六十年代。那时不少国家兴起国有化热潮，什么都讲究"大型化"，可是到70年代，国有化降温了，"大型化"也冷下来了。如果说，五六十年代人们头脑过热，一切乐观向上，那么这时候又过冷了，悲观论调盛行，成为"小型化"大潮；如果说五六十年代是国有化的"峰"，那么70年代则是"谷"。经过这一"正"一"反"，到80年代该"合"了，就是人们比较不左不右地看问题了。这正像一个朋友讲的一段很有哲理的话："世界上的一切事物都沿着螺旋上升的轨迹前进，看来历史上有惊人的重复，但它是不同螺距母线上的点"。今日之"民营化""私有化"与往日已经不尽相同,这就是职工股份制与职工参与制的兴起。

实际上,一百多年前,马克思在研究资本主义股份制时已经预言:股份制将导致"工人自己合作工厂的出现"。这个"合作工厂"联合体实际上就是职工(管理人员、工人、技术人员)利益共同体。它不是过去的私有,而是在"生产资料共同占有的基础上,重建个人所有制",促成职工的个人利益与集体、国家的利益挂钩,形成一个独立自主的既能生存发展,又能新陈代谢的社会基本单元。

目前,西方国家的开明者已看到资本主义社会长期的分配不公,出劳力、出智力的人拿钱少,而出资本的人拿钱越来越多。是出劳力、智力的人奉献小吗?不一定。西方这种长期的分配不公将使有大钱的人数越来越少。目前,美国90%的股票掌握在10%的人手里,58.4%的股票掌握在1%的人手里。这显然是不利于经济发展和社会进步的。公正的办法应该让每个人都有两种收入,一种是劳动(脑力、体力)收入,一种是资本收入。即不让资本集中在少数人手上,也不让它在无人负责的空泛的组织名下。因为,给别人干活与不知给谁干活,其结果是一样的。

如何实现每位职工既有劳动收入,又有资本收入呢?试想,在企业中有技术或技术成果的入"技术股""发明股";有绩效的管理者入"管理股";社会公认的专业化的经理、厂长,像日本的土光敏夫、美国的艾科卡,则可入"经营股";不同岗位上的职工设有"岗位股"(当然,离任时这些股权随之消失)。这样,就使每位职工都以其独到之处的奉献,享有劳动与资本的两种收入,从而使社会财富分配趋于公正合理。这种公正合理的办法,平衡企业个人心理是小事,而调动广大职工的积极性,形成中国自己的现代企业制度才是最重要的。

1994.11 世杯赛与商战

近日,人们都投入到世界杯足球大赛的热潮中,如醉如痴。连国际政治风云中的大事——七国首脑会议也黯然失色,关心者无几,仅有的报道也淹没在足球新闻的海洋之中。新闻记者都把"热点问题"放在电视屏幕的球赛上,连首脑们也想早散会,回去看足球转播。为什么足球赛的魔力如此之大?在于激烈竞争、在于目标和希望、在于足球的广大市场、还在于它是一场活生生的"战争",有战略的运用,有战术的较量,还有艺术的欣赏。

在一次国家体委召开的科学大会上,国家体委领导让我在大会的第一天上午做关于科技与管理的报告。会后,副主任袁伟民同志说"管理和体育是相通的,有很多共同点"。他的一句话,点破了企业管理这个商战,与体育、战争有很多共同的内在规律性的东西,需要我们去总结、认识。因此,我们企业界应有意识地多看点兵书,多看点体育大赛,可以从中顿悟出很多学问。

正是出于这种考虑,陆续选载"孙子兵法与现代商战",其目的是为企业家们学习孙子兵法提供一些方便。

这次世杯赛,盛况空前,它不仅是让人们看热闹,更给人们很多有益的启示。足球赛看上去,很像企业之间争市场的较量。一方的胜利,就必然是另一方的失败。双方各有岗位分工,守门员、后卫、前锋,各就各位,忠于职守,又积极协同配合。有时会破例,后卫不仅助攻,有机会也上去攻门,在紧急关头,连守门员也上去攻球。11位球员,如同有军官在现场指挥的实战一样,全攻全守。不过,足球赛的指挥官不在球场上,而是坐在场外的教练。教练的赛前部署、战略战术与比赛胜负有极为密切的关系。球星的作用往往是成败的关键,同时,每位球员的表现也影响全局。一个人的懈怠和失误，就可能带来整个球队的失败。现代企业所强调的"商场就是战场"和"团队精神"正是从体育大赛中得到启示的。一场球赛，就是企业一个产品争夺市场的全过程的"缩影"。

世杯赛评论员说：球队可分三种类型，一种是全体球员坚决有效地贯彻执行教练的意图，这是好球队，有赢的希望；一种是每位球员自行其是，不能贯彻教练的意图，这是坏球队，很容易失败；第三种类型球队，不仅能很好地贯彻教练的意图，而且能根据形势变化，随机应变，打法上有创新，这是最好的球队。难道我们的企业不是这样吗？如果职工不能贯彻公司领导的意图，不能遵守厂规厂法，就不能在商战中取胜。

世杯赛还给予我们极其深刻的告诫：任何一支球队，只要内部分裂，闹不团结，不管它有多么强大也是注定要失败的。喀麦隆、尼日利亚、俄罗斯、荷兰都是例证。有篇题为《"窝里斗"何时休？》的文章，是人才学专家王通讯写的，它揭示了我国企业的组织行为上的最大弱点。日本人在酒后说过：和中国人搞合作，只能找一家，找两家合作总是没好结果的；和中国人作生意，要多找几家，让他们之间竞争，可坐收"渔人之利"。这难道还不足以让人醒悟吗？国际上，一国同它国同行尚能合作，我们为什么不行？中国实现强强合作之日，也就是中国企业打入和影响世界之时。

> 我从工作、读书、交友中所得到的乐趣，超过人间的一切荣华富贵。
>
> 杨济运

1995.03 企业，要警惕大小骗子

中央电视台的一次焦点访谈，讲述了一个骗子和几个财迷心窍的人把一座备用的铁路大桥当废铁倒卖多次的故事。直到拆运时才被一位好心人发现举报。人们看了，无不感到万分气愤，不可思议。居然在光天化日、众目睽睽之下，地道的国家财产被倒卖多次，却无人问津。有人为了钱，出卖公章，妄称该大桥为其单位所有；也有人看这是块"肥肉"，以国家部门为旗号参与倒卖。而那个被关在铁窗内的首犯骗子，居然滔滔不绝、还理直气壮地说："一座桥放在那儿不用不是浪费吗？我是想让它发挥作用，谁想到竟会弄成这么个结果。"他俨然以做好事自居，好像那些坏事情都不是他干的，他只不过提个意见，开个头。为什么这个黑色多米诺骨牌能这么容易而顺畅地运作，实在令人费解！

当然，像我们这么大的国家，这只是个别地方的个别事件，但它足以使人震撼，令人深思。它从一个侧面反映出骗子的市场何其大焉！现在已到我们切实在道德与法制教育方面下点真功夫的时候了。

国家技术监督局副局长李志民在我们的第三届中外管理官产学恳谈会上呼吁重视质量时语重心长地说：我们不能让人民大众生活在假冒伪劣蒙骗欺诈的环境之中。

企业，经常是骗子的主攻目标。据《金融时报》报道，远离大城市的湖南省桃源县，在1991年受骗企业20家，受骗金额达200多万元。在大城市，这又是小巫见大巫了。全国企业受骗总金额是多少，这比调查漏税总额还难。

诚然，防骗是很难的，但也要研究些对策。

对骗子行骗常用的几手一定要"知彼"，以免因受骗而经受撕肝裂肺之苦痛。

一、用假话假证行骗。这是最惯用的手法。如：借大人物或使你相信的人作旗号行骗，若你未见真迹实言，一定要警惕，尽可能经过核对再办。另外，骗子深知企业相信公章、证件，但原件难做，又容易识别真伪，于是利用复制件，轻而易举地作伪成功。甚至政法部门也有上当受骗的。

二、以假投资假外资行骗。骗子深知企业需要资金，尤其重视引进外资，于是骗子借外商之名，甚至装扮成外商以投资作诱饵行骗。《扬子晚报》报道，骗子利用流利的港式方言，骗取一位新加坡商人的"授权书"，而后又装扮成新加坡商人到某市搞假投资，再通过该市建委主任签批，骗取了某公司145万元。还有的骗子以介绍外商投资为名，用提取手续费，又给回扣的办法骗钱，让你受骗后有口难言，手段何其毒也！

三、以接受合法任命委托为名，行骗钱之实。骗子抓住你想不花钱也能办事的心理，以热心代你办事为名，取得合法派出单位，行他自己行骗方便之实，事发后屎盆扣你头上，让你哭笑不得。因此，我们用人一定要审慎认真。

四、以小钱骗大钱。利用上级、名人、熟人战友，通过伪造证件，以小额定金骗取大批货物。如：湖南某纸装厂收2000元订金，被骗走3万多元货。

五、以签合同方式行骗。以假门户或皮包公司印章，与企业签合同，骗走产品。有一个县的11家企业，都是被骗子以这种方式共骗去73万多元，占骗财方式的1/3以上。

六、用假银行票据行骗。骗子在你最忙或急于脱身办事之时，让你没有电话核实的机会，也不让你有时间辨别真伪，急于办理而受骗。

总之，骗子都是利用人们轻信、急需、占小便宜、先不吃亏的心理进行多种形式诈骗的。因此，企业切记不要让自己在不知不觉之中跳进骗子精心策划的圈套。企业家们可要当心啊！

华人企业振兴之道

1995.04

今年春节,过得十分安静闲适。这正好给我沉下心来思考一个国际经济社会多年未解之"谜"的机会。

不久前,在广东召开的珠江三角洲经济合作研讨会上,我也极力想弄清为什么人们都说经济重心由环大西洋转到环太平洋,惊呼亚太时代到来?亚太经济崛起的动因到底是什么?显然,原因必须从企业和政府两方面找,其根还是集中表现在企业上。

过去,我讲课时是这么解释的:原因之一是政府真正认识到通过政策为企业服务。为企业家献身做好服务工作,即政府围着企业转,我谓之"企业中心论"。

其二,企业重视教育。一切以育人先行,把一切活动都纳入育人轨道。韩国一个300人小厂也有一所学校,出出进进十分繁忙。

其三,把基层干部选拔培训好。让他们确实受到艰苦训练,并通过竞争机制把这种"学而优则仕,仕而优则学"的干部选拔成长机制建立起来。日本人说:我们科处级干部能力超过欧美,是我们能在国际市场上与欧美进行较量的关键所在。

其四,以世界头筹者为目标,博取众家之长,从最小投入、最大产出考虑,坚持小改小革和技术创新,小步快跑,把一切力量都放在近期与长远产品市场的竞争优势上,不断积累企业前进的动能。

其五,实行业绩第一、人品第一方针。没有好的人品,不会有好的产品;持久好的产品,也必然是好人品的集中表现。

其六,一切追求合理化。让出钱的人有权有利,更要让出力的人有权有利,尽其可能实现二者的和谐与统一。不然，真正企业家队伍是形不成的，现代企业制度也难以实现。

其七，分配政策上，制定持久起作用的奖惩政策。少搞一次性的，力求分配的合理、民主、均衡，以求总体发展的稳定祥和。

我觉得这七条企业管理原则还有点道理。

昨天，我看到海外杂志上的一篇文章，标题是《华人企业发家的成功经验》，上面有句话，让我眼睛一亮，顿悟一个理念：亚洲兴起之奥秘所在，是内部协调，团结紧密度大于欧美。那句话是："日本把企业家族化，'四小虎'把家族企业化。"耐人寻味。

我觉得这话击中要害。不懂事在人为，就不懂管理，而事在人为在于为一个事业的团结奋斗。80年代，美国沦为"虎"斗场，欧洲也在喊"虎来了"，"四小虎"竞争优势所在是公司团结如一人的牢不可破的合作精神。该文提到，华人企业女婿可以做掌门人，但必须服从离婚后免去一切职务的裁定。

日本神户大地震之后，从倒塌房子里爬出来的很多人都往自己企业跑去。这就是"以厂为家"的生动写照。只有没有后顾之忧、心理健康的人，才能在关键时刻勇往直前。

这家杂志还说，华人企业致富还在于克勤克俭、朴实无欺，他们把埋头工作看成是最大的享受和乐趣。他们把自己的信用和声誉看成生命。最近我看到爱国华侨企业家陈嘉庚给集美学校所题校训为"诚、毅"两个字。这两个字集中反映了华人企业家经营的根本理念。只要以诚待人，只要努力不懈，就会成功。

一年之计在于春。一个企业的战略筹划就是要树立一种精神，让职工在事业追求上有个共识，有个目标。我想没有比克勤克俭、待人以诚、团结奋斗更重要的了。因为它是中华民族的优良传统。

如果我们在世纪之交普及了这种科学精神，我们必将在21世纪成为世界经济强国。那时候，正像这家海外杂志所预见的："中国式管理的书籍将会成为西方企业竞相阅读的培训教材"。

我们必须以忧患意识来激励人们前进，我们必须向东亚、东南亚甚至南亚等周边国家和地区学习，看到我们的不足，以人之长补己之短，才能立于不败之地。企业家们，我们要警惕啊！

1995.05 国际企业的"再造热"和"外包热"

昨天,我给第20期市长班讲课,题目是"现代领导的管理意识",其中讲了"十大关系"。在讲现代管理专业化与协作化、社会化的关系时,我想到现时国外的"再造热"和"外包热"这个新趋势,很值得我们企业界重视。

最近两年,美国企业带头大兴企业的"再造"和"外包"之风。特别是我们《中外管理》杂志发表了台湾著名教授刘常勇博士撰写的《再造是90年代企业管理的主流》,及《企业再造在台湾》《美国的企业再造》等一组文章,从多种角度分别就此问题进行介绍和评论。

世界规模的"企业再造热"是汉默和查辟两位企管大师发动的,他俩以《改造企业》一书先造舆论,而后,福特汽车公司、柯达公司等紧紧跟上,接着就像风浪一样,由美国迅速波及西方及亚洲企业界。据统计,西欧、北美至少有70%~75%的企业开始按照再造原理来参与"再造"。

这个企业再造运动给我们什么启示呢?大家还记得,60年代兴起企业生产规模、设备"大型化"运动;70年代又转向企业生产规模、设备"小的是好的"小型化运动,此时,日本则建立以大企业为核心的中小企业群,形成生产商与供应商的良好关系;80年代出现新现象:首先是跨国公司称雄世界,3万多家跨国公司的产值占世界总产值1/3,其销售额(4.8万亿美元)相当于世界贸易总额。而世界贸易总额的1/3,是在跨国公司内部进行的。由于它主宰世界经济也就逐步疏远了本国政府,甚至使政府对它完全失控。也正因为如此,吸收外资的国家反而对它特别厚爱。可是也怪,此时,小企业打败大公司比比皆是,如:CNN打败哥伦比亚、本田打败福特等等,这又是小的好。实际并不矛盾。80年代企业"巨变"的奥秘正是又大

（实现跨国化）同时又小（在跨企内部尽量划小核算单位）。这叫"又大又小，大中有小，小连成大，发挥又大又小的两个优势"。这一变动，使人们产生把企业流程打乱再重组的想法，先知先觉的管理大师哈默重组再造理论应运而生，一呼百诺而不可收拾。

说它是一场革命，就是企业的组织、流程都重新考虑，来个根本变革。从组织体制上打破多层次的固定不变的三角形管理体系，建立不多于四层的横宽纵短的扁形柔性管理体系。这种变化，自然产生两个"热"：一是企业"团队化热"；二是"外包热"。

"外包热"，就是制造商从自己最大利益出发把原本属于自己的工作包给别人（称之为供应商），于是制造商就由"独奏"变成"指挥"了。

"外包"是产业革命的专业化、协作化、社会化管理优势的新发展。它与"大而全"、"小而全"的小农管理意识是完全对立的。其做法是，让那些自己干不经济、不合理部分的配套任务"外包"出去。这使整个社会效能提高了。

人们熟知的麦道飞机公司，就把大量不属自己优势的零部件设计生产包出去，使一架100个座位的客机开发成本由5亿美元降到3亿美元。波音777客机实行外包制生产，不只是质量更有保证，更重要的是成本减少50%以上，交货时间也缩短了一半。这种体制上的重大改变，使分包商以主人姿态不断创新开发新产品，提供给制造商去组装。

正是这种利益机制牵动了世界千百万个企业家的心，形成当今国际企业管理的一场革命风潮。

我国是发展中国家，科技落后成为生产发展的制约因素，但更根本的原因是管理落后，而管理落后的症结所在是管理理念的守旧。外国的先进管理思想，很需要认真研究，为我所用，否则如何后者居上！

1995.08 成由勤俭败由奢

企业振兴仍靠民族传统文化。

我受福建省漳州市、莆田市、福州市福日集团和山东省日照市之邀，在宣传"科技与企业管理"之余，走访了一些著名的国有企业和民营企业，学到不少东西。这里只谈点自己的感触，或称之为"悟性"。

"悟性"这个词，是我最近与美国国际数据集团一位主任去中国经营管理大学挑选学生时提到的。他们特别强调"悟性"要强。我对这种选拔人才的标准很感兴趣，不妨在此借用，谈些自己悟性的体会。

我认真听取了福日集团董事长唐文合、总经理王建军，福建龙溪轴承厂党委书记何建文，漳州制鞋厂董事长、总经理林荣木和我的朋友刘耀东总经理，以及日照市马志先总经理等企业家们的经验介绍。我得出这样一个结论：企业的振兴，还要靠发扬勤俭持家，和职工同心同德、同甘共苦的中华民族的传统精神。海外华人企业发家靠此，大陆企业更应如此。当我看到这些兴旺发达的工厂领导和职工都全神贯注、拼命工作时，深受感动。在参观福日集团时，唐总反复强调党的领导和依靠群众对企业经营的重要性。他说，一些企业在管理上盲目照搬外国的，而忽略了我们自己的传统文化；中国传统文化是在中国国情这块土地中生长壮大的，企业只有服从这个大环境，发扬中国奋进勤俭的优良传统，才能真正把职工的聪明才智集中到发展生产事业上，否则，失去了精神支柱、失掉了人心，还搞什么企业管理。

福建龙溪轴承厂党委书记何建文说："在全国机械行业都不太景气的今天，我们厂不仅没有三角债，还广泛进入国际市场，使600多个品种的产品取得世界领先地位，就是坚持了'两场'：内部实行现场管理，外部开辟新的市场。领导和职工一起干，一起研究生产管理。全厂没一辆高级车，没有一个'大哥大'，干部们几乎都不去卡拉OK，坚持与职工过同一水平的生活。这样，干部和党员就能做到关心爱护群众，职工群众也就理解支持了领导，大家同心同德，把劲儿使在发展生产事业上。"

　　漳州制鞋厂林荣木总经理说：我一来就把一个科室一个小屋打破，大家都坐在一个大办公室里，经常沟通融合，浑然一体。在我参观车间时，林总告诉我，现在放着轻音乐，这是为了让大家休息。但我看到车间内座位相连的工人们正全神贯注地进行操作。他们这样紧张地工作8小时显然是劳累的，但他们的精神很痛快，不是像有些企业那样，人闲得难受，怨天怨地。总之，这些优秀企业所以红火兴旺，都是建立在大量劳心劳力的投入上，劳动创造世界，不开动脑筋，不苦干活儿，怎么能创造财富？更别说创造"奇迹"了！

　　最近，国家实行每周40小时工作制。可是报刊广播接连报道一些企业甚至某些高楼大院的机关，缺乏紧张的工作气氛，工作时间还是提不起精神。记者曾看到11点一刻已经有人拿着碗走出食堂了，4点半停止办公下楼走人了。实际上这些单位在实行四天工作制了！

　　我们知道日本每天人均工作10个小时，经常要干到晚8点才走。我在日本工作过，体验过那里紧张的工作气氛。有时我想，他们有钱，不是因为他们有什么特殊的机遇和条件，而是苦干实干干出来的，贵在刻苦、认真。他们虽然有"过劳死"，但它是当今世界人均寿命最长的国家。世间真正累死的人不多，气死（精神不舒畅）的人可真不少。

　　克勤还要克俭。日本人很富了，但到过日本的中国人无不感到他们"抠门"、"过于节俭"。而我们有些人无论吃、玩，还是花钱送礼都比人家"大方"、"阔气"，公家财物的浪费就更可观了。邯郸钢铁公司的"模拟市场核算，成本否决"法，海尔集团的"日清日高"管理法，丰田的"零库存"、"三及时"，无不贯穿一个"俭"字。

　　总之，企业管理并不复杂，关键就是在"勤"、"俭"二字上认真下功夫，多思多干，创新挖潜，小步快跑，就能稳操胜券。

1995.09 从企业家的辛酸苦辣谈起

1995年，我应邀去了西安咸阳，全国劳模来辉武教授让我去给他们职工讲讲经营之道，当我伫立在505楼前，看到楼上镌刻"辛酸苦辣"四个大字，唯独没有"甜"时，使我感慨、激动，思绪万千。我想，这许是当今我国有事业心、责任感的企业家们的心态吧！并且它又是中药四味的相关语。可是，在大楼背面又镌刻着为人类健康努力拼搏的话语，它郑重地告诉我505人的心态和追求。

在我和来教授攀谈时，我听到的最多一句话是："太忙了，干企业不容易啊！"他一年到头，从早到晚工作着，他们许多干部对我说："我们每天晚上都很晚回家，何况他呢！"

我联想到，一个成功的企业究竟靠什么？我从最近求教的很多厂长、经理身上悟出两点：一要倾注全力提高自己，教育职工；二要搞好与社会（企业外各方）的协作和协调。

第一是提高人的素质。505集团花一亿元筹办505大学、天津钢管公司蒋总创办了职工大学。这都是远见之举。韩国已经做到500人的厂，设专门培训员工学校。内容是基础知识与方法论教育、岗位技能与敬业精神教育、竞争与协作教育。实践证明：企业提高员工素质要打"持久战""攻坚战"，坐观不战的企业今后是没有出路的。21世纪是"学习世纪"，这是最好的概括。

我在讲课时常说：一个好的领导只抓大事的1、2、3，而较为次要的4、5、6……则交给副手和部下去干；一个好的被领导者，应该提出问题，并拿出解决问题的方案让领导拍板定案。做到这点是很难的。最近，我听一位好朋友讲，他当总经理后，就注意培养一位年轻人，并较早将他提升为副总经理，而且把客户、外商、生产等重要事都交给他去办。出人意料的一天来到了，这位副总经理在干部会上给总经理列具"罪状"，并宣布辞职。这没什么，可怕的是他带走中层骨干，去干"私营"了。这样，这位总经理支撑的"国营"就太困难了，我对此深表同情。据了解，它并非个别事例，人们会由此得出什么结论呢？

　　第二是注重企业与社会各界的协调。据悉，来教授经常请社会各界名人、专家、领导给干部职工讲课，我觉得这种形式就非常好。既教育了职工，又使企业加强了与社会、政府的协调，两全其美，共存共荣。这是个好办法。

　　一本轰动美国并许下按书行事、不成功可退款的名著《面对挑战的选择》中第一段就是："慎重选择对你事业成功有决定作用的朋友，并且与他保持直接的、亲自的、持续的联系"。又说，"千万不要以为你能控制你事业发生的一切。不，你不能够。你的命运是由某个人决定的"、"他可以让你成功，也可以让你失败"、"他可能是你上级、朋友、老师，也可能是你的部下"、"万万记住，点燃火种不加柴还是要熄灭的，一切想当然不行"。这对任何一个厂长经理来说太重要了。

　　最近，一个美国朋友、国际成就计划总公司中国经理孟庆俊先生送给我一本《21世纪企业大趋势》，我用其中的故事结束这个卷首语。

　　一个企业家被神误解，死后进了地狱。他奇怪地发现那里的人，吃饭时都使用比自己手臂长3倍的勺子。于是，每个人绞尽脑汁调整角度，提高高度，但仍不得食，于是每人都忍受着饥饿的痛苦和煎熬。后来神发现他是好人，又把他送上天堂，他惊奇地发现，天堂的人也拿着一模一样的勺子吃饭，唯一不同的一点是他们互相喂饭，皆大欢喜。天堂与地狱只在一念之差啊！杨

管理真谛是"义"

1995.10

《人生谈义》，这是世界著名企业家松下幸之助在他94岁时系统介绍自己经营思想的一本好书。它好在哪里？好在强调"先做人，后做事"，强调先"义"后"情"，强调理性。

当前，我们在前进中遇到很多困难和麻烦，每家企业都有一本"难念经"。我认真想过，这些难处绝大部分不在于事情本身难办，而是人为因素在起作用，甚至不少问题出自私心，给企业领导带来许多烦恼。

辞典上说，"义"就是"正义"，正义事业就是属于公益的事业，即对共同事业有好处的事情。古今中外志士仁人，都在为正义事业而献身。昨天《杨家将》一剧，当包拯走上断头台，催人泪下，是以义感人。

日前，我和日本企业家宇佐美先生谈话时提到，中国人和日本人对有些问题的思维方法存在差异。中国人办事，如果是一种大家都还没办过的事，一般较容易获得批准，正因如此，有的人好打"擦边球"，钻政策空子；等到大家都看好的时候，就卡得严了。这种先松后紧、时松时紧现象的后果，使不少人都想坐"头班车"。而日本人开展新事业，因为无章可循，尤其慎重，等有了经验、制度、办法，就简便多了。"先易后难"和"先难后易"哪个好？我想大家会有个结论。我们经常看到，一些单位之间、人与人之间的合作，一开始怎么都好，似乎很讲义气，主要是因为没有利害冲突，但当事情办好了有利可图时，"争斗劲儿"就来了。"窝里斗"本事大，"外向功能"差，是这些人的一大特色。最近听到一些企业出的事，令我深有感触。"打天下"时能讲点"义"，到"坐天下"时就不顾"义"了。日本人在合作之初，认真谨慎，争得面红耳赤，甚至不惜破裂，但这种初始的认真给后来换来了持久的稳定与和平。这也就是咱们常说的"先小人后君子"。总之，讲"义"，也要讲究"义"的规律、学问和方法。

松下谈"义",揭示了一个企业管理最深层次的问题,就是"文化"。而"文化"是由知识、价值观、道德观、法制观四要素组成的。其核心是价值观,即人对事物价值的评断和追求,也就是价值取向。作为企业,在一个统一的合理目标追求的指导下行动,从而获得最大效益,就是正确的价值观。有了这个价值观,就能推动职工学科学、学文化、学管理。正确价值观本身就是演化中的道德观与法制观的基础。抓住价值观教育就牵到企业管理的"牛鼻子"了。

"松下谈义"的重点内容是谈"人心"。关于人心,他强调要有正确的幸福观、名利观。没有这两个正确观,就过不了"鬼门关"。人总是追求幸福的,但它靠感受去体现,而不是你享受的多于别人就比别人更幸福。事实上,挥金如土的人并不一定快乐。松下比喻:每天一次给狮子喂肉吃,他就会对你有好感而驯服于你。而人不同,不管你喂他多少次"肉",只要有一次仅仅是给的方法不对,他就会翻脸,世界上没有比人更难对付的了。人心是微妙复杂的,这种由复杂人心组成的社会就更复杂。怎么处世?关键是个"义"字,有了"义"就有了光明,就进了"天堂",反之则会进"地狱"。

松下总是用"素直"两字来描写那种好心人。他能说真话、办实事、懂得尊重别人,对一切宽容大度、虚心好学。如果人人都有这种心境,一切事情都好办,整个企业就会呈现和谐、明快的气氛;否则,就会阴云密布,令人窒息。这就要求每个员工始终有一个与企业、事业"共存共荣"的原则,使自己感受到生存的价值和意义,这就是"素直之心"。

以上是"松下谈义"的基本思想,它点到了企业管理的要害,又说到了做人的实处;它不讲大道理,但十分深刻感人,因为松下是用自己的切身感受来教化他的职工的。

最后,我想起本刊顾问张仲文的一次问话:中国什么庙最多?关帝庙最多。这就是中国人的追求心态,热望一个"义"字。意味深长!

1996.02 当前，企业家要学会保护自己

一天早晨，"北京您早"节目介绍：好端端的北京传统风味"白水羊头"老店老板因处理不好关系被迫停业了。我又联想到这次第四届官产学恳谈会上一些面孔很熟的老总，因失去自己曾经引为自豪的事业不能到会了，触景生情，感慨万分。于是，我在会上做了"在计划经济向市场经济过渡阶段，为了事业企业家如何保护自己"的简短发言。

我想了一下，这些老总的共同特点：一是他们有经营能力，经营情况也比较好，为自己办的企业自豪；同时，在企业内都是铁腕人物；也都没想过自己也有一天会失败。

根据这几位老总的败绩，我翻阅国内外有关资料，寻求在深层次上的规律。其中两本书给我启示：一是我十多年的日本老朋友小山秋义会长写的《抱着炸弹经营》；另一本是美国管理协会因为许下"书不实用可退款"之宏愿而轰动全美国的《面对挑战的抉择》。我根据这些书中总结的企业失败的教训，归纳为如下八条，呈送各位"在职老总"。

第一，凡是有意想不到的成功、来得太快的胜利，你此时必须想道：这是失败、危险、灾难的开始。只有这样，你才会以"危机管理"、忧患意识，渡过难关。

第二，千万不要以为你的命运完全掌握在自己的手里。在任何一件事情上或任何一个时期，总有一个人在主宰着你的命运，你一定要找到他，做好他的工作。他可能是你的上级领导，也可能是你的副手或下级，还可能是朋友或相关人士，以及大用户、大合作者。你万万不能小看他，就是他在决定着你的未来。在你做他工作的时候，切记不能请别人代劳，要自己亲自直接去做工作，要持久不懈，直到一

件事情获得完全成功，或一个历史阶段的结束。

第三，要学会"反向思维"，在做出一种决定时，还要有相反决策在脑子里做比较，而又不影响现定政策的执行。反向思维是防止失败保证成功的重要思想方法。这是企业家共同遵守的理念。这是美国著名企业家哈默一生从事石油等多种行业都获成功的主要指导思想。

只有学会反向思维，才会对厄运有应变的心理准备，认真思考、认真办理，从而使地平线上的危机消灭在萌发阶段。

第四，要实行"甘心当第二"的策略，这也叫跟随策略。就是你在同行业企业中总能找一个比你强的作为竞争目标和对手，千方百计向他学习。因为，它的优势、经验、方法你学到了，你的还是你的，总有一天你比他强，也就超过他了。接着，你再找一个新的"第一"，你再"甘当第二"。这样，你既安全，又快速，也能很好保护自己。在田径赛场上，第二总是第一的最大威胁。

第五，要学会主动"推销"自己，只有让更多人了解你，他们才理解你，理解你才能支持你。因此，"理解万岁"是有很深哲理性的。

松下幸之助回答记者提的经营诀窍问题时，他只说一句话："待人以诚"。一个人即使吃亏受骗了，也要坚持以诚待人，总会有个好结果的。因为心理良心上的平衡才是幸福。

还要警惕别人不诚，万万不要被别人吹捧或欺骗，在你成功与辉煌的时候，这是保护自己的最后防线。

第六，要选好合作伙伴，广交朋友，不要把自己的命运只交给一个人。

很多企业家的失败是因为选错了合作伙伴，把自己的命运只交给一个人，这是极端危险的。

第七，在企业内要依靠占总职工人数20%的骨干队伍，不要把一切重担都放在自己肩上。根据"二八律"原理，任何一个正常企业中都有20%的有事业心的正派人做骨干，而他们对企业的奉献占总效益的80%。有眼光的领导，为了胜利，为了未来，要分权、放权给那些真正有事业心的人。切记，只有让你正确发挥事业决策作用的人才是好部下。

第八，为企业要有损人必损己，共存共荣的经营理念。我在以前的卷首语中讲的参观地狱与天堂的故事，就揭示了这一真理。

任何企业家的成败，都涉及企业的兴衰，为了事业，请老总们要珍惜自己的"经理寿命"。外国人均超过15年，我们是多少？建立企业家队伍并非易事。

没有创新就没有管理

1996.03

有人做过这样的试验，先把青蛙扔到热水里，它一下子就跳出来，可说是奈秒（10-9秒）也不能忍受。可是，把青蛙放在冷水里加热，它直到被活活地烫死也不跳出来。这个现象，难到只在青蛙身上才出现吗？我想，不是的。人也有类似情形，如果人，特别是一个企业的领导，长期生活在一个氛围中，如果没有外力，能"跳出"氛围，自我创新，自我改造，使企业获得新生肯定是很难的。为什么人类社会进步如此之快，也正因为人不是蛙，有很强的多思能力与创新精神。所以，人们对那些在企业经营上勇于打破常规、独树一帜，走出困境的企业家，由衷地感到可敬可贵。

国内外企业都怕在管理体制上形成官僚体系，尤其是大企业，多犯"大企业病"，这种病的主要表现就是不思进取、害怕变革、无意创新。实际上，不只是大企业，也不只是国有企业，一些集体企业，甚至是中小企业、乡镇企业，也常犯这种病。这种病的机制，就是管你的人，即有权指挥你的人，并不承担责任，而是让没权的在位的"管理者"承担责任，而且这个不承担责任的有权"管理者"还是个"裁判"，有随意指责人的"权力"。这种机制下，在其位的不能决定自己事业的命运，人人都像处于不断加热的水中青蛙了。而且领导群体的人数越多，这种现象往往越严重，只要责任中心没有形成，谁都没有压力，其结果必然如此。亚洲崛起在华人企业，而华人企业的灵魂是家族企业，而家族企业都有明确的责任者。上级对下属企业需要有柔性的严格监督，但最怕的是多线硬性的又不负责任的控制。

最近，国际企业体制发生革命，作为变革的对象，首当其冲的正是传统的刚性的金字塔多头多层管理机构。其规模越大，弊端越重，发展下去只有倒闭和解体。连在历史上多次经受危机而坚持不裁员、不重组的蓝色巨人IBM，这次在企业改革巨大风潮中也挺不住了。1993年当年就裁员2.5万人，1996年年初又裁2万人，打破了不裁员又要提高生产力的传统理念。IBM正在进行前所未有的大手术，把庞然大物的IBM划分为13个独立经营的小公司。从根本上解决了过去不接近顾客、不积极参与竞争、没有创新活力的问题。

活力来自系统内不同层次责任中心的合理机制。什么是机制？机制是长期执行某些政策的结果。长期执行一系列好的符合实际情况和客观规律的政策，就形成好机制，否则就形成坏机制，机制一旦形成，变是很难的。

既然政策决定机制，政策就成为企业的生命，也就成为企业活力的决定性因素。

政策的好坏，决定于什么？除了决定于大家公认的领导水平以外，更决定于决策体制。即决策中心在体制上的科学性。因为，权力的核心是决策权，而决策权可上可下、可收可放、可大可小、可集中也可分散、可把权力分散控制，使之互相扯动，也可集中在一个最强的人身上。在很大程度上，上级决定下级的命运，正是在这一点上得到体现。怎样做比较科学，怎样才能使一个企业保持活力。显然，做出科学决断是很不容易的，尤其是企业，现在看来按股份多少划分权力是不科学的。具体办法是两条：一是放权，即把权力交给经过长期考验，又为人们公认业绩最突出的事业心极强的企业家（以经营企业为终身职业的人），同时上级有相应严格监控制度；二是最大限度地实现信息与决策的统一，谁掌握信息最多，就让谁提出决策方案，这在今日信息社会至关重要。一般重大决策失误，几乎都是信息掌握与研究的不够造成的。只要有良好的决策机制，才会有创新的体制；有创新体制，才会形成有活力的企业。

1996.04 再谈企业家要学会保护自己

今日之世界，是企业的世界，是企业为中心的社会。当官的职责是通过制订政策和计划扶持企业的成长，即通过为企业服务求得地区与国家的经济繁荣。"悠悠万事，唯经济发展为大"，实质上是企业为大，所以我倡导"企业中心论"。

企业能否为大，关键在于企业家队伍。企业家是以经营企业见长，又以经营企业为终身事业的人才，不是当厂长经理的都是企业家，就像从事艺术的不都是艺术家一样。

企业家的培养很难，其理由有三：一是活动空间太大。当官的主要是执行上级指示，基本是"唯上"的。陈云同志提倡不唯上、要唯实。切中时弊，但其难度可想而知。几乎不唯上不行，可是企业家确实不能唯上，而要唯下唯众（市场），否则企业不用多久会真的垮了。二是要靠实践磨练。日本战后第一代企业家奠定"经济大国"的实力基础，但他们上过大学的是个别人，松下只相当于小学毕业，但他是很了不起的世界知名企业家，他们靠的就是在国内外市场上的跌打滚爬，靠实践的磨练。可以说，企业管理学至今还是经验型、艺术型的科学，因为它至今仍然要靠因时因地的创新。没有哪一家企业是靠书本原理发家或靠照搬别人经验成功的，甚至有时恰恰反其道而行者胜。这也就是商学院课堂上仍采取个案教学的道理，没有那么多放之四海皆准的"理论"。它如同艺术一样，一个一样，不能"大规模推广"，只能受启示，生联想，而创新，这就是搞企业的难处。三是知识面要宽。一位冶金官员或冶金教授，重点是攻冶金专业知识，可是一位冶炼厂的厂长不仅要懂冶金，还要懂管理、经营，还要懂财务、懂法律、懂人情、懂社会……什么都要懂，不懂就吃大亏，这就是现实。厂长经理工作真是"全方位、深层次"，需要有点儿"拳打脚踢、又柔又刚"的硬功夫。

"理解万岁"。当今首先需要当官的和学者们理解企业主管的难处。尤其是企业上级主管领导要科学地支持他们，有的发现个别企业出问题，就加强控制，搞"三权分立""三套马车"。实践证明，它不能推广。否则，其后果是不堪设想。因为，企业成功的关键，是真正有个事业心很强的核心，有个真正的责任者，从而才有"四自"，否则大家都"负责任"，实际都不负责任。现代企业与传统企业已不同，董事长与总经理都是经营者。董事长代表"资本"，总经理是为董事长"打工"的，分权而治的时代已经结束。不能因为船不慎触礁，就让代表三方利益的三个人都去掌舵，那会原地转圈子的。

20世纪开始的第一天（1900年1月1日），华尔街日报刊登了全美20个最大企业，但至今还"活着"的只有GE公司一家了。即使是20年前《财富》杂志公布的500家大企业，现在也不到一半了，可见企业的生命脆弱得令人吃惊。可是美国的商业部与哈佛商学院从成立那天至今没倒过，以后也不会倒。这从一个侧面反映了企业确实不容易啊！何况中国企业面临的形势更复杂，任务更艰巨，寿命更短呢？

企业家为了保护自己，就要在竞争与合作（协作）的结合上下功夫。我每次进入中国松下总公司办公楼门厅看到"共存共荣"四个字时，我深深领会到，这就是松下60年经营的精髓，是四字总结报告。

因此，对企业家来说"信心"与"意志"就显得特别重要。不少企业家都经过生死存亡的考验，甚至倾家荡产变成穷光蛋而又复兴者大有人在，他们都是靠信心和意志渡过灾难获得新生。

松下的《人生谈义》一书第一篇就是谈信心与意志，其用意明显。他说："我遇到不幸也灰心动摇、彻夜不眠，但我想它注定会来的。看破这一切，勇气也就来了。我经常在不幸中产生这种感觉，这就使我很幸运地有了今日的发展。人活着本身就是严峻的。"这话很有哲理，企业家们要有足够"应变"的"平常心"。"不干是100%失败，干就有60%的成功"。

在此，我愿遭遇不幸的企业家，以"平常心"唤起勇气和力量，转祸为福，光明就在前面！

1996.05 "认真"是质量的关键所在

我在日本工作和学术交流、参观考察期间，不论大小事我都喜欢与国内情况做个比较，而后问个"为什么"，目的是为了确实学到一个国家民族的长处。我终于清楚了自己的看法没错，这就是我们在多方面，诸如：顿悟能力、综合水平、创新意识、多谋善断等都不落后于日本，甚至超过他们，但只有一点，我们的多数人比他们的多数人都差一些的就是"认真"二字。一次，我和日本朋友谈起中国特异功能的表演和争论，他很注意听，边听边想，最后问我："你们可用来解决实际问题吗？"这就是日本人的务实精神和认真态度。由此得出结论：科技应用和管理效率不如日本是由于思考、行为不认真，我确信这点。我们要赶超强者，唯一的出路就是一切事情都要干得认真。

我在想，什么是认真呢？不外乎做到两条：第一条是敢说实话，能办实事，不玩虚的、伪的，不走形式，注重事实。首先，不用空话套话虚话废话去浪费别人的生命，一切追求个合理化，一切服从老百姓利益，一个劲儿地为群众干实事。搞好管理，办好事业，需要的是良知、良心。正如一名人所言："不求见谅于人，只求无愧于心"，沿着事业目标匍匐前进。

第二条是注重规律。首先是多思，只有多思才能在纷繁的事物中找到简单（规律）。韩愈名言："行成于思，毁于随。"可谓是企业家的座右铭。但是规律不是明摆着的，它往往潜伏得非常深。"深"表现为似是而非，从而愚弄"随者"使之进入误区。托尔斯泰说得好："认识真理的主要障碍不是谬误，而是似是而非的真理。"寻找规律难，按规律办事更难。求章立法难，施章行法按真理办事更难，这就是管理之难处。

1996年"3·5"国际产品服务质量日，电视广播都谈质量，质量不是做不到，而是不认真做。"日本货"曾是低劣产品的代名词，昔日日本生产的收音机中10%质量低到不能使用。但在1950年7月，美国人戴明到了日本，向日本高层人士宣讲了"全面质量管理"，于是从政府到企业对此都十分认真，到七八十年代，日本产品质量打了翻身仗，跃居世界前列。至少在亚洲，"日本货"又成为优质产品的代名词。据1993年调查，从产品的"物超所值、创新、改进、高质量、耐久性、易维修、使用方便"等各项指标综合判断，日本都居世界首位。

　　又如我国台湾，在1988年以前产品质量也不行，在执行"全面提升产品品质计划""全面提升产品形象计划""提升工业设计能力计划"过程中，开展了"企业品质观念重建""优质产品选展""品质大奖"等活动。经过5年，产品质量基本解决了，从此"进入品质不成问题"时代。他们称质量为"品质"，即"人品"与"质量"的综合。因为，产品质量是人品决定的，所以称质量为品质。

　　产品与服务的质量不能只看成技术，最好是看成管理，看成道德，甚至看成哲学。美国人沙拉松和戴明都到产品拙劣国日本讲质量，就是从一句问话开始："你们开公司做生意究竟是为了什么？"官员和厂长都说："为了赚钱"。于是从质量是事业、是理想讲起，才说服了日本官、产、学。这就是"经营的品质哲学"。没有这个哲学，谁还相信顾客是上帝！

　　经统计，让一位顾客满意，就可再招揽八位顾客上门，如果产品质量不好，惹恼了一位顾客，则会导致25位顾客从此不再登门。当今企业正在发生变化：已由生产导向走向市场导向，再到顾客导向，从而进入质量没问题时代。我们等待这一天！

企业命运在于选拔厂长

7月初,我应河南焦作市委组织部与科协之约去讲课,有机会去专访河南轮胎厂张生林厂长。他是全国劳模,当厂长达13年之久,对企业管理十分内行。他对企业界很多扑朔迷离的现象都能一语道破,说到实处、讲到痛处。他提到,企业能不能搞好,关键在于想不想搞好,在于是否真心实意地去管理,只要上级领导支持,大环境还可以,企业搞得好与不好就在于企业领导了。"降低成本、提高质量、增加效益、占领市场"的道理,没有一位厂长经理不知道,但是否都认真管理,就不一定了。因为,厂长经理也有思想问题,也有他"无能为力的事"。如果问题长时间得不到解决,他就不积极去干了。现在是我们在深层次上帮助厂长经理解决问题的时候了。因为,今天企业的问题,只要千方百计认真去干,大部分都能解决,如果能把管理搞好,相当一部分企业本来是可以不亏的。他说:"譬如,1983年我厂在同行业中倒数第一,现在倒过来了,效益正数第一。我一直在想,为什么? 不外乎认真下功夫管了几年,关键是把握住产品设计和生产的成本和质量,制订量化制度,做到认真、量化、严格。一切事就好办。前些天吴邦国副总理到厂视察时问我,为什么同行业的厂不如你,我说了工资、消耗和劳动生产的数字,吴副总理一下子就明白了。"

他还提到:"我的产品已畅销国内外,没有产品积压,也没有债务,也不贷款,因为经营情况好,现在又兼并一个厂,可说为国家尽职尽责,政府有关部门送我们很多荣誉证书、奖状,但我们不宣传,因为宣传以及宣传后的接待费用都要打入成本的。另外,机关少一个人就是一年减少一万多元的开支,什么事都要算算账。所以,我们下大力气精简机关。人情关是扭亏的大关。"

他说："我们管理已经上路,所以我现在比以前清闲多了,我可以有更多的学习和思考的时间。"

他提到,按劳取酬的分配原则在国营企业还没有得到很好贯彻,完全靠良心办事是靠不住的,因为觉悟高的人总是少数。因此,在一定意义上,今日企业命运决定于有权选定厂长的人,出以公心,选择愿意干好也有能力干好的厂长,这是很不容易做好的事情。

7月15日,我受原社会科学院院长、国务院发展研究中心主任、中国综合开发研究院马洪院长之约,有幸参加秦皇岛的"中国高新技术产业开发会议",听到许多很好的报告,学到不少知识,认识了很多新朋友。这个会议不仅主题重要,又是一个官产学共聚一堂研究国家大事的盛会。

在这次会上,受会议组织者特别关照,让我首先发言。这次会上我提出"高技术开发区"不能仅仅停留在招商引资上,否则与特区无别。高技术开发区应是所在城市产业结构优化的火车头,它的宗旨是通过高技术项目的成功培育高技企业。在形式上应该以高技术"社区企业"为主形成高技术开发区;或以"孵化器"形式,不断从高技术开发区分离出新的高技术企业进入市区,使所在市产业结构高技术化。总之,高技术开发区建设的要害,在于选择熟悉科学技术,又熟悉企业和市场需求的经营者、中介人。建设开发区在于管理,而管理好坏在于开发区领导人的选择。

7月18日,受福建省组织部、省委党校和福建省中外企业家联谊会之约,我在全省大中型企业总经理的经验交流会议上讲课。并承蒙汪建华会长和刘明辉主编关照,先后专访了福日集团董事长唐文合、福建电视台广告公司吴志明总经理、福建实达电脑集团叶龙总裁和日本丰强产业株式会社山下强社长,从他们谈话得知,任何优势企业无不是企业总经理有能力和魄力,而优势总经理如何产生和培养,使之很好成长,是最大学问,万不可小看此事。

1996.10 关键是企业的责任机制

人们都在关注企业的效益和机制问题，为此我与不同所有制各种类型企业的主管谈心、求教，深有所获。

另外，我还特别邀请高技术民营企业四通集团行政总监田志强副总裁、时代集团王小兰副总裁座谈，也使我深受启发。

大家针对如下几个问题集中思考探讨：各种类型企业中效益特别好的共性是什么？为什么国有企业的亏损成为顽症？部分集体企业、乡镇企业步入"二国营"成为乡长企业之后，效益就不好？经权威部门调查，自己也认为不胜任的厂长经理，为什么国有企业最多？为什么三资企业、私有企业能把主要精力放在市场和销售上，注重社会评价？而集体企业注重职工评价？唯独国有企业把主要精力放在政府关系上，注重上级评价，哪个才符合市场经济本质？为什么在调查的经营者中居然有2/3的人认为自己当厂长、经理是上级定的，有1/3的人自己不愿干是勉为其难上任？实际上只有1/4的人认为自己愿意干也有信心干好。这是否说明经营者中不正常任职者占3/4？为什么越是搞得好的企业经营者越怕出名？为什么外商合作谈判最头痛的是找不到责任者？

我带着这些疑问请教了事业有成的经营者、企业家。

在请教探讨中，大家的共识是：关键是要在企业上下形成责任制。田志强、王小兰等总裁认为：企业有三层责任制要搞好。第一层次是有权指挥厂长、经理的人，这些人有的是政府官员，有的是出钱的大股东。这个层次的人最关键，他们到底承担什么责任？能不能承担的了这个责任？又有什么方法约束他们，使他们能负责任，这是至关重要的，但这一层次在当前是最薄弱的，最缺章法的。第二个层次是厂长经理这个层次。这个层次虽然有些章法，但他们主要对上级负责，受上级决定，如上级缺乏事业心和责任心，又瞎指挥或委派不当之人，企业就倒霉了。如果这个层次经营者的素质好，事业心责任心强，即使上级不管，他也能搞好，甚至可能搞得很好。第三个层次是劳动层，这主要靠第二层次的政策、制度形成良好有序的科学管理机制，因此，决定于第一、第二层次人的事业心、责任心和能力。

我专访的各类事业有成的企业领导，无不信心十足，他们积极向上，雄心勃勃，对未来事业跃跃欲试，因此企业职工精神面貌好、工作热情高，一切做到井然有序，企业经济与社会效益都好。原因是这三个层次的责任都很明确，特别是第一与第二层次领导素质好、水平高、能力强。俗话说："强将手下无弱兵""将帅无能，累死三军"。

当前国有企业问题之关键，在于第一、第二层次的管理，尤其是第一层次的管理解决好了，责任者不是口头上、表面上，而是真正的承担起责任来，以下两个层次就一顺百顺。大家说：不要说一些厂长经理素质不好，而是决定这些厂长经理命运的人不好。我认为，这句话是点题了。企业搞不好的制障也许就在此处。

有相当多主管和我说："我的企业成功，在于责任明确、责任集中，每一个层次都只有一个人负责，出了问题、有了成绩都是他的事。我的目标，就是不断强化责任制，让每个人都别想推脱责任，如果干不好，他就吃不好饭，睡不好觉。这与世界企业管理发展趋势是一致的。"

我最近到东北专门采访了几位私营企业家，更使我对此深信不疑。

> 人们常说，40岁是青年的老年，50岁是老年的青年。我在这个年龄结点上，需要以新的起点迎接未来。
>
> 杨洋建

1997.01 世界通用的识别人理论

新年到了,我代表杂志社同仁,向企业界朋友恭贺新禧。

《中外管理》杂志社与北京中外管理研修中心共同举办的"第五届中外管理官产学恳谈会"和首届总经理及高级助理研修班都先后闭幕与结业了,会开得可谓盛况空前,群贤毕至,人人称赞"办得好"。

"第五届中外管理官产学恳谈会"的专集在下一期(第2期)刊出。这次到会代表200多人,企业界朋友150人,参加研修班的各企业总经理和高级助理40多人。这是我们最理想的规模。直到最近,仍有一些企业界朋友来信表示没能参加会议和研修班非常遗憾,我们在这里深表歉意。

在这次研修班上,我们有幸请到美国专讲企业管理的学者孟庆俊先生、台湾中山大学企业管理学术中心主任刘常勇教授、世界著名企业咨询机构美国麦肯锡中国公司刘洪斌博士和世界著名公关专家群体爱德曼公司副总裁博君伟先生等外宾讲课。

麦肯锡公司刘洪斌博士在讲到选拔人才标准与方法时提到"麦肯锡框架",它与韦尔奇框架图,以及我国经营理念近似。从而可得出世界各国选人标准的价值观惊人相似的结论。他们的共同点是强调干部的事业心、工作热情、顺从本公司企业文化的重要性。能力低又不好好干的要解雇(④类人),能力好又工作热情高的当然留任鼓励(①类人),即使能力差,只要事业心强工作热情高、能顺从本企业文化要求的(②类人)也要加以培训或调用,面对那种能力强而事业心差、工作热情不高、不能顺从本企业文化要求的人(③类人)怎么对待,是所有企业主管都遇到的人事难题,因为其他三类(①②④)人都好办。

一般领导都是爱才的，因此对③类人总是想重用。但根据美国苹果公司总裁奥米欧和GE公司总裁韦尔奇的共同结论：不留！

　　因为，能力强而又总不能按公司文化行事的人早晚要捅大娄子。老板们，请您切记：宁要能力不强，顺从文化的人，可千万不要留那种能力似乎很强，总想不顺从本企业文化要求而素质较差的人。很多老板都为此吃过大亏。我以此理念作为馈赠企业主管们的新年厚礼。

长寿企业的三种特点：
1) 行为稳定又高度集权的企业长寿。
2) 技术萌芽期就确立优势的企业长寿。
3) 总是不断调整自己的企业长寿。
　　在21世纪，企业要选择恰当的行业，尽早进入新兴行业。但当公司在一个行业的竞争中不再能赢利时，及时抽身引退或进行"大手术"改革，这是非常重要的。

乌杰同志报告的启示

1997.02

"第五届中外管理官产学恳谈会"的专集与读者见面了，我作为编者深感遗憾的是不能完全反映会议的全部内容，但总算使没参加会议的厂长经理和管理者略知一二。

我作为会议的主持人，也学到不少东西，我总觉得每年这三天恳谈会，实际上是个学习班，是个信息交流会，能在会上获得很多知识和信息，它对各企业1997年的重大决策是很有好处的。

近两天，我应南京金鹏铝业公司总经理赵林明之约到南京学习，他兴高采烈地阐述他五年远景的发展蓝图和政策思路，使我深受鼓舞，由于我俩有共识同感，决定长期合作。在企业策划与干部培训上尽《中外管理》杂志微薄之力。前天返京，今天又要应郑州宇通公司董事长总经理路法尧之约，去研究股票上市与信息网络管理上的合作。我们杂志社对此项工作刚刚起步，好在有我们的专家网络与相关顾问公司的合作与支持，我们有信心做好此事。

这次恳谈会上，我们请了24位官产学国内外各界朋友、专家、教授来做报告，各有千秋。我在这里有话要说的是听了乌杰同志报告以后的收获与联想。

乌杰同志作为国家体改委副主任，特意从外地赶回来参加第五届中外管理官产学恳谈会，他在会上的报告深受与会代表的欢迎。他是"官"，但没有官气，以其深邃敏锐的思路，坦诚的态度打动了听众的心。

乌杰同志讲了很多企业改革的事，以及他的看法和意见，他走到代表之中，与大家面对面对话讨论，深刻又生动，会场气氛十分活跃。

乌杰同志有个观点，引发了许多同志的思考，也使我久思而颇感意味无穷。他说，我们的企业改革已经16年了，但不能说进展很理想，什么原因？说我们不认真？显然我们确实做了大量工作，也取得了成就，但缺乏突破。他问大家有没有个方法问题。他说，建国以来，我们总是通过抓主要矛盾的思想，要推动改革，先抓纲——工业以钢为纲，农业以粮为纲，以及以阶级斗争为纲，想的是纲举，目自然就张，抓好一件事就可带动全局。抓企业改革，我们也总想抓一个产权，或抓管理，或抓社会保障体系来带动其他。10多年企改实践告诉我们，这样做不行。也是由于我们对毛主席的方法论在思想理解认识上有问题。他讲，不能再以纲为名，抓一点不及其余，排斥其他。我们需要的是配套改革，用系统工程的思想理解认识企改的四句话，不能再抓一句话来排斥其他了。

我很同意乌杰同志这个思想，我们长时间学习过程中是反对形而上学，而实际行动上总是"形而上学猖獗、泛滥成灾"，办事总喜欢走极端。毛主席反复提倡"弹钢琴"，那就是有主有从，而不是只主不从。为什么我们总不自觉地走极端？是思想方法作怪，当然利益驱动也是个原因。

《第五项修炼》，外国人都把它作为企业管理理论指导，视为企业经营之至宝，但是它的主旨核心，就是一个"系统思考"、"整体推进"。用在我们企业改革上，就是要在产权明晰等四句话上全面用劲，认真搞政策配套的系统思考，整体推进，不要再在产权重要，管理重要的问题上进行争论，而是需要实事求是的在所有各方面（如4句话上）提出可行有效的配套政策，而且重在服从总体需要。

有这么个故事。80年代，美国汽车工业总在日本汽车业进攻时打败仗，于是美国下决心解剖日本车，并与美国车对比，这才发现，就每个零件的质量来看，美国车都是最先进的，每个零件的设计者都感到自豪，可是从总体上看，效益总不如日本。这表明，汽车马达也许是"纲"，但它多么好都不能顶替其他零件的作用。而80年代日本汽车的优势，不是局部追求卓越，而是日本汽车总设计师对每个零部件设计者提出的切实必要的总体要求。这就是日本产品设计的指导思想是按系统思考，总体推进办事，而美国一味追求的是局部过硬，实际上没形成总体优势。现在美国人也猛醒了。

我们中国传统文化优势正是系统思考、整体推进的思想方法，而不是西方的分割求精的思想方法。如中医中药就是系统思考，总体治疗的典型事例。而西医则与此相反，则是严格分科，不可逾越雷池一步，造成前进的巨大智障。还是让我们走到自己民族文化大道上来吧！

1997.03 青蛙、啤酒和悲剧的反思

煮青蛙的故事，它提醒企业对危机的形成与发展要有足够警觉性，等到水温高到不能忍受时，也就无力摆脱危险困境，只好等煮死为止。

人们不求变革的惰性力是制造困难之源。人的适应能力，有时是好事，有时也是坏事。企业不思进取不求变革的"适应力"就是天大坏事。

《第五项修炼》又讲了个啤酒的故事。这个悲剧故事，实际上是人们进行过上万次实验的必然结果，它说明人与人之间互动的习性，说明人们"想当然"思考模式的破坏作用，每人都做他自己认为应该做的事，其后果成为人们意想不到的悲剧。啤酒的故事，只是一个大歌星在电视台唱了一首情人啤酒的歌，于是在年轻人中掀起情人啤酒热，各地啤酒零售商纷纷向批发商订货，而批发商忙着向生产商订货。待高潮已过，零售商那里很少有人再买情人啤酒时，正是生产商以自己也不相信的规模全力以赴生产情人啤酒的时候，于是退货高潮波及厂商时，悲剧发生了。

这种事在企业内外都可能发生，在一个行业甚至在一个国度里也会有的。这就是"泡沫经济""泡沫……"。比如：前不久的股票疯涨，其动因就是有人想到1997年香港回归、中共十五大召开两大政治事件必将构成经济起飞的动源。于是就认为，这是炒股发财千载难逢的良机。结果，盲目地追求与热烈地投机导致难以置信的4500点股票上涨。然而，暴涨必然带来暴跌，由于政府及时加以控制疏导，没有酿成某些人的悲剧。又如：使电视黄金时段广告热炒到3.2亿的"标王事件"，还有海南地皮、浙江五叶松、吉林君子兰、白酒热等等这些是计划经济下不会有的，是市场经济的盲目性带来的弊端，在提醒我们对大局结构的分析和掌握

的重要。市场经济老手、管理名家彼得·圣吉点到要害:"不同人处于相同的结构中,倾向产生类似结果,当问题发生绩效无法如愿时,就出现危机,但却找不到怪罪的对象。总之,它不是哪个人,也不是外部因素。每个人只专注自己,忽略自己决定的影响就必然产生如此后果,要理解这是自身系统结构造成的。"

总之,在市场经济条件下切记,不要只注重自己的事。立点一定要高,眼界一定要宽,要摆脱局部与个别,寻找影响我们行动的动源和行动背后的结构。名著《成长的极限》的作者对此作出结论:"真正准确无误的洞察力,来自清晰的系统思考。"

如果,这个"卷首语"对您有用,就作为我呈送的春节贺言。

1997.04 多元化经营是福是祸

这是我国企业界争论多年的主题,但我们由于缺乏深入调查研究,对什么情况下实行多元化(也称多角化或多样化)经营？实行什么样多元化经营？也就从未明确过。

经过几年市场经济活动的实践,现在是需要做结论的时候了。但对不少知名企业,发展很快的企业,多元化已经搞得很大,看来为时已晚、木已成舟,甚至大势已去。

华南理工大学企业战略研究中心主任蓝海林同志的《多元化经营的企业为什么不行》一文,它所介绍的南方一些知名公司的遭遇,使我们不得不想到一些企业在战略经营上需要学习的必要,需要研究分析外国企业战略经营经验教训的必要。

早在几年前,国外报刊就报道了不少企业搞跨行业多元化经营的失败案例。本刊创刊以来,也不止一次提到外国总结出的这些受到一时诱惑就仓促上阵办起与主业无关的子公司,并不是一件好事。这种受到一时利益驱动不经整体系统长远思考,认为有钱可赚就干,是很危险的。还错误地认为,自己广告量很大,为什么不建立广告公司？自己有相当多的房地产,为什么不搞房地产公司？在"肥水不流外人田"的思想指导下就搞起非主业的多元化经营。于是把本业积累的资金优势都分散到许多与本业毫不相关的业务生疏的行业。而在这些行业,已经有很多具有悠久历史又有实力的企业,挤进去固然很难,以自己弱小之身去与人家强壮之躯拼死较量就更难,其结果只能是把自己已经积累的资金优势化整为零。为了给那些"新生儿"输血,只能使自己母体,即核心技术企业(或所依靠的主体企业)处于贫血状态,导致整个事业的衰败就成为不可避免的事了。

我们搞盲目非主业的多元化经营还有一个智障,就是为了"安全",为了"东方不亮西方亮",要多搞些与本业不相干的公司。还美其名曰:"不把鸡蛋放在一个篮子里",看起来似乎有些道理,实际上缺乏深入系统思考。因为,你买篮子的投入已大于分装鸡蛋的收益。这就像《第五项修炼》一书中讲的啤酒的故事,一时一地就事论事看每人每个行为都是对的,但最后形成不可逆转的悲剧,悔之晚矣。我们一定要警惕。跨行业搞多元化的经营,看上去是"遍地黄金",但当你看清时它又是陷阱,但此时,已经陷进很深而不能自拔。

在跨行业多元化经营的路上,有两点可以考虑:

一是首先集中发展核心企业与相关企业。在核心企业已经成熟稳定,资金人力又富余的情况下,继续加大投入会出现效益递减时,发展与自己核心企业有互补作用的相关企业,这就是搞主业相关的多元化经营,这样做肯定是稳妥而有效的。

二是出于种种特殊需要,非进行跨行业多元化经营不可时,要按照一、二、三、四次行业顺序行事,而且还要慎重选择。

本期国际了望台栏目介绍美国GE公司的思路,它在生产二产产品"匣子"达到"顶峰",成为世界一霸的情况下,它发展第三产业,即相关的服务业,在服务业发展到经济规模时,有选择的发展一两种具备条件的知识产业和信息产业为基础的生产要素组合经营的企业,即所谓第四产业。这种爬楼梯式的多元化经营经济效益最好。

我认为,上面两点思路,应该作为我们实现多元化经营的原则。遵从它,至少不会把手脚都陷入深潭。否则只留着一个脑袋在外面,也只能够喊救命,等待的只能是别人的救助了。

我办了五年《中外管理》杂志,经常聆听企业老总的话,也经常阅读国内外企业管理的知识和故事的书,企业战略经营确实有很多学问。昨天上午,在清华大学经济管理学院李子奈副院长的主持下,与金占明等几位教授座谈企业管理,收益很大。晚上,我又与甘肃位处第二的私有企业恺撒龙有限责任公司赵梦麟总经理长谈数小时。他虽然年轻,但有丰富体验,并掌握不少古今中外的典故论证过的一些经营哲理,十分深刻。看来,学习对我们从事企业经营的人,确是第一要义的大事。

也正因为出于学习共勉的需要,从今年开始,从事或开展企业咨询服务与干部代培服务工作。通过"分散输入、集中输出"的组织学原理，不断提高服务质量，这也许是进一步办好《中外管理》杂志的一条路子。

　　日本和台湾的朋友，多年劝导我在办杂志的同时有必要开展咨询服务活动，但出于我的精力有限，一直犹豫不绝，最近在企业朋友的鼓励下：我决心试一下，希望得到企业界的帮助、支持和指点。 杨

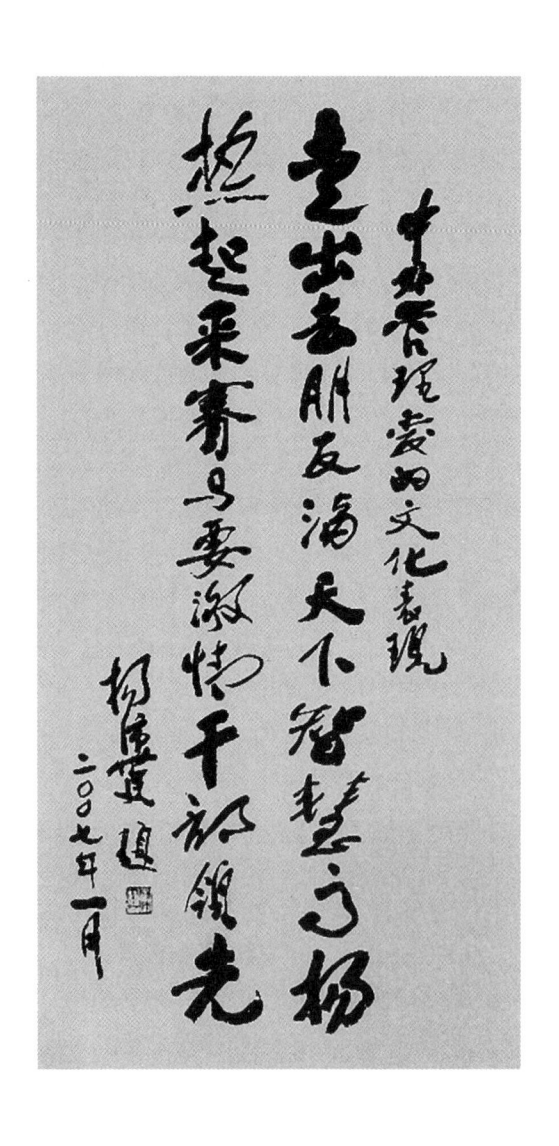

混合型企业会有大发展　1997.06

1997年，我走访了中国石油设备总公司的沧州公司和中国有色金属总公司的山东铝业公司，学到不少东西。听了李永太经理和宋培凯经理的报告，也向他们请教了许多问题。回京之后又看到《南德视界》主编李芳给我寄来的有关股份制的材料，特别是南德研究院汇编的马恩全集中有关股份制的论述，给我很大教益。令人信服地认定：股份制就是公有制。

当前，要正确认识和理解"国有经济为主导、公有经济为主体、多种经济成分共同发展"的基本方针。严格在此方针指导下，设计调整总体经济结构。坚持"公有制为主体多种经济成分共同发展"的经济体制是不可动摇的。其中，作为主体的企业形式如何？公有制的混合型企业将越来越多，它的优势使它将构成公有制的主体，它在今后会有较大发展。

什么是混合型企业？就是产权多元化的企业。这个多元化包括政府、外资、私人同时拥有股权。单一私人企业或单一国有企业，在今后的激烈竞争中多数将不具备混合型企业的优势。但这不否认涉及国计民生与安全的单一国有企业的存在与发展的重要意义。

从长远看，私人企业发展到一定规模，也要成为股份制的公有企业，或混合型企业。私人企业的发展转化为股份公司是历史的必然，即民营企业发展到一定规模，它的股份化公有化是大势所趋。

马克思指出："股份制是对个人的以劳动为基础的私有制的第一个否定"，"这种否定不是重新建立私有制"，而是"重新建立合作所有制"。（《马恩全集》23卷832页）

从长远看，国有企业中有相当多的企业，特别是处于绝对多数的中小企业在今后"抓大放小"政策指导下，也必然走股份制、股份合作制的公有化道路，即产权多元化道路，不走这条道路相当多国有企业将在与三资企业、私人企业竞争中遇到困难。正如江泽民主席、李鹏总理多次提到的：通过资产重组，走兼并和股份化道路，用职工参股方法，增加职工主人翁意识，是势在必行。混合型企业与国有企业相比，还有政企分开的好处。

总之，从长远看，私人企业和国有企业要获得稳定而有所发展的机遇，相当部分企业将向混合型企业方向发展，即纯私有与纯国有的两头向中间凑，加大混合型企业比重，即加大公有制的比重。

马克思指出："社会资本（即那些直接联合起来的个人资本）形式与私人资本相对立"。"社会的企业与私人企业相对立"。"公司内部，是联合起来的生产者财产，即直接的社会财产"。"留下来的只有管理人员，资本家作为多余的人从生产过程中消失了"。（《马恩全集》25卷436页）

有些国有企业经理已意识到，机制转换与股份制改制是分不开的。"国有企业的未来有极大发展空间，通过产权重组变成股份制，如经批准再成为上市公司从而完成它的社会化过程，使它的机制完全融入市场经济机制中去。只要下决心改革，卸掉包袱走股份化道路，国有企业就会获得惊人发展。我们以前瞻眼光和胆略看待和参与这一社会变革过程，一定会成功。"（东方集团张宏伟总经理语）看来，这是不少企业主管的看法。

从国际形式看，企业高层决策者的董事会的成员中，经营能手、会经营的企业家、懂资本经营的金融家、营销家、律师和企业管理专家的比重增加了，而仅代表出资者的资本家成分在减少。这个"淡化"资本，是增加智能的分量，很值得重视。我想了一下，道理很简单，企业命运交给不懂经营的资本家去决策，对企业有利，还是把企业命运交给会经营、有知识的管理专家（包括金融专家、律师、技术专家与职工代表）的集合体，更对企业有利呢？正像人们说的，现在不是封建社会的"霸权时代"，也不是资本主义社会的"金权时代"，我们是社会主义，要一切从事业发展为重，以三个"有利于"为标准，去创建"智能时代"，建立我国企业家队伍，这是提高决策科学性合理性的根本所在。完全靠权力和完全靠资本的时代已经一去不复返了。

EQ与人才标准 1997.08

大家都说，企业竞争之根本是人才竞争。可是在人才识别的标准上，长期处于若明若暗、似是而非当中。特别是，一种世界各地出现的普遍现象：有高文化的工商博士不一定是出色企业家，而没上过大学、文化不高的人，反而有些成为世界成功的大企业家。这种常常颠倒的现象绝不是个别的。大家多年对此不能作出令人心服口服的解释。

大家知道，日本是靠企业实力振兴经济的，但企业实力之主要动源来之于高水平的企业家队伍，而奠定日本战后经济基础的第一代企业家队伍中，除去索尼的创业人井深大和向美国人说"不"的经营天才盛田昭夫之外，这些著名企业家几乎都不是大学生。"经营之神"松下幸之助只有小学水平，但成为世界家电之王、著名跨国公司松下集团的老板，经营60多年长盛不衰。

又如香港大企业的创业者也和日本一样，学历不高，上大学的很少，更没有谁是工商博士，可是他们的企业规模达到世界水平，成为世界著名企业家。他们的子女不少在美国攻读工商硕士、博士学位，以继承父业，但没听说哪位公子返回香港"再创辉煌"的。

说这些事实，不是否定学历，更不是否定文化水平对企业管理的重要，而是想说明，是否有另外一个学历智商之外的东西在起作用？这个困惑我多年不解。

前些天，新加坡中华总商会企业管理学院郭浩水院长专门和我讨论这个问题。最近，我到山西讲课，在楼下书店买到《卡内基妙语》一书，衬页上很突出地写着卡内基语录：一个人的成功，只有15%是由于他的专业知识，而85%要靠他为人处世的能力、处理人际关系的能力。

后来在本期张文贤一文和第二届总经理研讨班上大家又都讨论这个问题，四通集团人事部叶延红部长还专门讲到情商问题。她提到电影《阿甘正传》中的低智商阿甘，由于对事业的执着追求，获得成功。他没有智商优势，而是情商在起作用。

这里所谓情商EQ (Emotional Intelligence Quotient) 就是在高学历中所显示的智商(IQ)以外的激励与控制自己的能力，了解他人(同理心)、激励他人和控制他人的能力，是在知识基础上产生联想，形成创造性的自己独有的智慧和谋略，集中表现在理性基础上的"悟性"上。

情商是1995年美国哈佛教授丹尼尔·戈尔曼最早提出的。他的EQ理论中最重要的一句话是："一个人的成功，IQ (Intelligence Quotient)只占20%，而EQ则占80%。这与19世纪80年代(100年前)从经验中得出的结论几乎是一致的。

智商是研究思考物质世界的变化现实和规律的能力，而情商是研究思考精神世界(心理)的变化现实和规律的能力；前者掌握运用书本知识处理自然界问题(包括工程在内)的能力，而后者是利用人类社会已有的知识处理人际关系的能力；前者侧重解决做事的问题，后者侧重解决做人的问题。前者是科技能力问题，后者是管理能力问题。是否可推论，事业的成功，管理能力在起着80%的决定性作用。

于是，人们推论，找工作靠智商，受重用提拔靠情商。人才标准，不仅需要智商能力，更需要的是情商能力。当然，没有智商，也就没有情商。讲到这里，人们就可以对本文开始时提到的疑惑，迎刃而解了。

产业同构与危机管理 1998.01

最近，中央电视台两次采访我：一次是让我谈谈产业同构产生的原因，以及解决产业同构的办法；一次是第六届中外管理官产学恳谈会上，采访当今时代，官产学议事机制的重要性。

关于产品过度竞争、同行大战的产业同构问题，不是一件小事，它引起官产学的重视，加以研究讨论很有必要。因为，它是市场经济中由于忽视计划部署、政策导向，而产生的重复建设、超市场需求竞争的必然结果，它给国家、行业、企业、个人造成了不幸，其浪费之大、损失之巨、隐患之深远、影响之广泛不应低估。我看到外国人也在写文章呼吁中国重视此事，万不可因"难免"而熟视无睹。

发生产业同构过度竞争的原因，来自两个方面：一是"看得见的一只手"要发挥作用，就是政府的调查研究、预先反馈工作及时，计划控制、调整工作能跟上，不能忘记市场经济更需要自下而上、上下结合的计划，更需要多想想未来会怎样？适时加以引导。市场经济要求在更高层次、更深的底部尽早发现问题、解决问题。为什么东南亚发生危机，这不能说不是重要原因。我们应引以为戒。

另一个是"看不见的一只手"，这就是市场。也就是"企业行为"问题。企业万万不能看人家赚钱，就急不可耐地上项目，要从全局总体需要上在长远发展上做深入调查研究。自实行市场经济以来，我们多年重复出现"过热"的产品同构问题，反复出现的重复引进、重复建设总解决不了。近日电视报道，目前我国羊绒衫厂的羊绒衫生产能力是市场需要的5倍，也是可能提供原料的5倍。所以产生这种现象，只不过就是听说人家当年实现投产当年就可回收的消息，没想到人家是在市场空白或产品紧缺情况下发展起来的。

作为企业,最大的营销原则是实行产品差异政策,要做别人尚没做过,或别人做了我一定比别人做得更好的事。正如企业管理专家说的:在没人和你竞争的地方去和别人竞争,才是真正的竞争能手。当今,有没有能力在残酷无情的商业竞争中制订出与众不同的差异政策,而不盲目投产,不搞超市场需求的产品大战和同行效益"自杀",是衡量企业成熟的重要标志。企业的成熟又集中表现在企业经营者的成熟上。

我国正处在由计划经济向市场经济转换的过程中,经济学家说只转1/3,不到1/2,此时对市场的认识,还很肤浅,有片面性,市场行为也不规范,对企业来说,一时的产业同构、产品同构是难免的,但终究是坏事,从长远看,于人于己都不利。要有大局观念、长远观念。《第五项修炼》中的"情人啤酒"的故事正说明这个道理。

产业同构的发展不是小事,这是东南亚等地发生经济危机的重要原因之一。如房地产等大规模的举债建设、举债经营,使银行死账赖账增多,造成资金周转不动,就出现经济危机。从本质分析,产业同构与经济危机有着内在联系,不可等闲视之。

今日企业,已不仅仅是个赢利组织,它还应该承担社区、国家与社会的神圣职责,对不正之"风",要表现出企业家的大度和沉着,正像本期发表的袁宝华同志的文章所指出的:企业主管部门要刮风。企业要顶住,如不行,可通过我们这些老同志向中央反映。袁老的话,意味深长,不能再搞利己主义、地方主义,而置大局于不顾了。

"烟草大王"失足的感受 1998.05

春节欢乐的日子里,听到我国"烟草大王"褚时健失落的故事,在吃惊惋惜的同时,又觉得不是滋味。正像企业家协会袁宝华会长所说,'每当听到一位企业界知名人士失败倒下去时,都十分难过。何况又是如此结局,不管怎么说,这不是件好事,而是件遗憾痛心的事,值得反思的事。

1949年,褚时健21岁就参加了云南游击队,1952年(24岁)入党,1963年(35岁)开始做企业管理工作,从一个名不见经传的小厂管理员跃居亚洲第一、世界第五的红塔集团董事长宝座上为止,在厂长位置上奋斗18年,可谓功成名就。这位"中国烟草大王"近70岁时才和他谈退休,仅此一点也可以看出红塔集团是很需要他的。因为他确实为红塔山、为国家烟草事业做出过重要贡献。从1978年几千万元,发展到1996年,仅年利税就200个亿,红塔山品牌无形资产就达到332亿。可是令人惋惜的是在即将退休前夕,没能经受住荣誉与金钱的考验。1995年,当他听到上级让他退休的消息之后,准备组建新班子之时,他疯狂地私分、鲸吞国家资产300多万美元,成为我国烟草史上一大罪人。烟草业的一大"财星"就这样陨落了。

这一"悲剧"也给我们创造了"财富",那就是一个很值得总结的"教训"。显然"痛惜"是不够的。

《北京青年报》报道中提到:"作为一个工农出身的企业干部,他是凭着坚毅的性格、朴实的作风一步一步成长发展起来的。人不讳言,玉溪烟厂能有今天的辉煌,褚时健功不可没。"因此,他也获得企业界几乎所有的荣誉,如:全国劳模、五一劳动奖章、全国优秀企业家、全国十大改革风云人物。云南省每年还给他奖励几万元，1995年达到20万元。应该说，在国内已是很高收入的人了。名利双收的褚时健又是什么原因使他奋斗17年登上红塔山顶峰，而又在"瞬间"从山上跳下来自取灭亡呢？他的自白应该说对此坦露得十分清楚。他说："新的总裁要来接任我，但没有明确谁来接替。我想，新的总裁来接任我之后，我就得把签字权交出去了，我也苦了一辈子，不能就这样交签字权。我得为自己的将来想想，不能白苦。所以我决定私分300万美元，还对罗以军说，够了，这辈子都吃不完了。"

从褚这段话再联系人们常提到的"五九现象"，很值得我们深思。我们能不能从这"五九现象"背后去发现"因果规律"，去找现象背后的"因"？再针对此"因"制订个好政策呢？从而挽救这些功臣不成罪人，岂不功莫大焉？

我还想起1996年我与市长培训班的60多位市长和建设部副部长去玉溪烟厂参观时，几位厂长都没出来，只是一位主任出来接待。当时，玉溪市副市长向我解释说："褚总对领导干部不大欢迎，你这个学者下午可能接待你"。我听了以后就为玉溪烟厂担心。因为，今日情商的重要性非同小可。卡内基说得好：事业成功，80%靠做好人的工作。

当然，我们要坚持"过不掩功、功不抵过"以法治罪的原则，但从我国企业主管连连失足中总结出一些规律来，并通过政策防止或减少类似事件发生岂不更好？

我们的"官"与"学"有责任帮助企业家不犯错误，真情实意地关心他们的成长，于国于民都是件大好事。显然，我们只对失足者大"曝光"，其教育意义是不完整的。

《第五项修炼》反复强调，每个人都只做自己应该做的事，在今天将会制造"悲剧"，如何不出现"悲剧"，就必须有人从覆盖整体出发。从形势发展需要出发"想大事、做实事"，才能"不出事"。保护那些有能力、有事业心、有贡献的企业主管不犯大错误，应该说是当务之急的大政策。杨

索罗斯与知识经济   1998.06

把索罗斯与知识经济放在一起真是风马牛,给人以牡丹花与刺猬放在一起的感觉,但我却把它硬放在一起了,自有其道理。

本刊曾发表仲大军同志《中国产业利润大转移》一文,它提醒大家重视知识经济时代已悄悄地来到我们身边。

前两天我应邀到张家界,当好地集团董事长、总经理张玉莲到车站接我时,她的第一句话就是:"杨教授,去年一年我的事业发展很快,从几千万,已发展到十几个亿。"我乍听一愣,看着她那坦然自信的表情,我马上意识到,她作为企业家思想超前,一年中全力经营智慧产业靠的正是运作智慧,现在开始筹建"智慧谷",发展智慧产业。此举深得于光远、朱厚泽等老前辈、经济学家们的支持、鼓励。

昨天,我看到一条外电消息:从有形资产看,微软是个小企业,如同蝌蚪,通用汽车是个大企业,如同大青蛙。但如果论总资产,微软则是2000亿美元,如同巨鲸,而通用汽车总资产只有400亿美元,小了5倍,只是一条无足轻重的小河鱼。为什么二者实力相差如此之大?时代不同了,通用汽车只是一个工业时代的"古城堡",而作为知识经济时代的"火箭发射场"的微软,则代表新时期企业面向未来,大放异彩。

前两个月,各报刊争相刊登世界大炒家索罗斯其人其事。我觉得他不只是新闻人物,重要的是在他身上反映了目前知识经济时代的"全球化特征"。

索罗斯在希特勒追杀灭绝犹太人的年代里,练就了一身在灾难中求生存的本领,更重要的是他形成风险事业的管理哲学:"没有风险,不成之为事业;但在冒险之时，要想好自己的生路。万不可把全部家当都当赌注。"

也正是在这个思想指导下，他在英国伦敦、美国华尔街不断获得金融"投机"的成功（说实话，证券市场就是投机场）。他的信条："物质、精神，以及艺术、信仰都可简化为货币，市场机能正在延续到一切领域。"

1992年，他发现英国经济有致命弱点可钻，就像苍蝇看到裂缝的蛋，经过"阴谋策划"，索罗斯当年9月15日按动了他的金融杠杆，他用100亿美元对准英国金融市场，发动了攻击，使英国金融界立即一片混乱，出现了"黑色星期二"。到第二天早晨，他赚了近20亿美元，从每个英国人钱包里拿走了几十个英镑。

1997年3月，泰国金融风潮爆发，接着传染到马来西亚，使马经济在一夜之间倒退20年，马哈蒂尔首相大动肝火，大骂索罗斯是"疯子""强盗""罪犯"。而索罗斯在1997年9月21日一次国际会议上列举事实，说明这场危机的必然，政府应对此危机负责。第二天马来西亚股票与汇率降到最低点。这一事实说明，索罗斯比马哈蒂尔更能影响马来西亚经济。

从索罗斯联想到美国通用电气公司（GE公司）作为工业时代的"化石"，也在朝金融等第四产业过渡而获得新生（资产在15年中增长近13倍）。其总裁韦尔奇一只眼看着第二产业，一只眼看着金融保险服务、设备修理业等第三产业，而把希望完全放在金融服务部的第三产业上。就这样，一个公司服务部就以年收入达327亿美元的经济实力列入世界500强的第20位。

于是，有一位企业家提出了一个企业三区理论：一是"金牛业务区"也称之为保命业务区；二是"长颈鹿业务区"，是超前业务，是给人看的。让人相信你的眼光与实力（张总称之为文化业务区）；第三是"巨鲸业务区"（也称为风险区），它属于风险大的业务，如证券操作等，但从整体效果看，一旦成功，不仅有利，还可获取巨额利润。这种安排，即使失误，还有"金牛"顶着。如"巨鲸"有惊人收入，则可进一步充实"金牛"和"长颈鹿"，相得益彰。

请老总们思考，您的三区在哪里？您在此新时代可有什么令人宽慰的战略举？

网络化数字化 _{1998.07}

最近，全国上下，特别是学术界都在召开知识经济的讨论会，仅我接到的通知就不少。

我们企业界也十分关注知识经济对企业的影响，特约朱厚泽同志写了一篇《迎接知识经济新时代》的文章。

我学习邓小平同志著作中重要体会之一是方法论，即在谈事、办事时都要首先弄清事物的本质和目的，否则哭了半天，还不知谁死了，岂不是个笑话。小平同志著作中，不断给自己提出问题：社会主义的本质是什么？最后，他对此做了结论，也正是因为有了这个抓住本质的结论，我们才决定发展市场经济，才提出一国两制等一系列重大政策，也才有今天社会主义建设突破性进展。如果社会主义的本质不明确界定，没有邓小平理论，怎么会有近些年的巨大经济成就？

为此，我想从知识经济本质谈起。

为了比较，先说农业经济、工业经济的本质。工业经济社会是靠两手打败农业经济的：一是分工理论，即专业化与社会化组织，从而实现大规模工业化生产；一是大机器的应用。前者是生产关系，后者是生产力，两者相辅相成，构造了市场经济和工业社会。工业社会正是用这两手取代了一千多年中占统治地位的农业社会，结束了小而全的非专业化社会化的"自给"社会、封闭组织体系和以小农具为生产手段的农业社会，是这两手使工业经济取得了决定性胜利。

今天的知识经济又将靠什么打败工业经济呢？

归纳有关论述，不外乎10条：即网络化、数字化、虚拟化、分子化、整合化、无中介化、创新化、模糊化、及时化、全球化。这10条高度概括知识经济"原理"，令人心服口服。但作为事物本质不可能有这么多描述。我认为，也有两手：即网络化的生产关系（组织手段）和数字化的生产力（技术手段）；前者是组织管理问题，后者是科学技术问题；这二者结合衍生出虚拟化（如以生产力要素组合为本业的虚拟企业等虚拟组织）等许多现象特征。

网络化是知识与网络的结合。

知识过程包括四个阶段：一是资料等载体，二是信息，三是知识，四是智慧。这构成一个良性的学习过程。最后一步就是在知识基础上进行思维创新，它所产生的联想和思路就是智慧。智慧也就成为今日经济发展与社会进步的动力。

网络化就是加快了智慧生产的过程，提高了知识的价值。知识和善于把知识变成智慧的人就成为社会"最宝贵的财富"，有了这个财富，就有了资金、设备等一切。

知识经济就是知识网络化经济，就是知识者经济，就是人才经济。

美国声称已开始进入知识经济时代，是因为它有60%以上的知识分子，有80%的岗位是知识密集岗位。正像网景公司总裁所说："现代企业最重要的资产在下班后就一无所有了"。

从有形资产看，美国的微软是个小企业，通用汽车是大企业，对此没有争议，但论无形资产在内的总资产，微软资产高达2000多亿美元（比尔·盖茨个人收入每天0.5亿美元），比通用汽车（400亿）大5倍。

这些大量事实表明："资本万岁"的时代已经结束，"智慧万岁"的时代已经到来。企业决策是企业命根子，而决策是在知识基础上的智慧决策，是专家组合决策。因此，作为企业决策组织的董事会应该是专家融合决策组织，否则没有智慧只有财产的决策班子在知识经济时代是不会有活路的，至于总经理，则更应该是智慧超人的能者了。

知识经济时代正在悄悄地改变着我们的思维方式、工作方式和生活方式。请不要忽略我们前面要走的路。

马俊仁、企业名星和炒家们

1998.08

我把这三者放在一起，是因为他们之间有联系，重在与企业家保护自己还有至关重要的关系。

不久前我浏览了社会各界几乎"人手一册"的《马家军调查》，我读后，深有所思，承受着困惑、难过，还有如鲠在喉的痛苦。

我们应该肯定马家军是给中国人争光争气了的，他们的中长跑不仅打破了全国的、亚洲的，还打破了多项世界纪录，总共获得66块金牌。在我国中长跑，甚至世界中长跑田径史上，有哪个团队做到这样成绩？！所有中国人都为他们的成就而自豪，世界华人也为他们的成功而欢呼，以至巨款赞助，这是因为他们"吃大苦，受大累，受大罪"的几年如一日的磨炼中付出过人们难以想象的血汗代价，而卓越的成就也证明了他们演练方法是正确的、符合规律。如此明显这里没有吃兴奋剂、没有作假，是硬碰硬的真东西，否则怎么在多次大赛中马家军成群结队地取得好成绩？

因此，舆论界、新闻媒介大加赞扬和宣传是可以理解的。大家都来"炒"，也是正常的。但是，我们现在要把"马家军"来个彻头彻尾地"曝光"，再大炒一番，又为了什么？此时，想到了"悲剧"的定义：一个好的东西，把它破坏了给大家看。换句话说，当一个人带领一个群体付出个人巨大代价而为人民做了一件好事时，有人却硬要"告诉你一个真实"，让好奇的人们"过把瘾"，从而"洛阳纸贵"。当全国上下为之震惊困惑时，有人进而在窃喜之中乘机发财大捞了一笔。可是，大家想想看，我们这样做到底是为了什么？

作者自称是为改革找规律，而规律何在？请看作者引言："革命在事实上的成功，便是革命在理论上的失败"，实际结论："辉煌"等于"腐败"，何等谬误！

管理，不外乎两种方式：一是以量化管理（马家军提出的一天一个马拉松）和严格管理（训练方法近乎残酷。我们谈到女排的成功时，不也常提到日本教练大松博文的大运动量训练并感激不已吗）为基础的科学管理，即以制度规章为手段的硬管理，或俗称之为"军事化管理"；一是以关心人、体贴人、尊重人为主旨充分调动和发挥人的工作积极性，即是以文化为手段的软管理，或称之为"人性化管理"。前者更多地体现在军事上和体育上，而后者则多体现在研究工作和技术创新工作上。前者更多地用于初创时期，后者更多用于发展时期。实际上二者兼而有之，或往复用之，结合一起。马家军更多执行的是前一种方式，实际上，作为体育，短期出成绩，不高标准严要求是不行的，有时可能过分些，也是难免的。成绩才是最有说服力的！

胡澎记者说得好："中国的企业家遭遇到同样命运。也必须不断拿金牌，不断创奇迹，一次失败，则跌入深渊者有之。马俊仁为攀登陡坡，他打、他骂，表现得坚韧、顽强，又粗暴专横。因为，这个坡一定要上去，因为下面是万丈深渊啊！"这个心态与企业老板如出一辙。

科瑞副总一语道破："西方企业家是有社会公认作为保证的，而中国缺乏这样的商业文化。尽管企业家是我国最紧缺的资源，但在烈日和暴雨下他们却得不到一把伞。"一位老总说到家了："你现在有成绩，炒家们都来炒你，把你炒红了、炒紫了，很快就把你炒黑了、炒臭了。这些炒家们比索罗斯投资省心省事，硬把我们当他捞钱的工具。"真是"人言可畏""傻子瓜子"也遭此同运！炒股票要承担风险，炒企业明星则有百利而无一害。大家茶余饭后品尝其余味的时候，可知道当事者如临深渊不见天日的痛苦。这无疑也是投向事业有成的人群中的重磅炸弹！有朝一日，当"少干事多吃饭"也成为我们民族精神的生活准则时，我要疾呼："《调查》之风不可涨！"

马俊仁住院了，他喊："我比窦娥还冤啊！"其心之悲，其痛之切是可想而知的。谁是他的"伞"？！我们成功的企业界朋友可要警惕啊！正如有的老板开玩笑说："我们干的结果就是当'两院院士'（医院和法院）。"

我最后呼吁，"炒家们，请看在国家、民族的今天和明天的份上，刀下留情！"

现代企业制度有效组织方式——外包

1998.09

我在1995年第5期卷首语提到过解决大而全、小而全的小农经济管理方式的一种有效方式，就是实行专业化管理的"外包"办法（不等于剥离与分流）。

最近世界著名企业杂志《财富》，以专论方式长篇阐述"业务外包使现代企业发生根本变化"的实情报告，很有说服力。对我国企业实行现代企业制度，进行国有企业改制来说，这一办法是行之有效的。

"外包"本质是以外加工方式充分利用公司外部最优秀的专业化人才，从而达到降低成本、提高竞争力的目的。

"外包"是近10年外国兴起企业改制的新理论之风中最有成效的方式。如著名管理大师钱辟与哈默提倡的"企业再造理论"，尽管西方75%的企业试行此道，但它不是很成功的。

我认为，从英国人阿克赖特建立第一个工厂开始至今最有普遍意义的管理，也是构成管理基础的就是专业化管理，就是发展"外包"。在中国，过去和现在最缺少的恰恰是专业化管理理念。由于这个概念薄弱，使不少名企业热衷搞多元化（多角化）经营，都失败了。失败的反思中提出不少教训，其实最根本的一条正是专业化管理思想不牢靠造成的恶果，总是不肯抓住自己专业优势深入扎实地把根扎下去。钱学森在中央讲课时提出要补产业革命的课，也是指此。我从1980年开始从事企业管理研究与教学以来，参观了国内外很多企业，但发生问题的要害多在于没有把功夫真正花在极为普通的道理——专业化管理上。邯钢经验的本质也正是在专业化管理上落到实处，从而创造出一整套成本管理基本经验，具备了极好的推广价值。

"外包",正是专业化管理的最新发展,它对大中企业的改制与发展有普遍意义。人们实践中认识到,专业化管理与创新思维是企业成功的两大基本要素,但"外包"是企业成功发展的"核心动力"。

　　"外包",是近10年使世界企业发生根本变化的最重要的动源。也正是因为大家看到这种组织方式的巨大效用,使全世界企业外包规模至少达到2500亿美元,使外包企业比非外包企业减少2/3的财务麻烦,使欧美企业外包规模年增长率达到35%。

　　"外包",是在适应人才能力决定企业命运的今天,综合利用外界相关企业人才优势的好办法。"外包",结束了企业多向指挥、自给自足的组织模式,把非核心技术工艺的大部分包给别人,从而把各中小公司人才为我所用,使自己省去巨额投资,降低成本,重要的是在外包核心技术优势上区别于竞争对手,这已成为全球成功企业的共同做法。外包的迅猛发展,使"产业生态"企业群体模式发生根本变化。这构成近10年世界企业最新景观。

　　高技术企业,特别是信息技术企业的外包比例是最大的,几乎占总外包的30%,属于制造业务的外包占25%,人们预测几年后高科技企业将会达到50%。

　　"外包"的重要意义不是策略上变化,而是使本企业人员集中精力在核心技术优势的项目上保持全国前列或世界前列,否则无异于使自己在昏头昏脑中走上绝路。

　　"外包"不是放弃责任。而是在战略高度虚拟式的网罗人才和筹集资源,成为提高本企业总资本总价值的重要途径。目标不在于业务交易,而是选择合作伙伴,从而形成巨大实力的企业群体。

　　以网络为中心,通过因特网的交易形成无所不在的虚拟经营体系,不但决定着主包企业能否成功,而且决定着外包企业的命运。

　　最后我想说,建立外包体系的决定因素是主包企业的总裁及其领导层要有战略眼光、追求变革的决心,以及收得起放得开并建立企业间信任关系的驾驭能力,这是21世纪对成功企业家的真正考验啊!!

迎接莫测的巨变时代

1998.10

在这1998年金秋迎接本刊7周岁之际，我在这里代表《中外管理》杂志社和北京中外企业管理研修中心向大家表示感谢！

《中外管理》度过了7个春秋，赢得了企业界朋友的厚爱和中央有关领导部门的支持，没有读者的厚爱和领导的支持，也就没有《中外管理》自立发展的今天。

世界级顶尖管理大师彼得·杜拉克对未来企业形势预言：我们正处在一个"巨变时代"。

他在亚洲经济危机之前，就预示性地描述今后世界："每一次变化都将是一次社会动荡、混乱与震撼，每一次变化不只带来不安定，还带来不平等"、"世界货币流动是最大隐患。它可以使一个国家走向经济崩溃边缘，使一个企业的活力，完全扼杀。一夜之间货币贬值使人心惶惶，继而产生通胀冲击的巨大压力"。可惜，今天世界严酷的现实都让他言中了。

企业面临的形势不只是巨变和突变，更要警惕它的不可预见性。谁都不知道未来的世界会发生什么变化。大到像亚洲经济危机这样惊天动地的大事，全世界经济学家以及任何一位智者都未曾预见。小到印度的核试验、朝鲜发射卫星和美国大面积手机停机事故，以及中国百年不遇的水患洪灾，也都没人做出预言。至于企业，如巨人、飞龙等一批企业的大起大落，就更不会有人事先知道了。

一个莫测巨变的时代，的确到来了。无论我们如何思考未来，都难免犯两个错误：一是高估趋势或现象的短期效应；二是低估形势与现象的长期破坏与影响。

过去的思想方式是"谋而后动"；过去的组织方式是靠分工与层级管理来达到预期目的，但都已经一去不复返了。

现在的企业处在不确定不可预见的巨变之中，企业正在探讨的团队组织、扁平体制、哑铃结构、内部创业、组织再造等新理论到底灵不灵？有如下几个观点提供企业新年谋划时参考。

当今世界最大特点是：唯一——不变的是变。

过去的管理是在封闭系统中进行，只要埋头苦干处处想到降低成本、提高质量、增加产量、实现规范化管理、大规模生产就能把一个企业搞好。而今不然，环境时刻牵动你走向陷阱，在引导你走进死胡同。

在当今社会环境下，信息技术，尤其是网络技术正在营建一个全球化的服务压倒产品的虚拟产业世界；当今用户不满足千篇一律的大规模生产的单一商品，而要求一个五光十色的多样化和个性化的世界。

我们要硬着头皮迎接这个"不确定的难以预见的巨变时代"。

这个时期的企业管理不只要求传统的高效能、高稳定、高利润，更重要的是围绕自己核心竞争力掌握三大法宝：反应能力、创新能力和学习能力，形成自己的文化氛围。

您的企业不注意围绕核心竞争力掌握这三大法宝，而一味抓传统做法、传统目标，什么赚钱干什么，则会因为与未来发展趋势背道而驰，而走入险境。

企业界朋友们，这里没有危言耸听，而是当今的现实，世界的新形势，只有知其时务者顺应时势而力导之，才能有长寿企业的保证。

> 21世纪是学习的世纪，这是时代的要求。企业竞争，本质就是学习的竞争。

新年要有新思路 1998.11

1998年正在和我们握别，1999年在向我们招手。作为企业之脑的老总们，此时如"想不到"，则在新的一年里"做不到"，它是来年成败之举。

可是怎样才有新思路呢？坐在屋里苦思冥想是很难有新思路的，正像日本松下台湾营销研究所所长蔡松基教授所说：人的思路来之于学习的积累，来之于超凡脱俗不断创新求解的思考。

刚结束的第七届中外管理官产学恳谈会，就是为来年创新思路提供信息的大会。没有必要信息就没有思路，没有思路还有什么出路？这是常理。

当前，我国企业兴起令人鼓舞的"充电热"。如我们办的各类研讨班，各大学办的在职MBA（工商管理硕士）班都很火热，几乎都以20%的速度增加名额，还难以满足企业界需要，这表明：人们对知识的认可，对管理思路的重视。

但是，在喊MBA学历万岁时，要看到MBA的局限，不然企业界喊出"让学历见鬼去吧"的时日就不远了。日本、美国都曾走过这段路。在发展数量时重视提高MBA质量很有必要。因为不要忘记，企业管理更像是艺术，靠的是经验和悟性，即所谓情商。否则老的如松下（小学）、新的如比尔·盖茨（大学三年级）能获那么大成功又怎么解释？

在这场经济风暴中，不仅不少国家陷于危机之中，在地球上消失的企业，更不计其数。甚至百年老店的大企业"八佰伴"等亦遭灭顶之灾，与世人永别。但是，也有一大批企业，把危机作为机遇与挑战，此时此刻能根据形势提出新思路，悄然崛起，成为亚洲经济的风景线。

新兴企业中，如青岛海尔、中国台湾的宏碁都已家喻户晓，北京的联想也由中国市场占有的第6位上升到第3位，仅次于世界知名大企业IBM和康柏。在传统行业中，中国远洋运输的发展受到世界关注，集装箱运输已进入世界前列。

即使像印尼、马来西亚这样经济危机深重的国家，甚至失去几十年积累的财富，但它也有好样的华人企业。如马来西亚的赛姆达比和玲珑集团、印尼的阿斯特拉、泰国的正大集团等都显示出生机勃勃的活力。

最近，日本经济危机中有大发展的索尼，为了迎接当今经济危机挑战提出一些新思路，即"索尼新法则"，抄录如下，仅供借鉴。

一、不是制作客户想要的商品（不以客户现时眼光为据），而是在不断研究不断分析中追求制造客户有用的商品。因为今后客户"想要的"变化太快了。不能跟在客户后面，而是拼命走在前面，才能使自己的企业有所发展。

二、不是根据可能性来决定项目规模和成本，而是根据其必要性和必然性来决策。

三、市场有成熟，商品没有成熟。技术开发永无止境。

四、不去降低优质产品优质服务的价格，而是尽快制造更优质产品，创造更好的服务。价格大战是企业落后时代的重要标志。

五、克服缺点和劣势就是开拓新兴市场（如，CD是克服密纹唱片缺点过程中发明的），发扬优点和优势就是扩大原有市场。

六、发财的"种子"，只有在"风险"的土地上成长。一个企业处于总是注意同行或只是跟随别人的企业走，这意味着失败的开始。

七、世界上的事只有可能与不可能，困难归类于可能，这样才能办好企业。

八、市场不是调查出来的，创造出来的。

上述8条，适合尚无思路的企业。索尼以此新思路迎接21世纪，它的口号是："21世纪经济活动6个字：数字（技术）、服务（健康、娱乐等）、环境"。

迎接21世纪的思路：学习、创新中为社会进步服务。但每个企业各有新招，我祝愿老总们的新思路获得成功。

企业持续发展的五大关键　1999.01

一年复始，万象更新。

人们都在思考，新的一年我这个企业怎么办？

我在最近听了华人管理大师石滋宜博士的报告以后，深信不疑：当今企业最重要的事莫过于观念更新。

石滋宜博士是我久仰的大学者，在几年前我就读过他的名著《爆炸性的变动》《有话"石"说》，受益匪浅。很多重大经营理念问题，经他一说，豁然开朗。他获得国际"管理大师""转变思维模式的拓荒者"的称号，实是当之无愧。

看他的书，听他的报告是一种享受，我想在春节到来之际就此谈点感想。

一、学习与读书是企业主管不断创新的基本方法。

石博士是非常忙的，是政府顾问，又是企业顾问，还是国际社会活动家。但他每年还看150本书，令人敬佩不已。

我们当企业主管的一定也很忙，但正像石博士说的，"学习与读书是转变思维模式的基本手段"，不学不读书就没有新思想，也就不会有新策略和正确决策。这正如他说的，成为"加热锅里的青蛙"，日子难过。可见读书学习的重要。

人们公认："21世纪是学习的世纪"，是说到时代的要害了。企业竞争。本质是学习的竞争。

二、用同样办法去做事情，但想得到不同结果，谓之笨。

出了问题，是从外界环境或别人身上找原因，还是从自己身上找原因？求实地讲，要从自己身上找原因才是聪明办法。

请记住，改变的原点永远是自己。古训说得好：先修身而后齐家，齐家才能治国平天下。

在修身过程中，谁是你前进中最可怕的敌人？"是你已养成习惯的老想法"。总是用老想法办新事的习惯是你的大敌。

石博士问大家：什么是笨？一般会说，不会办事的人就笨，可是从本质揭示：用同样的办法去做事情，但想得到不同结果才是笨。我觉得很有道理。尤其在这个剧变时代，不会应变谓之笨，可谓天理。

在你思维模式转变的刹那，你将看到一个新世界。

三、世界上唯一不变的东西是"变"，当你认为不必要改变的时候就要"变"。

我们必须树立"变"的观念。吃亏的、倒霉的、失败的，无不是因为不会"应变"而咎由自取。

企业主管一定要注意到，当今是个巨变又剧变的时代。

企业经营，不能等不变不行再变，那时候变也晚了，而是在可以不变，或认为不必要变的时候，变才是恰到好处。美国通用电气公司在不必要变的时候变了，获得了47亿美元的收益，而IBM在认为需要变的时候才变，却遭到87亿美元的损失。

四、顾客对我们有期待，我们的付出要超过他们的期待，才能实现我们的期待。

在今天，残酷竞争告诉我们，谁最有力量？不是商家，而是顾客。因为，顾客的选择决定商家的命运，只有把顾客满意作为企业全体职工的使命，企业才有希望。顾客满意不是公司的标语，是企业茁壮成长赖以生存的大地。

顾客是人，是人都有个性都有人心，也就都很敏感。因此，顾客不可欺，要与他们贴心才行，工作也要有弹性才行。

顾客有期待，有需求，我们才有工作。我们的工作超过顾客的期待，才有我们的期待和希望。

总之，企业持续发展的五大关键是：应变的思维模式、顾客满意的使命、职工活性化的管理体制、系统思考的习惯和信息技术的应用。

石博士反复强调，今日企业的基本理念中最重要的就是这么五条。

当把复杂问题简单化时，人也就聪明了、成熟了、有办法了。

什么是幸福人生 1999.02

值此新春佳节,我们杂志社全体同仁向知心知意的读者拜年。

过年是轻松愉快的时候,于是我选择了"幸福"这个话题。

年轻人过年,约几位知己哥们儿一聚,海阔天空一聊,再加上丰盛酒席,开怀畅饮一番,淋漓痛快,是够幸福的。

像我这样年近古稀的老者,值此辞旧迎新之际更是百感交集,想想过去,看看现在,一切是那么平静与安详,也是一种幸福。当然,也有突遇"暴风雨"的时候,但有贵人之助,逢凶化吉,转危为安,仍不失为一种幸福。不要忘记,"搏"也是享受。

12月4日,在海南办第九届研讨班,不少老总为了鼓励有功之臣,把让他们参加这个班作为奖励。在海口研讨会上、在兴隆椰林里、在三亚的天涯海角下、在与鱼共舞的海底、在纵穿高山雨林的公路上,这些年轻人无不感到欢快与幸福。

连我这个老头儿也忘了年龄,奔向大海,拥抱蓝天。一年到头生活在烟囱里的北京人,看到了如此艳丽、爽朗、纯净的世界,也有了全新的幸福感受。

回京第二天,应上海大众洪积明总经理之约去讲课交流。我感受到洪总为税利超过同行、压倒宝钢,为上海产业做出了奉献的万丈豪情。我为他的幸福而高兴。返京后,受天津市原副市长、中国慈善协会负责人、老同学陆焕生之约,与40年前的同学们相聚,大家欢叙畅谈,亦喜亦泣,解惑解怨,浅尝人生百味,也可谓幸福。

到底什么是幸福?是个只能列举而不好定义的难题。

从引述松下的话可以看到大企业家的幸福观。松下说:有钱有势不一定幸福，纸醉金迷的奢侈尤其不是幸福，只有物心如一才是幸福，感谢之情才是幸福，人的幸福是内心愉快的享受。郑板桥曰："吃亏是福"。这里说的吃亏正是感谢之情，物心如一，是无怨无悔的付出。我的老同学陆焕生以及很多企业家，晚年从事慈善事业都是悟到了幸福的真谛，这是人生顿悟的升华。乐他人之所乐，从为他人幸福的付出中感受到幸福，才是真正的幸福。松下认为，幸福有3要素：自感幸福，别人认同自己的幸福，因我做工作而使别人幸福而自感幸福。

有一次，我应中国石油设备总公司之约参加下属沧州公司庆功会。李总让我讲话，我深受企业职工与周围居民、家属联欢的"与民同乐"气氛的感染，想到幸福5要素：健康的身体、和睦的家庭、理想的事业、相知相助的朋友和知己知心的领导。

美国《世界日报》上一个叫戴森的人也说幸福。他说：人生像是不断地往上抛的5个彩球，这5个彩球是：工作、家庭、健康、友谊和心态。令人玩味的是后一句话：这5个球只有工作是皮球，其他4个球都是玻璃的。如果不是阅历较深、年事已高的人，不会说这最后一些话。

在新春佳节，祝愿企业界友人尽情享受身心健康、万事如意、事业有成、合家欢乐的人生幸福吧！

> 80年代，日本不可一世，靠的是半导体和丰田管理的工业化；90年代，美国称王称霸，靠的是数码技术和虚拟网络经营服务优势的新经济。这使美国不可一世。

炒风不可长 1999.04

"炒作",在中国大地上,可说根深蒂固、枝繁叶茂。

1999年初,《学习的革命》一书大造舆论,自夸什么:"学习的一场革命""读这本书可以改变孩子一生"……于是很多学生、家长与老师人手一册,鼓吹者声言要用1亿元广告费,实现卖1000万册的奇迹。

我国科学家首先对此置疑,对此炒作泼了冷水。

3月3日,《北京青年报》采访了作者戈登·德莱顿。记者提出,全书都是些常识堆积,何以冠以"革命",并说成"通向21世纪个人护照"?读这本书真的可以改变孩子一生吗?行销1000万册,是信息网络时代的奇迹,还是笑话?读这本书可以在4-8周掌握一门外语,这个承诺在中国能兑现吗?这本书能指导企业经营吗?此书受益者是不是只有您自己呢?

作者在这一系列曝光似的追问之下,无法做出满意答复,承认全书都是常识,承认"改变孩子一生"是家长努力下才能实现的事,至于4-8周学会一门外语的宣传,作者也只好承认中国照抄这句广告词不恰当,在中国尚无成功例证。作者承认美国也只售出两万册,而在中国竟售出300多万册,已是不可思议。这表明,任何一个普通东西,到中国炒家手里就能"大变活人",成为从老百姓手里拿钱的灵丹妙药、百发百中的"策略手段"。

最近,我与几位企业老总谈到此事,他们认为:中国的炒家们不办好事,炒作的本质就是渲染、夸张,甚至歪曲事实、弄虚作假,以达到"骗钱"的目的。尤其谈到老总本人被别人炒作的时候,可说苦不堪言。有的老总说,在包装炒作之前,什么好话、许诺都说了,可是在炒作时,就完全变味失真。自己只好哑巴吃黄莲，终身遗憾。

正像一位老总说的，有人利用读者的好奇心、老总的成名欲，抓住名企大搞包装、炒作（包装、炒作、策划等中性字眼都已被炒家们污染成造假的代名词）。企业老总处境好的时候，桂冠、美名铺天盖地，目的是让老总在陶醉中掏钱。这就是把你炒红、炒紫。等到你出事了，遇到波折、困难或者失败，炒家又来了，又可乘机大加渲染，这就是要把你炒黑、炒臭。利用人们好奇，再拿读者口袋里的钱。炒家们用这两笔钱买汽车、买别墅，其乐可谓融融了。

1998年10月，我请80高龄的日本著名管理专家镰田胜来中外管理官产学恳谈会上做报告，他的题目是《向中国企业家说句心里话》，他积60年在企业里当顾问的经验，凝炼成一句非说不可的普通话，就是"把应该做的事一定要做好"。他说："中国企业可要接受日本企业把经济炒成泡沫的教训，喝醉酒的人，说出不实之辞，干出不实之事，是要付出巨大代价的！"

这些中国通的日本朋友的警语，很值得我们深思。那就是一定要老老实实地说实话办实事，不能再干浮夸、造假的欺人骗己的傻事。有多少企业靠包装、炒作能稳坐泰山，不都是昙花一现吗？

更令人不安的是，最近有记者采访中央电视台《实话实说》节目主持人崔永元，他回答记者的一段话是："能真正说令人振奋实话的并不太多，很多人还是在说套话、官话，甚至明明是实话，还要包装。我觉得，大家是对实话负担太重了。一百多人坐在那儿，共同享受说实话的乐趣（请注意，说实话的空间是多么的小），大家渴望诚实地交流。我们一直想办法，哪怕是经过包装的实话，总比包装成实话的假话好一些嘛！"（见《北京青年报》）

为什么《实话实说》《焦点访谈》两个节目这么受老百姓欢迎？为什么老百姓看这两个节目时那么容易动情，甚至潸然泪下？这很值得我们深思！我想来想去，就是因为它真得像金子一样，在不能以诚相待的环境里发光，因而那么可爱，令人珍惜。

上周一位科学工作者诚恳地对我说："今天，不会炒作不会包装，就活不下去啊！"我听了直出冷汗。

我深深地感觉到，"策划""包装""炒作"这三个字眼是由真实滑向虚假的过程，使一切好东西都变味了，由灰变黑了。

最后，我想引用朱镕基总理在九届人大二次会上，面对全国人民代表的呼吁与号召："要深入实际，体察民情。为群众办实事，力戒空话，求真务实。把精力真正集中到研究和解决实际问题上来!"三句话中出现4个"实"字,可见,朱总理多么希望在中国实事求是的大地上长出红彤彤真实可用的硕果,当务之急是炒风不可再长。🈴

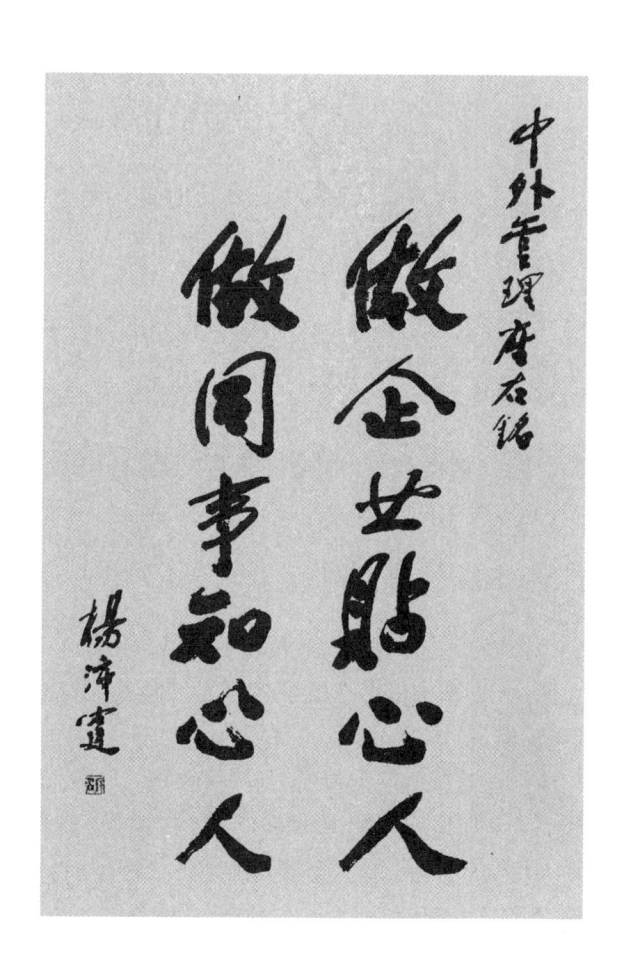

决策超前 管理从严
新加坡归来遐想

1999.05

新加坡是个管理得很好的国家,此乃国际共识。

凡是到过这个国家的人,都会因为他政府的廉洁、环境的清洁而精神为之一振。

为什么新加坡人能做得这么好?而我们做不到?

我认为,除去人少、气候好、又处于海上要道外,最主要的,也是根本一条,是政府的影响无处不在,无时不在。在与新加坡人谈话中,三句话离不开政府,给人留下自豪自律的深刻印象。我听到他们讲得最多的是勤政、廉洁、法治,即政府决策超前、管理从严。

在经济上,如四大支柱产业符合当今时代脉搏的设计,如到处花团锦簇、郁郁葱葱的城市规划,如高等教育的普及,高技术的开发利用,干净加工业的发展,对人民生活需求的合理满足,社会福利与工资的良好保障,城市交通的流畅有序……让你所闻所见,都感到那么按部就班、有条不紊,人人安居乐业而又紧张进取。

我想了又想,根子是管理得好。管理者的心态不浮躁,不大吹大炒,不说空话大话,一切精力都用在政策超前上。他们地少人密,但与地多人少的国家一样没有拥挤、喧闹、牢骚、脏乱,有的是幽静、安详、积极进取。这是长达几十年之久政策超前引导治理的巨大作用,与严格管理、无情法治息息相关。我们一下飞机,迎接我们的新加坡朋友就说:"我们是个'罚国'。请注意不要往地上丢东西,对外国人关照,一次警告,第二次就与新加坡人一样,挂'破坏环境'的牌子,在闹市区劳动。"其实这种情况很少见,因为一到这个国家,自然就都不敢"犯戒"了。有一个外国朋友对我说:"在这个国家生活,压力够大的。"我想,法治就是压力、严管就是压力,只有有压力,人们才能有序,才能进取追求,才能养成好习惯。

我问他们:"为什么人口稠密、街道不宽,而不见堵车?"他们说:"建国以来,就有许多政策疏导、综合治理了,如走闹市区的车要纳税、提高城市人口购车价位、超速车自动鸣警……"都是政策超前。他们从严治理,但却见不到警察,可见严治使人形成了习惯。市中心广场的高大建筑物,是威严的高等法院;而人们路过时想到的却是安详有序的保障。

也正是因为政策超前、从严管理,才使新加坡成为花园国家、廉洁国家、富有国家、文明国家、最有活力的国家。一句话,管理得好。

国家如此,企业又何尝不是如此?

虽然我们的管理学院、商学院林立,MBA很热,但在我们的管理学院院长教授座谈会上,大家一致呼吁:让管理专家多一点声音!甚至有人说:中国只有经济学家,没有管理学家。这不能不让人感慨万千。朱镕基总理在我们管理学部成立会上指着一位管理学家说:"还有人找你们吗?……我们电视充满酒的广告,12亿人口都快成酒鬼了,我又为"酒鬼"作广告了。"大家随之都笑了。是的,我们的浮躁使我们宁肯把金钱放在"立竿见影"的广告宣传上,而不肯踏实下来抓抓管理。多年来,朱总理一直为重视管理而多次呼吁。十多年前,在《管理现代化》一书中他就指出:全党全民最困难最神圣的任务是搞好管理。朱总理已把管理的重要性说到家了。可是我们在管理最根本的精髓:决策超前、从严管理上,还没养成习惯,而政策滞后、管理松散,却成为我们无所不见的"国风",太不应该了。

以上是我新加坡归来的感悟,语言有重,出于专业感情,见谅。

呼吁：重视企业文化

1999.06

"炒风不可长"，主要想说明，人们向往"真、善、美"的纯朴境界，而厌恶包装、炒作的虚伪、浮夸之风。

"天上不会掉下馅饼"，是警示人们不要指望少出力、不出力也能赚大钱收大益的投机取巧思想。要知道，坏的思想一旦形成文化，则必是一场灾难。在我们最近召开的一次会上，一位老总说："什么危机都不怕，可怕的是文化危机。"我完全赞同。

也正是出于这种考虑，我们冒着办不成的风险，举办了企业文化研讨班。其目的，是求风气之变，使"浮躁而不求实，短视而无远见，造势而不求根"的不良文化退潮，以迎接崇尚"认真、朴实"的新文化运动。

请看，在"谋略——策划——包装——炒作——浮夸——作伪——欺骗"这个长链中，每一次转变都是一次恶化的过程，是一个触目惊心的蜕变过程。善恶美丑之间本就没有鸿沟，我们应以此为戒，"做好我们该做的事情"。正如成思危副委员长在"第七届中外管理官产学恳谈会"上对企业提出的四大基本要求：自觉、自律、学习、创新，而且要使之形成一种文化。"自觉"是企业文化形成的前提，只有对环境有了充分了解，抓住了变化走向，确定了应变举措才能自觉；"自律"是企业文化的保证，只有通过制度建立激励与约束机制，养成习惯，树立良好风尚，才能有企业文化建设；"学习"是建立企业文化的根本途径，只有学习，才能不满足现状，不满足已有成绩，不断寻找标杆，不懈地追求；"创新"是企业文化的集中表现，只有企业形成创新的风气，企业才能在市场经济环境中求生存求发展，管理与技术上没有创新，一切都是空的。而创新，只能在为用户创造价值的专业管理上下功夫才能收到创新实效。

企业文化是"第一个馒头"不是"最后一个馒头"，它虽然不像营销那样立竿见影，但它为吃饱饭打下了基础。没有"第一个"就永远没有"最后一个"。成思危同志结束报告时，引用苏轼的话："夫君子之所取者远，则必有所待，所就者大，则必有所忍"。这是真理，令我们深思。

人要长寿，企业也要"长寿"。企业"长寿"之本是依赖企业文化的铸造。

一、企业"长寿文化"靠的是追求真、善、美的目标，绝不是靠耍小聪明的"点子"，也不靠走过场走形式的口号"包装"，靠的是实打实地为用户服务的思想深入人心，达成共识，养成习惯。

二、企业"长寿文化"靠的是一把手亲自抓企业文化建设，不要以为可有可无，或让一个机构"代管"。深圳中兴通讯侯总亲自抓企业文化，设专门组织开展文化建设，定期召开企业文化案例分析会，这才是抓到点子上了。持久抓下去，就会形成很好的企业文化。

三、企业"长寿文化"靠的是把一切经营活动纳入企业文化建设轨道。甚至连表扬人、激励人，也不要只是就成绩论报赏，而是把重点工作放在挖掘并表彰功绩背后的思想品质，这个动源上。

以上是我们出版这个"企业文化专辑"的初衷，期盼能够在我们企业界早点把企业文化的种子撒下去，使之开花结果。

1999.11 财富论坛后的静默

"轰轰烈烈"的上海500强会议已然落幕。我相信大家只要再翻看一下1999年8、9月时的报刊,就会发现我用"轰轰烈烈"来形容丝毫不过分。可这功劳并不归《财富》杂志,而应归我们中国人。早在会前一个月,扑面而来的已是不厌其烦的"追踪"、连篇累牍的"介绍",激动的新闻界几乎使所有国人为之亢奋起来。如此热情,连会议发起者也感意外。中国人好客这本无可厚非,但令人不解的是,这"登峰造极"只出现在了会前和会中。而会后,大多数舆论竟平静得好像会议根本就没开过似的,起码不像是在我们中国开的。

大家怎么都没话了?在如此被大家看好的重要会议过后,即便不像孔子那样三月不知肉味,也应该感慨良久回味无穷才对?难道我们的收获不该在会议之后加以总结?可我们没有。

我们会前的热烈与会后的冷漠,这巨大的反差,使我想起真正的世界级大企业家松下幸之助曾淡然说过:"500强是什么,不就是一本杂志的排名吗?"谁说不是。

500强只是一种排名。特别是1998年的最新排名,更有名不副实之嫌。我不知道那些痴迷于500强的朋友是否注意到了这样一些数据:新的《财富》500强在1998年从整体上看几乎没有为我们创造更多"新的财富",收入增长甚微;新的《财富》500强中竟然有13%的企业是亏损的,而且新的《财富》500强是历年"进出淘汰率"最高的一次。这说明了什么?是不是每个500强企业都值得我们学习?如果我们"急急忙忙"冲入了500强又很快"慌慌张张"被赶出来,这是否是潇洒?

500强只是排名的一种。《财富》出于它的考虑把排名的依据定为年销售额。

但企业存在的价值并不只是把东西卖出去，更要通过交易获取利润。而如果以利润总额，或以单位投资的收益率等为标准，"500强"的名单与名次都将会发生巨大变动。我们为自己的企业进入名单而自豪，但细细思量，我们的"骄傲"也有水分。如果我们站"稳"了500强却陷在那13%里。这是否有意义？

总之，我们必须明白：什么才是真正的持久的"强"？怎样才能真正持久的"强"？

在我们像巡航导弹那样寻找"热点"时，其实真正最有价值的恰恰是那些务实朴素的经营理念。IT业成为会议的首日议题，于是大家趋之若鹜。IT是迅猛的，雅虎是成功的，可它不过才有几年的历史。几年内能崛起，但又有谁能保证几年后它还笑得那么灿烂？而作为"可持续发展"典范的通用电气，已经存在了100多年，而且是昌盛了100多年。它的总裁韦尔奇在位20年使这个超级"庞然大物"的资产增值了13倍、股值增长了17倍。我们不应该对韦尔奇问个究竟吗？韦尔奇致力做的就是"企业设计""企业文化"和"人才培养"。热心炒作喜欢浮躁的人也许会不屑一顾，但这就是企业经营的"真经"，是为"大音希声"之理。

实实在在地找到并抓牢我们的"本分"，认真读懂"真经"，比计较上榜排名要有用得多。

1999.12 向"常识"挑战

在即将"入世"、迎接千禧新年这一特别的时刻,我们每年一度的"中外管理官产学恳谈会"又获得了空前的成功,更平添了几许热烈的气氛。在21世纪知识经济不可预测的旋涡中,在全球列强的窥伺下,又逢"入世"将带来第二次开放"高潮",人们理所当然地要提出一个严峻的命题:"我们中国企业到底该如何迎接挑战"?

因此,本次恳谈会的主题就是"2000年企业发展大思路"。在会后挥手相别之际,我相信与会代表会有相同的感悟:在这日新月异的时代,向一切想当然的"常识"挑战,才是我们企业的出路。

"常识"以其自然、平凡而常不为我们所觉察,然而它就是在"平凡"中深深禁锢着我们的头脑,在"自然"中死死窒息着我们的思维。"常识"有时不一定很保守很狭隘,反而可能很时髦很"大气"。

大家看,我们的新闻界、企业界一些人整天陶醉在如何发展"高技术"上,于是最新鲜的理念很快成为了最普通的"常识"。然而樊纲冷静地提出了他的见解:中国要发展,基础依然将是传统产业,中国的优势依然是劳动密集型,我们需要的技术最现实的来源依然是引进。他的话肯定会令我们相当一部分热血沸腾的人惊讶,可我们静下心来仔细想一想就不难明白:全新的高科技产业是令人兴奋,但它需要多年的技术储备、雄厚的资金积累、成熟的市场运作,可这些恰恰都是我们所奇缺的。那么我们又凭什么都要陪着人家"翩翩起舞"?我们有成本最低的劳动力资源,我们有最广阔而又低水平的市场,先用"低"成本的产业模式去满足"低"消费的市场不是最合算的吗?"只要能赚钱就行。"樊纲这句大白话在提醒我们经营者要脚踏实地。

如果说，"高科技"还是不切实际的"常识"，那么我们更危险的就是陶醉于造就我们辉煌过去的"常识"，从而留下刻舟求剑的笑柄。台湾著名管理大师石滋宜博士在恳谈会上入木三分地指出：昨天让你成功的经验，明天就是你失败的根源。为什么？因为在瞬息万变的环境中，你并没有相应地改变。日本萧条与东南亚危机这些惨烈的事实证明了：死抱"经验"不放的必然是死路一条。在未来，市场的变化会更快，我们的周围将不会再有什么"常识"可用，一切要靠创新。

高潮教授在会上说了一句颇有哲理的话："如果使你产品衰落的第一个人是你自己的话，可能市场优势还在你手里。相反，市场优势就不属于你了。"这是对我们能不能向"常识"挑战、能不能自我否定的一次考验。

"常识"必须要及时而果断地打破。虽然每一天的变化并不大，但在不知不觉中，一切已变得面目全非。在我们过去的"常识"里，会出现既没有厂房也没有商店的企业吗？可今天，意丹奴王伟星总裁却把一个"看不见"的企业让我们看到了。

那么该如何打破"常识"的局限呢？一向认真的日本人在痛定思痛之后，于最近提出了如下三点新的主张，我觉得颇值得我们大家玩味。首先，要做到不受本行业常识的影响。坚决不当本行业的俘虏，而且要像行外人那样以朴实的态度去看待自己的产业，绝好的商机就会不期而遇。其次，要大力吸收外界的常识。记住，常识只能在格外封闭的社会中才通用，而且常常只能在一个行业内和一个国家通用。而将其他行业或国家的常识引进本行业，就很有可能带来突破。再次，在推翻"常识"之后，要树立"不断推翻常识"的意识，要树立不断向"常识"挑战的习惯。

2000.01 新世纪需要新战略

一年之计在于春,千禧之际在于今。

新世纪的企业经营需要有个"一级战备"的思想准备,如何才能有效地做好准备,关键在于对信息和形势的分析,为您提供战略经营筹划做准备。

我认为,以下几点值得我们重视。

一、我们的时代需要"利用"而不是"拥有"。

这是虚拟经济时代的语言,如你理解了,你的思想就从实物经济进入了虚拟经济。

工业经济单一产品的实物大规模生产经济已开始衰落。知识经济时代的多样化小批量生产方式,以及特许经营盛行,使卖符号、卖感觉、卖希望的虚拟经济(知识经济)如潮,并已构成压倒优势。

不经意间,80年代日本以"看得见"的产品称霸世界,已演变为90年代美国以"看不见"的信息、服务驰骋全球,世界潮流已由10年前学丰田变成近10年学微软。我们对这些转换,对这个大局要有足够的认识。

二、企业规模在分化重组,大企业更大了,小企业更专更强了。

不同优势的大企业之间的合并,目的是走专业化的垄断道路,追求规模经济效果。跨国的企业兼并、联盟与合作,势不可挡、持续不衰。韦尔奇一句名言道出此势实质,他说:任何地区,如果公司规模效益不是第一第二就给我撤回来,我在各地保留的只能是绝对优势。这个心态,就是大企业的动向,大企业的思路。

同时,走专业化加工道路的中小企业,尤其是居绝大多数地位的合伙企业和家族企业,其发展势头也不弱。其优势在于专业化程度很高,走为世界相关企业加工、配套的道路，出现"没有仓库的企业"。本期介绍的"顺美"，其成功很大程度上靠它走专业加工道路。德、意、日诸国与我国台湾经济也是靠这一法宝获得了成功。让"小而全"见鬼去吧，这是企业的一场革命。

三、企业目标已不是利润、产值、市场占有率，根本是为社会、为用户、为股东创造价值。

企业追求产值和利润是天经地义的，但可能短视或走偏；追求市场占有率似乎有道理，但它的不稳定性，也不能体现企业基本目标。那么新世纪的企业目标是什么? 麦肯锡、波士顿、科尔尼等顾问公司以及很多成功企业都认为，是为用户、为股东、为企业创造价值。在国外，它体现在股值升降与大小。

四、要把网络经营当作现代企业的大事来抓。

网络经济的发展是与更加开放的认识密切关联的，封闭、保守是实现网络经营的最大障碍。今天的生产力是信息技术，今天的生产关系，在某种意义上说就是网络化。

网络时代经营奥秘是：先下手为强，不只是提供产品与服务，还要为客户提供解决问题的方案，才是赢家。

记忆黄金法则：
物象——根本；
联想——秘诀；
奇特——关键；
谐音——窍门；
左右脑结合，
一通万事。

戴尔的故事

时临新年与春节,我在这里讲个故事,也让朋友们轻松一下。

大家都知道戴尔是世界上资产增长最快的巨商,他怎样发大财的?让我从头说起。

戴尔上中学的故事。那是10多年前,戴尔还是个穷学生,他也像一般中学生一样利用假日打工赚钱。第一次做生意,是给报社卖报,他发现一个窍门:找新搬家的或新婚夫妇订报刊最容易成交。于是,他就到户政事务所等部门收集这方面情报,而后把报刊直接寄到这种人手里,于是订报单雪片般飞来。头一年,戴尔就赚了18万美元。有一次老师让他交作业,他把税单交上去了,老师发现戴尔比自己收入还多。这就启发了戴尔的"商业头脑"和"经营意识"。

戴尔上大学的故事。1984年,戴尔开着中学打工赚钱买的白色小汽车上大学了,但他此时装电脑的热情劲儿已超过了上学。下课后,他宿舍门口总是排满了来买他装的电脑的人。由于他丰富的电脑知识和敬业精神,他组装的电脑质量好,但更重要的原因是价格便宜。同样一台电脑,IBM当时卖2000美元,他只卖700美元。因为IBM电脑最后售价中的2/3让中间商、代理商给赚走了。而这些中间商、代理商不专营电脑,更关注汽车、家电,无暇提高质量。

戴尔受到了"直销"赚钱的鼓舞。于是在大学一年级就登记注册了"戴尔电脑公司",全身心投入到自产(装)自销电脑上。

此时,他自然就顾不得功课了,成绩急转直下。父母有所耳闻,立即赶到学校,只见他的房间里外全是电脑和零件。眼看儿子几乎被电脑"毁了",二老大发脾气。

戴尔劝解道："您别生气，您的儿子正在和IBM竞争，不拼着干不行啊！"但这丝毫没有阻止父母不住地摇头。

在登记注册公司时，戴尔已经对公司发展思路有了清晰的设计，对未来信心百倍。

果然，第一个月他就做了8万美元生意。从此，一发而不可收，连续15年，每年增长率超过90%，创造了任何企业前所未有的高速持续发展。到今天它的年营业额已达到180亿美元，成为世界有名的跨国公司，进入了世界500强，和IBM、康柏、惠普等电脑巨人平起平坐了。

戴尔改变了世界企业运行模式。戴尔唯一的营销策略，就是全力推行甩掉中间商的直销方式，成为一个不生产零件只搞组装的商人，其根本诀窍就是把原来中间商的利益归为己有。

戴尔三原则：第一，最小库存就是降低成本；第二，不找中间商更能降低成本；第三，让产品与服务贴近顾客。其结果就产生了一种新的经营方式，即不同于外包的虚拟整合方式：只直接掌握供应商信息，确定标准，协调供应商关系，为顾客创造最大价值，实行接订单之后投产的生产模式。为此，戴尔下决心让员工花费40%的时间去与顾客在一起。

戴尔失败的故事。戴尔说，在你发展最快最好的时候，发展就是最大弱点。他这话十分深刻。

一次教训是存货过多。这使它256K晶片在一夜之间就没人要了，戴尔损失惨重。现在其库存周转小于11天。

第二次教训是为科技而科技。这是一次成功的设计，即把电脑、伺服器、工作站一体化的完美产品"奥林匹克"推向市场，但却无人问津。戴尔痛苦地学到了：科技完美不是目的，用户有用才是目的。只有顾客需要的科技，才是好科技。另外，产品技术革新必须是渐进的，一揽子解决问题风险很大。

戴尔认为，对自己最大的挑战是缺乏经理人。这一语点中了所有企业的难题。

2000.03 请爱护企业家

"大家都来保护我们的企业家。"这是我发自内心的一个希望。

新世纪伊始，我先后应新疆生产建设兵团、安徽企业家协会、中国科技大学、北京大学和江淮汽车集团，以及台湾生产力中心石滋宜博士等单位和个人的邀请前去讲课、考察。期间，看到企业老总们对学习管理知识、经验的热情与执著，令我非常感动。尤其是江淮汽车集团的左总，当他与我一道返京途中谈及他对企业的热爱与责任感时，就像孩子对母爱的回忆，又仿佛母亲对孩子由衷的关怀。

在我请一位总经理就失足企业家发表看法时，他长叹一声，说："企业主管要保住自己长久为企业服务的机会，难啊！"更有人开玩笑说："老总的结局就是进两院：医院和法院。"我深感当好老总不易啊！

我常想：中国当前什么资源最缺？人才最缺！人才中又是什么人最缺？企业家最缺！每当人们听说粮食受虫灾，我们心忧；看到林木被盗砍，我们顿足。可面对"企业家"这一最稀缺的资源的流失与陨落，我们又为什么那么漠然，那么不珍惜、不爱护呢？！

前不久，我去香港参加"华夏文化与现代管理"研讨会。会上我提出要让企业"长寿"，首先是企业家"长寿"。因此，要认真研究"企业生态学""企业家群体生态学"，以防止企业家失足。当我提到失足者时，会上一位内地学者却说："不能让这些人污染我们神圣的学术殿堂！"我愕然吃惊，心里很不是滋味。作为管理学者，为什么不可以研究那些让功臣变罪人的规律，以防患于未然呢？

记得还是几年以前，我与60多位市长到云南玉溪烟厂参观。在厂长办公室的桌上摆着几十本"巨著"，书里面都是"世界烟王"之类的溢美之辞，而它成功的经验竟一点没有。当厂领导介绍他们把烟丝作为"核心竞争力"，把烟纸、烟嘴和烟叶外包给农民和乡镇企业时，我又惊又喜，因为它正是最先进的国家也还刚刚推广的外包好经验。可那些"巨著"为什么就视而不见呢？

在厂长荣誉满身时，我们除了缺少单纯外与那些追星族又有什么区别？当这些"功臣"开始滑向深渊时，我们又有多少人真诚地去提醒过他们，拉他们一把？当他们"虎落平阳"时，我们又有多少人只充当了看客？这个反差确实太鲜明了。

当看到某企业老总奋斗终身建下的基业大厦，却因老总失足最终沦为桑拿浴时，我久久伫立，耳边响起一句话："企业的成功，需要领导真心地支持，同伴真心地配合，员工实心地拥戴，客户忠心地信赖，缺一不可。可是让企业垮下去，只要老总一个失误，就足够了。"这话沉重而深刻。

最后，请看中国企业家协会陈锦华会长的点睛之笔："企业家出事，难道政府没责任？我看个人、社会、政府都有责任。培养一个企业家不容易，但要把他毁掉却是不难的。平时没事时不关心，就知道摊派要钱，或者把他们捧上天，一旦出事了，又每每缺乏分析，不敢实事求是地看待他们的功过是非，缺乏公正舆论，缺乏应有的合理保护，这种做法伤了不少企业干部的心，挫伤了广大企业家的积极性，这是非常值得反思的一件大事。"

这段话，说到企业家心里去了。

牛顿说："我是站在巨人的肩膀上"。这个巨人就是学习。不继承，怎么有发展？又怎么比别人高大？

策划、MBA与炒作

`2000.04`

2000年出现两件事：一个是某某"策划人"涉嫌诈骗；一个是在职MBA班空前的"热"，这两件事成为热门话题。

关于"××诈骗案"一事，各大媒体纷纷采访、座谈，不亦乐乎。有人警醒了，大声疾呼：请注意这些策划人本来就"是人不是神"！我奇怪：谁曾表示过，策划人是神的？过去他们怎么成"神"的？是谁不遗余力地给他们制造神的假象的？

前一段某知名策划人写了一本书，媒体马上倾力宣传，还有不少出版社投标制造舆论说这本书的问世将如何如何。作者在"新闻发布会"上，也毫不掩饰自己的兴奋，表明这是自己的天才杰作。于是买书的人蜂拥而至。我问熟人，观感如何？他们说，从大小标题上看都是很吸引人的，可是一认真看里头，并无实际用处和实在内容，充斥其中的只是常人不敢使用的"策略""怪招""伎俩"，于是只好收将起来，怕自己孩子看了"学坏"。此时，我想到马三立老先生说的相声：一个卖野药的江湖术士，用他三寸不烂之舌，把他的"药丸"说得神乎其神，什么对皮肤瘙痒有特殊奇效。于是很多人都买了，尤其是皮肤瘙痒的老年人更是人手一"箱"。拿回去打开箱子，里面有个好看的盒子，盒子里面有个布包，打开布包是个纸包，打开里三层外三层的纸包，总算看到那个"药丸子"，取出一看是个硬纸团，又打开硬纸团，原来是个纸条，上面只写着两个字："挠挠"。听众笑得前仰后合弯腰捧腹。这"药丸"与那本经过百般"包装"炒作、让人急不可耐非买不可的书，还有哪些不同？还是由买书的人去做结论吧！

本来"策划""策划人"这个名词是很朴素有用的，也曾在中国商业史上起过作用，但现在变味了，甚至都开始变质了。

为了以正视听，为了恢复"策划""咨询"的本来面目，本刊召开了咨询、策划业座谈会，让专家和顾问公司老板们围绕"中国咨询业向何处去"发表意见。总之，社会投机心理与少数"点子大王"的造神运动相结合，导致出现了畸形发展的"怪胎"。

我在春节前去台湾考察咨询业，几乎访遍台湾著名的咨询业巨头，如：台湾生产力中心、哈佛顾问公司等十多个单位。台湾咨询业的启动，是从留美大学教授的业余活动开始的，而不是由社会上的"大师"运筹的，因为企业家不会相信这些。

起初，台湾咨询业的水平和商界要求也有很大差距，是经过10年的磨炼与磨合，才走上正路的。

几乎与某策划人事件同时炒出的，是在职经理人MBA学习班的爆满奇热。办MBA班，目的本来是为没学MBA课程的经理来个"速成"。出发点是好的。但目前是否过热？雨后春笋般的MBA班，多数是"委托""合作"型的，即直接领导的不是大学，而是少数承办人。尽管每人学费2万~3万元，报名者依然如潮似浪。为什么在职MBA越办越火，其情难抑呢？一位学员率直回答："我们要的是印有那个大学印章的结业证书"。也因此，现在人们感叹：名片上MBA满天飞，不值钱了。MBA"速成"、博士"速成"，还去国外留学、吃苦、拼死打工去读MBA做什么？

我觉得，MBA速成要缓行，过热炒作要降温。固然假文凭不能要，但速成MBA也是少办为好。我们应继续发扬中华民族朴实无华、老诚实在的传统美德。

我在这里只是想告诉在职的企业家们，不要为个"牌牌"，长时期脱产，而耽误经营的绝好时机啊！

"e"是什么？

2000.05

人们都说，今年没有春天。刚看到花团锦簇，大风沙暴就来了。转眼间送走春花，又来了夏绿。

现在，到处都能看到"e"字，如：e时代、e工作者、e意识等等，甚至电视台主持人背后也有个很大的"e"字。近日美国哈佛大学商学院的Bower教授、CISCO（中国）的林总在谈网络战略时还提到"e文化"。我感到e时代的春天来了。如果不认真对待，等到了夏天，我们的一切就都落伍了。像我这样60多岁的人，有一种强烈的危机感，那就是怕在自己身上出现"活的是现代，但想的只是过去"，那将是个悲剧。

那么"e"到底是什么？

我隐约地觉得"e"就是电子化、网络化、数字化新经济时代的象征。在国际上有权威地位的达沃斯会议上，大家对此议论颇多。连两个"大人物"也挤进来谈e，很值得玩味。美国总统克林顿在这个会上点到e时代是"拆墙"。他强调e时代开始了："整个世界正处在十字路口，全球化、网络化给我们的工作方式、生活方式、联系方式带来了革命性变化，重要的是它拆掉了国家与个人之间的道道隔墙。因此把它只看成是市场经济的事，是错误的"。

英国首相布莱尔这样描述e时代，他说："当今世界，是技术和金融左右着世界经济，以及人们的工作生活状况。是技术和金融把旧有的生活模式连根拔起。未来给人类带来的是鼓舞，也带来了不安"。在谈到当前什么工作最重要时，他强调了互联网和数字技术带来的B TO B业务（企业对企业的贸易形式）大发展。他认为："互联网和数字技术的全面登场使人获取信息所付出的价格在近10年中每年下降30%。它只占美国经济总值的8%，但它却带动了35%的增长率，使通胀率下降了1%。这都是由于移动商业(即手机与互联网结合)、电子商务(尤其是B TO B)使业务改变了面貌。未来1-2年B TO B业务将超过过去5年网络业务的总量。"

从最近一个月国际舆论对"e"的谈论看，有如下几个观点值得重视。

一、"注意力"最值钱。今后决定企业赢利的不是买卖本身，而是你能否有看到潜在客户的眼力。"今天的经营思路不是看到什么，而是用全新眼光思考什么"。比尔·盖茨、安德森以及戴尔都发了大财，但都在大学时已"私订终身"。显然，我们今后要靠"远见"活着。

二、电子商务来势凶猛。数字经济的核心是电子商务。美国已有50多所大学设"电子商务专业"，可预见未来10年几乎所有大学都会有电子商务专业，就像电脑专业一样发达。到2003年仅美国在互联网上的电子商务贸易额就将达到1.86万亿美元，日本也将达到0.7万亿美元。3年内B2B交易额将达到2.5万亿美元。2005年互联网用户将超过10亿人(现在只有2亿)。电台广播达到5000万听众用了38年，电视用了13年，可是互联网只用了4年。美国已有90%的大中企业上网，80%有内联网，45%已开展了电子商务。

今天的互联网以信息流通快、投入少、获利大的优势远远超过任何新闻媒体。这是10年前无论如何想不到的。

三、价值与价值观的变化：

第一，21世纪是有技能又有商务意识的人最珍贵。中产阶层决定着互联网的使用规模。

第二，硬件已什么都不是，信息与服务才是一切。历史上，从来没有像今天信息这么多，这么便宜，于是善于利用信息的人发财了。

第三，10年前信息设备投资只占工业设备总投资的30%，现在已超过50%。过去是从工业设备投资规模断定经济发展速度，今天是从信息设备规模判定经济发展速度。

2000.06 万不可忽视危机管理

企业，都是有寿命的（一般是3~40年），但其中无疾而终者却不多。疾者，危机也。由此看出，危机管理乃企业实现长寿的重要保证。

但令我十分不解的是，近三年我们办的几十个高级研讨班中，唯一人数寥寥的一次，竟是"危机管理与法律纠纷"。这从一个侧面表明，我国企业还远没想到："我的企业也会有危机！"然而事实真是这样美好吗？我们办了八届中外管理官产学恳谈会，好几位当年曾在会上慷慨陈词的老总，现在都已无声无息了。一想到这点，我的心情就十分沉重。尽管新陈代谢是自然界的天然法则，谁也难以逃脱，但青壮年夭亡总是可惜可悲的。

以上这些，是我最近接受全国著名民营企业三株集团吴炳新总裁邀请，和老朋友促膝畅谈后，有感而发。

吴总曾接受我的邀请，参加"第七届中外管理官产学恳谈会"，并做了精彩发言。然而谁能想象，当时吴总眼看辛苦创业三年的基业即将倾覆，正经受深夜不眠的煎熬，面对数万共同创业的员工不得不离岗回家，承受着难以名状的痛楚。这一切，皆因一个"常德事件"。而同时，几乎所有的报刊都把他列入了失败者的黑名单，并作为前车之鉴示于社会。似乎吴总与他的三株，真的已成过眼云烟。

令我高兴的是，吴总并没有倒下。在赴济南的前一天晚上，我又看到他兴致勃勃地出现在了中央电视台《新闻联播》中。到今天，中央领导支持了他，接见了他，这是令人何等欣慰啊。

但毕竟，这两年的风雨已成为吴总心中永远的痛。他在和我长谈中，曾多次谈道："不要忘记，我是个私营企业，私企是多么脆弱啊！"而几乎与此同时，饱尝辛酸的史玉柱也在说:"我好像已经死过一次了"。看来,这种没齿难忘的感受,是经历过危机的经营者所共有的。

莎士比亚曾说:"人,总是在微笑与眼泪之间摆动。"因此,我们对任何好事,都不能忘乎所以;对任何坏事,也不要惊慌失措。当你壮志凌云时,你就要想到四面楚歌。吴总反复强调:"我始终是以平常心来看这个不幸事件,因为它的出现是正常的。"对一次横祸、一次冤屈,他却说"正常",这是一种对危机更从容的心态,也是一种对经营更深入的理解。因为企业在产品、人事、法律、财务等多方面,随时都有可能出现关系到生死存亡的危机,却未必一定因果相关,就像6500万年前砸在恐龙头上的小行星。

不要不相信,"最好的时候,也就是最危险的时候"。请老总们切记。

美国《财富》杂志的500强企业中,有89%的主管都同意:企业出现危机,就像人的死亡,是不可避免的。还有另一调查结论:竟有多达50%的企业主管没有处理危机的计划和准备。这也许像我们日常都不想生病,因而避讳与疾病有关的一切,包括防病、看病。而只有死到临头了,才恍然大悟,但通常一切都已经晚了。

乐观的人会说:"危机=危险+机会"。但这个公式的成立是有条件的,就是先要有危机意识。否则,"危机"就只等于"吐血",甚至"猝死"。这次我们把三株之行作为封面文章,其目的就在于把三株的体会、经验和教训告诉大家。希望引起大家对危机管理的重视。"死"去而又"活"来的企业在我国是罕见的,因此三株的经历与感悟,就更显得珍贵。

最后,我向老总们建议:

一、对员工,尤其是干部要不断进行危机教育。

二、企业内一定要建立专门应付危机的小组。

三、要有一套"防患于未然"的方案。据国际经验:有无准备,其损失将会相差2.5倍以上。

四、危机出现前后都要公关,要利用媒介,而万不可被媒介利用。

古人云:"有备无患"。真理永恒,但贵在行动。

2000.07 老总的哲学与品格

2000年5月31日，不少报纸的头版头条都以《"中国首富"无期徒刑》《聚焦牟案》为题，就牟其中案宣判做了详细报道。这表明这位曾在中国，甚至在国外都被炒得沸沸扬扬的人物终于万劫难复，这个已有两次判刑入狱（其中一次死刑）的人又以第三次入狱而告终。人们常说："事不过三"。他的人生也许就此画上了句号。

这一切能告诉我们什么？他的失败又给我们什么启示？

我的一点感悟是：21世纪的今天，企业经营之本，是要懂得如何做人，做人比做事重要，品格比成就重要，外事比内事重要。

松下幸之助已盖棺定论，他是人们拥戴佩服的企业家，他在事业上获得了极大成功，对中国也有广泛影响。是他在中国办了第一个合资企业，他对业务孜孜以求，对做人也有深刻的探索，这是他受人尊重之大处。也是他，在各种场合总是谈做人，通过做人达到自然处事的目的。他的论著颇丰，但多数内容写的都是人生哲理。他对为人做事写得深刻明了、通俗简明，可谓博大精深，读者无不为之动容。

他对钱怎么看？他认为，钱是经济顺利发展的润滑油。钱不是人生目的，钱只是一种工具，让人类明天比今天更美好的工具。钱只能是你劳动价值的表现，是劳动心血的结晶。钱本身没有好坏，而是拿钱的人心有好坏。钱多钱少并不与幸福成比例，而在于钱的来路，和钱在你的手里起什么作用，钱只能是为社会创造价值。他常说：什么是"利"？"利"就是人民群众（顾客）对你工作的回报。他说："有100万日元的人不一定比有10万日元收入的人活得更有意义。钱来路不对，或奢求无度必心情暗淡，这也就没有愉快和幸福。"他警诫自己，要有意识地脚踏实地行进在磨炼和提高德行的路上，这才是一条通往有义人生的漫长之路（见松下《人生谈义》）。

既然做生意是做人，就要有如何做人的哲理和做人的品格。

前一段，河北清苑电力公司的张心海总经理送我一本他的著作《心海潮》。全书谈的不是"生意经"，而是人生哲理。我摘录如下几段。

"一个人修养水平的高低，主要的不在其干什么，而在其不干什么。干需要能力、韧性；不干需要理智、克制。特别是克制，需要忍受折磨。有所必为，有所不为是成熟，达到这种境界谓之知天命。"

"尊贵之人求平凡与平凡之人求尊贵的心情同样浓重，但方向相反。求平凡是深沉与回归，求尊贵是执着与追求"。

"一个人如果常常自问：'你从哪里来。又向何处去？'这个心中痕迹深、意中蓝图明的近乎常规的问题，就能使自己保持清醒头脑，朝气蓬勃的活力。"

"朝思名利，晚求略计，无自知之明而求无力可达之境界必有坠深渊之报。"

"朴实中含精纯，忘名利而先至。宽厚以致远，仁智可超脱。"

张总之言可谓"知天命"了。

万通集团董事会主席冯仑先生，他的经营哲理颇有独到之处，给人以警示。这么几句就够人玩味的："以天下为己任，以企业为本位，创造财富，完善自我为目标。"以"毋忘在莒""守正出奇"，自警、自律、自求，以"万综归一"为方向，以"无形为大"为追求，以"顺天应人"的态度处世。

在我们的人力资源会上，特别邀请了两位美国教授谈"品格第一管理"，受到人们欢迎。其中一位教授对我说："什么管理办法都用尽了，还不灵，这个办法就是杀手锏。"一语道破管理学之底蕴。

"实事求是"是最高规则

前几天,我应邀祝贺我国经济学界、哲学界泰斗于光远同志八十五岁寿辰,感触颇多。我平生最佩服的科学家有两位,一位是中国科协前名誉主席、我国"两弹之父"钱三强;另一位,就是已经年过八旬的著名社会科学家于光远。

二十多年来,听过我讲课的几十万名干部和企业家,都会听到我引用他们二老的话。这是因为他们二老对我们晚辈有一种父辈般的感情,能与年轻人说些掏心窝子的真话、实话,更重要的是,他们二老的为人做事深深感染着我们。

当年钱老在谈到《中外管理》的办刊方针时,曾语重心长地对我说:"在科技与经济的结合上,我们做得不够啊!你办好《中外管理》杂志,就是要在科学技术与生产实践的结点上下功夫,让企业在第一线上'打仗'能得心应手!"至今言犹在耳,谨记在心。

于老,是我们许多年轻人崇拜的偶像。他的话,都是发自内心的肺腑之言。他在这次祝寿会上送给我们的一本新书:《任仲夷点评于光远》,谈到了人为什么要活着,怎样活着才好,字字珠玑,句句铭言——我特向企业家们推荐此书。

于老论人生时说:"我的人生哲学,本着自己的社会责任感,在大风中我这匹识途老马仍应昂首嘶鸣,对一些重大问题,以老谋加新识,向社会呼吁。也不妨为基层、琐事出点主意,只是要更多地注意'量力而行'。我相信积极奋斗,对本人健康也会有好处。"这道出了科学家的心声和本质。在日本时,我曾看到一个调查日美两国中学生人生追求的报告,调查中只提了两个问题:一个问"日后你想当什么",另一个问"为什么想当"。结果大部分中学生都填"科学家"。在"为什么"这一栏里,很多学生填了三个字:"说实话"。这一调查颇令人玩味。

有一次，我和于老的夫人孟大姐聊起来，她深情地告诉我："光远同志在1992年时就患了癌症，并且已经扩散，但他满不在乎，每天还忙得很。他的一生是坎坷的，问题全出在'嘴'上。"这正如于老自己说的："我行我素，不恤人言，听其自然。左顾右盼，对镜梳妆，遮遮掩掩，欲言而止，不符本人潇洒人生的性格。"我想，这就是真诚吧。企业家也要有这个"真诚"，对客户、领导、员工、合作者，对谁不诚都不行。松下在总结一生事业时也说："我的信条就是为人做事，都待人以诚。"

　　我到各地党校讲课时，每次进门都会看到毛泽东主席手书的"实事求是"四个大字。后来在参加我国第一所大学、我的母校——天津大学的百年校庆时，我吃惊地看到：一百年前的教育学家们就把"实事求是"这四个字作为校训了。于是，我问一位革命老前辈：您参加革命几十年，您说什么最难？他脱口而出：实事求是最难。我想，做人做事，什么最难？还是实事求是。不是吗？

　　企业家"活着"的价值在哪里？不过是在有生之年，为大众、为社会、为用户干点儿实事求是的事。

　　"法外有无规则"。我认为：为民族、为国家而"战"，有原则地一致对外，有何不可？日本在70~80年代暴富，这不能说不是原因之一。为了防止行业自杀性竞争，适当"联盟"也无不可，但如果是为了搞垄断，为了阻止竞争，那就完全错了。

　　一切的关键——依然是实事求是。杨

企业持续发展的五大关键是：应变的思维模式、顾客满意的使命、职工活性化的管理体制、系统思考的习惯和信息技术的应用。

杨泽建

2000.09 只在灯下找钥匙

有这样一个寓言：一天晚上，远近闻名的智叟老王在路灯下着急地寻找他丢失的钥匙。但已过多时，他仍抱着不找到绝不罢休的决心在明亮的灯柱下认真摸爬寻找。隔壁老李好奇地走过去问："老王，你的钥匙丢在哪儿了？"老王漫不经心地回答："在我的大门口。"老李奇怪地问："那你为什么在离门口很远的灯柱下寻找？"老王自以为是地回答："因为这里明亮，好找。"老李哈哈大笑地问老王："你是为了找钥匙？还是为了在明亮处找钥匙？"老王若有所思地说："我忘了找钥匙，只以为在明亮处才能找到钥匙。"

这个故事听起来虽然可笑，但它却在我们的现实中比比皆是，甚至习以为常地认为理所当然。

为了说明它是真的，试举一二例以明之。

瑞环同志在天津担任市长和书记时，每年抓一至二件大事。摆在他面前的首要大事是解决天津海水倒灌引起老百姓吃不到甜水的问题。明显的解决方案是引滦工程。但在引滦工程的方案选择上出现一面倒的形势，绝大多数的领导和专家主张走南线。因为南线已开一二年，工程已有基础，另外因为不用穿山打洞，不只是工期短，也省钱，而且还能照顾唐山等市左邻右舍的用水。显然南线是非常可取的。但这些人却忽视了最重要的事——目标。即南线蒸发渗漏严重，根本不能解决天津用水，只有穿山打洞的北线才能达到天津百姓吃上甜水的目标。当时市委做出违反大多数人"意愿"的北线决策，事实证明是英明的。

不只现在如此，古来就有这样的问题。三国演义上有一段"官渡之战"的故事：曹操以少胜多，打败强敌袁绍，全军大喜，犒赏三军，并商讨善后之大事。众将官力主以所缴书信为据将袁绍降将和内奸逐一点名杀之。而曹操疏导众将官曰："当绍之强，孤亦不能自保，况他人乎?"遂命尽焚之，更不再问，成为决策服从目标之佳话。

从当代的天津李瑞环市长到三国时代的曹操，皆以决策服从目标走向胜利之道，但古来人们从众随流，不管目标，只为决策而决策者甚众。最近，我们办一件大事，接触到众多掌权者，他们无不以大方向大目标为本体，为解决问题而做出决策，从而令事业进展顺利。否则，深陷枝节而不能自拔，用小事缠而绕之，则无以辩驳，难以推进，苦不堪言矣。

中国优秀文化，以其伟大而屹立东方，但也有不顾及目标的"窝里斗"，以桌面之辞作掩护求桌面下之私心。他们像赌徒，一时屡屡得手，但最终会倾囊无存，而败走麦城。

最近，我专访了本刊新理事单位卢厂长，她的治厂之道立点高、穿透远，集先进理论与自身经验相合之精华，令我折服。当晚又长谈到深夜，我提出报道她的要求，她欣然接受，但在临走登机之时，被告之"我不够成熟，慎为发表为好"。

回京后，我们走访了北京东方电子集团的王东升总裁。在他身上我看到了明晰的企业经营思想与实事求是的学者风范的结合，恰到好处。但他与我见面的第一句话不是客套，而是一段令我吃惊的直言："我们董事会曾做出决定，不允许总裁接见记者，但您是个例外。"

访问这两位老总，我深刻地意识到：我们的老总成熟了，他们是那样冷静、沉着。用平常心冷眼观察一切，不被一时宣传炒作的浮躁之风所动。由此，我坚信，《中外管理》栽培的重在理念与经验的淡泊之树必将永远长青。

2000.11 什么是领导？

人人也许都有过当领导的"英雄历程"。我从中学时代到现在的50年里，也尝到了当领导的滋味，但我至今不能说清楚领导是什么。

以前，全国各地放映电影《焦裕禄》，很多人看后脱口而出："他不像领导。"这说明人们对"领导"还是有印象和概念的。但它的本质到底是什么？

小平同志的著作，大家都学了。他老人家一心一意地思考着大家认为不是问题的问题，即"计划经济不是社会主义的本质，资本主义也搞计划，社会主义也要搞市场经济。自然也就有了一整套改革开放的方针和政策。从此，他成为全民敬仰的伟大的总设计师。

因此，我深刻感到弄清"领导"的本质，对当好领导是十分重要的。

谈到领导的本质，陈云同志告诫我们："不唯上，要唯实"。我理解这个"实"就是事业，就是实际，就是大众。可是我们所有当领导的，都这样做了吗？要打个问号。个别领导想的、做的、服务的，可能仅仅是：在自己的领导心目中争个地位，争更多的权、更高的职位。因此，他们实际"只唯上，不唯实"，关心的只是自己的"小天地"。因此，我上期卷首语发表后，有几位老总打来电话，认为我说的"灯下找钥匙"的故事很有意义。

前几天，我参加南开大学国际商学院召开的会议，成思危副委员长作为我们杂志社的顾问、编委会名誉主任，十分关心《中外管理》，欣然受邀参加我们的"第九届中外管理官产学恳谈会"，并把出席会议的时间记得很清楚，还告诉了我报告的题目。一位国家级领导人能如此认真对待一个杂志社的会议，我深受感动。我感动的是他作为国家领导人，还能多次参加我们杂志的会，并于百忙中抽身为我们做报告。显然，他要的是国家的事业和工作。他不忙吗？非常忙。

在南开大学，我遇到了我的老朋友、天津工商银行陈宝琮行长。他一见我就高兴地告诉我："你上期卷首语写的'灯下找钥匙'很有意思，我要求银行所有中层干部人手一册，都要看这篇文章，很有好处。"我想，他作为一位善于学习、懂得经营的企业家，对"灯下找钥匙"的寓意自然会是很敏感的。是的，有不少人，一生都没有找到钥匙，只是在灯下转悠，因为只有在灯下才会让领导看得见，却与事业无关。但是当他离开本部门进入社会那一天时，他的光芒将仿佛烈阳下的露珠，消失殆尽而且不留痕迹了。

说到底，什么是领导？《领导科学》书上的定义写成公式：领导＝权力＋责任＋服务，而实际情况如果是"权力＋利益"，那也就走上了腐败之路。一次我向日本领导学专家讨教，他们强调要倒过来：领导＝服务＋责任＋权力。排法不同，认识也就不同，行为与作风自然迥异。

我觉得，"领导是服务"这话是对的。具体说，领导就是要通过为部下服务实现为社会大众（顾客）服务；通过正确决策为公益事业发展服务，这才是领导的本质。杨

> 当今企业最重要的事莫过于观念更新。当今是个巨变又剧变的时代。企业经营，不能等不变不行再变，那时候就晚了，而是在可以不变，或认为不必要变的时候，变才是恰到好处。

2000.12 管理是圆形的

主讲嘉宾阵容国内一流、到会老总空前踊跃的"第九届中外管理官产学恳谈会"闭幕了。杂志社同志们刚忙完,又要马不停蹄地把两年内20多个专题会和这次年会上精彩报告的全文编入即将出版的《中外管理高级研讨班报告精选(二)》上,同时明年第一期又要赶着发稿,于是杂志社仅有的六位编辑哇哇叫了。但是大家也都很理解,秋收总是要大忙的,大忙之后就是大喜的新年和春节。一年复始,万象更新。

这时候,我想起在一个国际学术讨论会上,一位日本学者深有感触地说:"一切自然与社会现象都好像在转圈子,周而复始。人类不是从石器时代进入金属时代,现在又进入石器(指半导体的硅)时代了吗?正如《三国演义》里说的:天下大势,分久必合,合久必分。只不过原点起点不同罢了。"这话直到今天我一直在思考,绕梁不绝。

我是个球迷,常听说"球是圆的",即有输就有赢。可是前不久,美国杜拉克基金会主席赫塞木教授来京传播世界管理大师杜拉克的新思想时,谈到"管理是圆的",我为之一震。500年前,文艺复兴运动使人们思想得到大解放,以哥白尼为代表的"日心说"提出了宇宙的一切星体运动都是圆的,实际上微观世界中一切粒子运动也都是圆的。

在科学技术史上,人类社会始终沿着从思想解放到科学革命,又到技术革命和产业革命这四个波一浪推一浪地前进。

圆的对立面是方。于是文艺复兴350年之后,即到1785年,卡特莱特建立了世界历史上第一家工厂,他制订了一整套工厂管理制度,后来又经过美国人泰勒和福特的发展,人们看到了管理制度特别强调规矩。规者,见棱见角的方形也。于是,人类进入方形管理时代。

人类社会进入大规模工业化生产以后,欧洲人开始借用普鲁士军队的方阵管理、层次管理、严格管理的原理进行方形管理。方形化的科学管理,即人的一切行为都要接受上级指令,行动都规范化了,上司与下属的关系就把每个人都装进定型的盒子里。此时此刻,人们想的只是规范和效率,而忘记了"一切运动都应该是圆的"这个根本原理。

从本世纪60年代,"方形管理"带来资源危机、环境污染、交通堵塞、家庭解体等大量问题,到70年代罗马俱乐部的悲观论问世,人们真有些找不到北了。可是天有不测风云,地无绝人之路,网络与数码时代匆匆而来,大规模工业化生产时代开始让位于小批量、多样化、个性化、人性化生产时代,甚至使几公里长的长车间也变成圆的了,让员工能面对面协商、创造、生产不同客户、不同需要的多样化产品。

科学管理的本质是从无序到有序,从低效到高效,但它把人管死了。而人本管理,只有在信息化、网络化的今天,才能实现,才有可能更大程度上发挥人的创造性,制造或提供给每一个人他所需要的产品和服务。于是方形管理基础上的圆形管理时代开始了。

从此以后,纯粹上司与下属的服从关系,进入到协商合作的伙伴关系,重在发挥每个人的智慧与能力的优势,于是人类进入到一个以人为本的管理新纪元。

陈锦华会长曾讲到中介组织(群众团体)的重大作用,在于国家与社会的管理圆形化,打破政府与群众的方形模式。为什么荷兰、芬兰成为大家学习的榜样,关键在于群体中介的润滑剂功能。是它使社会祥和、协调、融洽。无序与有序、资本与管理、网络与传统、学习与创新、工业化与信息化、生活与工作等等,无不需要用圆形的管理来创造圆满的结果。

2001.01 人对人？制度对人！

"迎接21世纪"已喊了两年，今天真的来了，又觉得没有做好准备，不太明白应该怎样迎接它才好。

在本刊理事会上，我问麦肯锡顾问公司原代表程嘉树先生（今年他陪同中国几十名大企业的老总一道赴美学习GE经验）："你们是全世界最大的顾问公司，对管理很精通，又在中国工作了多年，对中国企业的管理怎么看？问题在何处？"他的回答使我愕然，他说："我不客气地说，我们一些企业，基本概念都没弄清楚。"他为什么这么说，当时我很不理解。

最近我连着访问了三位老总之后，对此很有感悟。

见到老朋友范英俊，我十分兴奋：他的企业原本是个地处乡村的国企钢厂，但居然能够长期繁荣、日新月异、热火朝天、蒸蒸日上，综合指标在钢铁业名列前茅。

于是我开门见山地问他："你这个企业的环境条件比同行都差，可是为什么能一直搞得好？而且越来越好？现在年利税有几个亿。你总让我有一种神秘感。"他笑了，并毫不思索地说："重要的是要摆脱人对人的管理，实现制度管人。弄清楚企业的上级与企业关系的本质。我的经验是，人对人管理就搞不好，制度对人就一定能搞好。人对人，任何上级领导说什么话都要听，都要照办，事情反而难办。如果实行股权多元化，建立法人治理制度，由代表上级的代表任董事参加董事会，有事董事会大家商量，实行公开化、民主化，一切就都好办。"

此时，我想到成思危副委员长在本刊第九届年会上讲的：要用制度管人的基本原则。他讲的切蛋糕的故事，很让人玩味。

但是我们把千百年来"人管人""人治人"的传统理念视为天经地义，且习以为常，对"自己说了算""批条子下指示"特别欣赏，而对市场经济下的现代企业制度，对制度管人，对透明公开，就很不适应，很不舒服。

最近，我请过去一家很著名的国有企业——环宇集团创始人郎总来谈心，在共同探讨红极一时的环宇彻底失败的教训时，他老泪纵横，说到伤心之处，长时间哽咽失声。他强调的致命一点，正是不能建立合理化的制度管理。上边是人治，厂内也是人治，大家都听从随意的"人对人"习惯势力的摆布，把本来很好的企业糟蹋了。如今是百感交集。

12月中旬，我又受常州企业家协会和本刊理事车总之约去讲课。车总管理的是私人企业，几年就创造了几个亿的资产，几十个亿的营业额，现正向所有大城市展开进攻，十分见效。他的企业管理处处有条不紊。关键是他没有"人对人"的纠缠，一切按制度要求办事。他创造性地在中国建立了虚拟商业，在全国10多个城市建立"家居大卖场"，在上海、苏州、常州、南京、北京等大城市的城乡接合部建立了以家居为中心的顾客服务大卖场，集中了国内外与家居有关的装修、家俱、家电、装饰等几乎一切名牌，让顾客到此大卖场就能得到家居的整体配套服务，让顾客感到放心、安心。而他的红星集团却只提供红星大卖场以优秀服务为品牌实现场地服务，实现他在中国各大城市都有他的网络化的、没有自己产品的企业、没有自己商店的家居专业大卖场的宏大理想。如果他这盘棋，总有一些人在旁支招儿，不听又不行，必然思路混乱，这盘棋早就下输了，哪有今天的豪情壮志？

这三家企业的遭遇各不相同，但却体现一个道理，就是企业经营自主至关重要，企业制度管理至关重要。

于光远同志几年前就说过，国家富强在于经济繁荣，经济繁荣在于企业发展，企业发展在于自主经营。

2001.02 编辑发明了新手机!

欢度了21世纪的第一个春节,也许每个人都怀着一种愉快、兴奋和企盼的心情。值此佳节,我代表我们杂志社全体同仁向官、产、学各界朋友拜个晚年。

两个月前,在采访我的日本朋友野田泰三先生时,我和他谈起80年代的日本经济之所以能够创造奇迹而不可一世,很大程度是靠在半导体技术的应用上能实现持续不断的小改小革,从而保持了10多年的世界经济领先优势;可是到90年代,美国人靠数字技术、网络技术实现了革命性的创新,翻过身来又压倒了日本人,并至今(甚至在未来的一段时间内)称雄世界,无人能望其项背。亚太经济崛起得快,可在危机面前崩溃得更快。于是不少人在事后突然聪明起来,掷地有声地指出:因为亚洲缺少替代性、跳跃性技术发明作后盾,所以经济缺乏后劲。90年代美日高清晰度电视之争,就是一个最好的明证。一时之间,人们也确实找不出什么反驳的理由来,大有"败军之将无以言勇"之势。就在大家沉默之际,我问野田先生:"你们日本经济今后到底还有没有希望卷土重来,重振雄风?日本会不会出现真正的创新?"他当即表示:日本今后还是有希望的,并马上以例说明:一个杂志编辑居然实现了轰动全日本的大发明。下面就是这个故事的前后原委。

故事的主角是一个叫松永真理的日本妇女。她在大学学的是法国文学专业,毕业后一直在一家名为《人才情报杂志》的杂志社当编辑,一干就是20年。可见,这位松永女士还是很有韧性和耐力的。但是,她对上网和手机等时尚玩意儿却丝毫没有兴趣,甚至感到厌恶。尤其在开会时,要是听到手机叫,她就会十分烦躁,认为这是很不礼貌的行为。

事也凑巧,后来松永女士受聘DoCoMo公司,让她专门去解决手机设计问题。要知道，她既不是无线通信专家，更不是手机工程师，但很快她就发明了不烦人的I-mode手机。在设计过程中，她坚持了两条原则：第一，她认为消费者需要的不是技术上的神奇，而是实用性，使即便不懂科技的人，也能乐在其中；第二，她认为消费者使着方便是最重要的。因此，设计第一步是提供消费者便于查找的事先分类信息，在供销之间确定彼此互动关系；同时她采取注册方式，只要注册人越多，消费者互动服务就越多，自然就有收入，而不是像卖个人电脑那样靠付费方式。

然而，这两条原则都遭到了技术专家和权威管理顾问的坚决反对。但她深信吸引大众和为大众提供方便这两条原则是对的，因而终于获得I-mode手机研制的成功。该产品从1999年2月开始试销，到2000年就发展到了1700万名用户，在日本掀起了自"随身听"热之后最大的电子产品销售潮。它对日本经济产生的影响，是难以估量的。

此后，她为了实现自己产品的社会化，自己创办了E-woman网络公司。但她没有过于恋财，又回去当她的编辑去了。此时46岁的松永女士已扬名天下，被美国《财星》杂志选为"亚洲权威女性第一人"。

松永女士作为一个无限通讯的外行人，却发明了最新型手机，说明了什么？它说明：技术是很重要的，但从用户社会需求出发去搞技术才是最重要的。

企业不专不深就没有核心竞争力，但专深到一定高度就要靠扩大基础，这就是博。专与博的关系就是企业的专业化与多元化的关系。没有专业化经营的专深，就没有多元化的博。

2001.03 蝎子、青蛙与认清本质

春节七天,真有些"路漫漫其修远兮,吾将上下而求索"的感觉,因为一年中只有它给我提供了静神深思的绝好机会。

我想起了北京电视台证券节目主持人讲的一个故事:一天,阳光明媚,春风习习,一只蝎子走出阴暗天地,在河边草地散步。它忽发奇想,想过河到对岸去探望它表姐毒蛇,然而又为无法渡河而发愁,这时它突然发现,对面一只青蛙蹦蹦跶跶跳过来。

蝎子高兴地跑去乞求青蛙:"你能渡我过河吗?我去探亲。"青蛙笑了,说:"我不傻,你爬在背上蜇我一下,我就死无葬身之地了。"于是蝎子哈哈大笑:"怎么会?我把你蜇死了,我不是也跟你一起沉到水底了吗?!"青蛙一想也对,痛快地回答:"好!你上来,我驮你过河!"

真是天有不测风云。青蛙驮着蝎子走在河的中流之处,突然觉得背部像被咬了一口,疼痛难忍。青蛙很愤怒地质问蝎子:"你为何不信守诺言?"蝎子说:"你难道不知道蝎子天生就是蜇人的吗?我实在忍不住了!"说话之间,蝎子与青蛙都沉入了河底。

显然,这是个悲剧。什么是悲剧?权威人说:悲剧就是把本是美好的东西硬是破坏掉,给大家看!本来青蛙与蝎子都是很逍遥自在地活着,但结果却同归于尽。

这个悲剧性故事说明什么?电视主持人说,她对这个故事一直不懂,现在她懂了。我等她解释,可是节目也结束了。于是我只好独自品味这个考题,从中我悟到:做人做事,都要抓住事物的本质。只有弄清楚本质,才有相应的办法,也才会少犯

或不犯错误。

　　小平同志的著作,我们都学习了。他几次提出社会主义的本质是什么? 后来明确指出:贫穷不是社会主义,计划经济也不是社会主义的本质,发展生产力那一段话才是社会主义本质。而后才提出解放生产力的一系列改革开放政策,这才有了改革开放后繁荣的今天。

　　市场经济的本质是什么? 也不是"围着市场转"这个表面现象所能说清楚的,它的本质应该是专业化、协作化、社会化。西方著名思想家弗·培根点到了市场经济本质:每个人只干一种活儿(专业化),大家为了一件事(协作化、社会化),只有此时才看到了人类社会的伟大。亚当·斯密说得更是一针见血:分工才能提高效益,才会有多余的东西卖给别人,这才出现一只看不见的手(市场)。因此,专业化生产才是市场经济的本质,专业化管理是企业管理的永恒课题。即使今天成功的企业变得很大、很杂,但它仍然坚持这一原则,即发展专业化管理。业务要专业化,领导班子成员也要专业化。说到底,每人都要成为专家。领导班子应由专家组成,无一专长的人绝不能适应市场经济社会。这个大道理至今贯穿于成功企业的一切活动之中。目前企业的重组、再造、外包的核心还是以专业化管理为前提,没有专业化就没有核心竞争力。甚至戴维斯喊出:"外包一切,其中甚至包括采购、人力资源等等,你只能干你最在行的事",这仍然是今后企业管理发展大趋势。它是市场经济本质决定的现实,企业经营必须遵循这个市场经济的基本原则运行。

　　这也许是个重要思想方法:只有弄清事物的本质,才能管好事物,这是我在新春与朋友们说的心里话。

2001.04 中国"大企业病"来了!

人都不愿意得病,可是人还免不了得病。企业也是一样,因为企业是人组成的,它也是活体,是活体就会有病。

最近,媒体报道我国乡镇企业的旗帜科龙集团生病了,引起全国各界的关注,关注的目的是期望科龙找个好"大夫",把病治好。

在科龙最兴旺繁荣的时候,王总就曾忧心忡忡地说:我们科龙已经得了大企业病。当时,我们有些吃惊。因为,那时候是王国端总裁刚走马上任没有几天,新闻记者蜂拥而至,正是他意气风发之时候,他为什么说自己企业得病了呢? 新总裁徐铁峰上任后也说:"会碰到大企业病"。

此时我想到,海尔集团张瑞敏总裁在世界管理科学的"圣坛"哈佛大学商学院讲课归来时,大批记者包围了他,问海尔何时进入世界500强,他没有展现凯旋的豪情,而一语惊人:我们不能忘记,一个企业可能一夜之间就完了。当时令记者愕然无语。这表明,张总已悟到:大企业病来势如山倒。

乐凯能够存在与发展,这是杜昌焘总经理他们顶住了世界列强的冲击。他的内心世界,可想而知。一次他来参加《中外管理》的会,我到他房间里拜访他,促膝谈心。他有一句话:"我们内外压力之大是别人无法理解的。我为了让乐凯活下去,常常在夜里觉得不是躺在床上,而是在半空中悬着,昏昏然朦胧度夜,我们在夜里也不得安生啊!"这段话表明,企业大了不知什么时候就出事!

科龙是乡镇企业,有人开玩笑说乡镇企业是"二国营""乡长企业",在科龙当老总的难处也可想而知。在科龙兴旺发达的时候,大家都会兴高采烈、热气腾腾,但当它的改革举动不被人理解,又沟通不够的时候,危险就来了。

我最近发表的《四谈企业家如何保护自己》，实际谈的是企业如何防止改革创新的失败，其中第一条就是"企业血量要保持正常流动"，就是企业人才流动要有计划，不要有"湍流"，有湍流就有险滩。王总在领导层大出（又是四位老臣）大进，又是不太了解、未经磨合的"空降兵"，这是犯忌啊！美国GE有条不成文的规定：大企业正副总裁都由自己培养提拔。土生土长的文化太重要了。中层"换血"有时是必要的，但上层可要慎重。

　　另外，一定要重视化解怨气，在改革上万万不可孤注一掷，不求一次圆满。

　　在我看到《财经》《科龙的失落》一文的报道后，我惋惜又难过，当我看到王总在去职后外出"旅游"时，潸然泪下。上面提到的条条禁忌，王总几乎都触犯了。他去职后，科龙股票大跌，股民失去信心的结局也就成为必然。尽管副镇长徐铁峰亲自坐镇科龙第一线直接指挥，以图力挽狂澜，但谈何容易。我国一位驻香港的大老板说：政府精英与企业精英有本质的不同。我看此言不虚。

　　袁宝华同志《为保护企业家立法！》这篇文章很有分量。他说：我曾提过要为保护企业家立法，可是有人说，法律是保护弱者的，企业家不是弱者，不用立法。现在看来，需要立法。袁老疼爱企业家之心跃然纸上。袁老80多岁高龄，还无时无刻不惦记着那些为国为民操心费力的企业家们，因为企业家的成败，就是企业的成败。

　　看来，中国大企业病来了，而且在中等规模就提前犯病，这可要警惕啊！

一身正气传学问，
两袖清风为人师。

以德立国与企业管理

为什么"德"对人和企业都是重要的？

司马光曾经说过一个千古不灭的大道理：德才兼备者重用，有才无德者慎用，无德无才者不用。孔孟之道，千年不衰，在于悟到了"仁"。"仁者，人也"，即做人的教诲。人才学专家说：有德有才者春风得意，有德少才者贵人相助，少德多才者怀才不遇，少德少才者平庸无为。

世界一号企业家韦尔奇的"框架理论"也说此事：他以企业文化亲合度（实际是指企业的德）为横坐标，以能力为纵坐标，坐标内划十字，就把员工分成四类了。他与英特尔老板葛罗夫在酒馆讨论对待这四类不同员工的政策时，韦尔奇唯独对有能力、缺少文化亲合度（品德）的人特别提出了警告。因为无德无才的人没有市场和力量，不可怕，唯独无德有才的人，才是最有迷惑力和破坏力的。许多企业失败都与用错这种人有关，其悲剧林林总总。韦尔奇强烈主张："发现一个，开除一个"。绝不留情，此乃真知灼见。

在治理企业上，一位企业家提出了"内圣外王"理论。内圣者注重员工干部的修养和培训，外王者注重员工干部对市场、客户、合作者的影响力。内圣者是"修身、齐家"，外王者是"治国、平天下"。松下幸之助在挑选接班人时，他在10多个候选人中唯独选了只有中专毕业的山下俊彦，人们问他为什么？他说："事业有成者皆待人以诚"。我认为松下成功之处，正是待人以诚。对政府诚，就得到政府支持；对员工诚，员工就能同心同德；对客户诚，客户就永不变心，企业口碑就好。企业成功在于客户口碑，而不在于广告。松下选这个中专生就是看中了他对事业最忠诚，工作有事业心、使命感。使命感才是最重要的，最根本的。

相反,"小人难养也",这是千古训诫。"以德立人,以德立企"乃大道之行。企之强弱,国之安危,无不与德有关。

可见,古今中外在对人对事的看法上,还是有共同标准的,而并不像有的人那样:一个时期一个标准;对别人一个标准,对自己另一个标准。这是领导者大忌。

如何识别有德与少德之人?孔子曰:"听其言,观其行。"孟子曰:"其心正,则眸子嘹然;其心不正,则眸子眊焉。"

如何使少德之劈柴变为有德之栋梁?关键在于深入的细节教育,而不是停留在口号上。国际管理科学新思潮,强调"品格训练第一"。这是今日世界之所需,人民大众之所需,理想与事业发展之所需。

如何进行品格训练?从养成好习惯开始,点滴训练,日久积累,不可求一日大变。如"听"这个字的繁体字(聽),表明听的真实内涵,就是耳、目、心三位一体并用,表示对人的尊敬和爱护。但眼睛不看说话人、心不想说之事的领导,今天仍大有人在。这表明,在"听"这个德的要求上他们还没过关。你似听不听地待人,又如何征服下属的心?

人的习惯与修养,是一个过程。80年代世界企业管理经验发源地丰田汽车曾提出"三阶段法"。

企业初始阶段的理念:"人之初,性本懒,要他做,制度管"。

企业成长阶段的理念:"人之初,性本勤,激励他,土成金"。

企业成熟阶段的理念:"人之初,性本善,你和我,一起干"。

为什么成功企业的经验,千篇一律,不成功企业的教训却各不相同?这与托尔斯泰对家庭的观感何其相似!道理就在于"德"的一致性,都是使命感、事业心;而"非德"之举,则各有所需,各有招法,难防难养也。

以上是我学习中央"以德立国"战略之余,对企业管理的联想与感言。

2001.07 综合就是创新！

"不想当元帅的士兵不是好士兵。"这句话虽然也有点争议，但其实大家都会默认。因为希望做点大事，这是人之常情常理。在公司里打工的总想有一天自己能当上老板，学校里当助教的也总想有一天当上教授，机关里当科员的总想有一天当部长。但这些都是只能心照不宣的事。

可是小学生不然，他们天真，有话直说。你问他：未来干什么？他会毫无遮掩地告诉你。有一次，我为如何培养企业家去访问日本。日本朋友给我们每人面前发一个小学生调查表统计结果，这个表留给我印象最深的是学生中唯独想当科学家的最多。问为什么科学家好？几乎都答的是"诚实"。我一想，这确是真理。

那么，是不是科学家就得诚实到犯傻的地步？也不是，否则他也成不了科学家。靠什么？不全靠自己，而是靠在综合别人东西基础上提出自己的学说。这也就是牛顿的名言："我是站在巨人的肩膀上。"牛顿不愧为科学家，说了实话，即头脑清醒而有意识地学习、综合、总结别人的东西，再搞点创新，就是成功。我年轻时还不真正懂这句话的内涵和外延。直到80年代，我研究并撰写了一本50多万字的《世界科学技术史》时，才知道牛顿三定律是怎么出来的：大体上是受天文学家开普勒的天体运动学说和物理学家伽利略的地面运动学说的启示，把这两个"运动"一综合，就出来一个天地万物的运动总规律，这就是牛顿三定律。牛顿说的"巨人"，具体说就是开普勒和伽利略。但牛顿从此以后永远是人类历史上"空前绝后"最伟大的科学家。

在科学研究上属牛顿第一，在技术发明上就属瓦特了。蒸汽机也不是瓦特首先发明的，更不是他一个人发明的。他也是站在"巨人"的肩膀上。这个"巨人"，有名有姓的至少七个人：他们是蒸汽机原理第一发明人赛维利、提出活塞推动原理的巴本，还有创造了有实用价值蒸汽机的纽可门(他还是世界第一家生产蒸汽机公司的老板)。此外，斯密顿还进行大量实验，为瓦特在蒸汽机效率上取得巨大突破铺平道路。而后他又在罗巴克、布尔顿和发明镗床的威尔森三位企业家先后直接支持下，才取得了成功。从此，他成为世界上最伟大的发明家。

企业家和科学家、发明家一样，也要通过学习、借鉴、综合、创新四个阶段，不断把企业推向经济增长的新高峰。

日本经营之神松下幸之助说："我的松下电视机拆开来看，几乎没有一个零部件是我们自己发明的(包括线路图在内)，都是从世界各个角落里发现后引进，而后组装成世界知名的松下电视。而松下电视是别人没有的。"

管理更是如此。世界知名的管理大师邓肯说了一句："管理没有原理"。这就表明，管理是靠学习、借鉴来不断创新的艺术。什么都等领导说了再办、什么都等上面发文件、什么都等大家干成了再干，那黄花菜都凉了。难以计数的失败者都不是在机会面前犯"痴呆症"延误时机造成的。

让我们充分发挥眼球和耳朵的作用，高举"综合就是创新"、"集成就是突破"、"在肩膀上做事就是圣人"的古训，为我中华民族做点事吧！不要瞻前顾后，不要迟疑不决，不要为保命保位而失去大好事业的创新机会。

中央号召我们不断创新，因为创新是民族的灵魂，尤其制度创新、管理创新。事业改革无不带点风险，但它是实现美好未来应该付出的代价，它永远是光明磊落的，而一味不管不问、因循守旧，其结果必然是不断发生风险，最后使事业遭受巨大损失。

我们不能"在灯底下找钥匙"啦，要兴奋起来，为我们的事业鞠躬尽瘁！

以上是与部分精神不振的老总、守业保险的领导谈心之后的点滴感言。

2001.08 7·13狂欢与"无为而治"

2001年7月13日,北京时间晚10点08分,国际奥委会主席萨马兰奇郑重宣布:"2008年奥运会的主办城市,北京!"此言有如一声惊雷,瞬间使得全球所有中国人都陷入了欢乐的海洋!大家大喊大叫,大笑大跳,尽情拥抱,忘乎所以。连一向举止矜持的专家长者也都喜极而泣,与年轻人一起冲出家门,涌上街头,与所有人狂欢!

那一夜,中国人放下了含蓄与内敛,只是尽情地享受着一种最单纯的情感:高兴!当我也置身于长安街头,看到漫天灿烂的礼花映照着欢乐的人群,人们挥舞着双臂,一遍又一遍地齐声欢呼:"我们胜利啦!北京万岁!中国万岁!"此时,所有的"素昧平生"一下子都变成了"一见如故"。男女老幼,不管是笑在车中的,还是欢在街头的,都像老朋友一样,面带最亲切的笑容,互相挥动国旗,互相摇手致意。性格外向的则直接从车窗里探出身子,将报纸、衣服,乃至墩布挥舞起来。平日羞涩的姑娘们,这时也大方地与路人挨着个的击掌相庆。而小伙子们更是高兴得无以发泄,时常一拥而上把路过的小汽车当鼓来敲,司机不仅不生气,反而也索性下车一起来敲。有的更干脆站到大巴车顶将一面大国旗狂舞不止,立时成为大家欢呼的焦点。到凌晨3点时,在警察的指挥下,井然有序、翻来调去地过马路,居然也成了大家乐此不疲的游戏……一切都那么单纯天真,一切都那么不分彼此,一切都那么和谐默契,一切都那么狂而不乱,一切都那么有节制,一切又都充满宽容。难怪后来外电评论,这是中国自打倒"四人帮"以来,最盛大的一次群众自发的欢庆活动。

当我不得不恋恋不舍地离开人群向家走去时,当欢呼雀跃之声渐渐远去时,当我次日惊讶地从电视上看到全国各个城市在那一刻都在进行着绝不亚于北京的狂欢时，我都一直在思索：为什么一向谨慎含蓄的中国群众，这次会如此不顾一切？为什么无法从举办奥运会中直接获益的外地群众，乃至海外华人也都和北京人民一样激动得热泪盈眶？为什么平时的各色人等，今天都能万众一心？为什么大家平时形同陌路，而现在却亲密无间，甚至心有灵犀？为什么如此拥挤嘈杂，大家却能狂而有度，没有过分、没有纠纷、没有争吵，甚至连小偷都没有（恐怕他们也都成了全中国狂欢人群中的一分子吧）？为什么平日严肃有加的警察，在如此多的人群面前却没有如临大敌的紧张，反而更放松、更亲切了？……到底为什么？

　　这时，我脑海中映出思想家老子的一句名言："无为而治"。是的，这次没有过多限制，没有事先安排，大家却能进行一次如此"完美的狂欢"，的确算是无为而治了。那么这次"完美"靠的是什么？是靠中国13亿海内外华人内心最朴素、最单纯、最高尚的爱国豪情，她远远高于我们平时的一切分歧、冷漠和私心。那一刻，是她把我们所有的心紧紧凝聚在了一起；那一刻，所有华人都只想一件事：为身为一个中国人而自豪！那一刻，共同的追求，无形的情感，爆发出了无尽的力量！

　　这就是文化的力量啊！

　　7·13之夜再次表明：最大的力量、最高的效率，来自"无形"，来自"无为"。体育如此，经营同样如此。甚至，容易物欲横流的商界更应从中受到启发：重视企业的文化，重视感情的凝聚，重视价值观的一致。记得，中远置业的总裁徐泽宪在与本刊记者交谈中曾说："我们拥有一支甲B球队，目的不是赚钱，也不简简单单是为冲A出名，而是为了凝聚企业全体员工。以前下班各自回家，而现在下班都在谈论同一个话题：我们的球队。于是，所有员工有了共同的追求，企业的整个士气因此大大提高了！"是啊，这对企业确实是至关重要的。

　　那么，就让我们在企业内，塑造出一个共同的追求，夺取新的胜利吧！

世界名牌新排名说明什么?

2001年8月6日,美国《商业周刊》又把世界名牌企业进行了一次重新排队,引起了全世界的广泛关注。人们为什么关注这个排队?主要是人们通过名次排列的变化可以学到很多学问。它不只是表明企业实力和国家实力的变化,更重要的是它表明企业经营环境变化、行业结构变化、经营思路的变化及所带来的很多显性与隐性的新动向。下面我们不妨也做些分析。

一、评名牌的两把尺子

这次评选出的100个世界名牌,是依据什么标准呢?主要有两条。

第一条是品牌在世界市场的占有率。此次规定:任何一个品牌在本国以外的世界市场占有率必须超过20%。而与此同时,国家终于明确规定:不管产权体制如何,只要具备300万(西部地区)到500万(东部地区)注册费用的企业,都可从事进出口贸易。这无疑给我国企业进入国际市场,进而树立知名品牌创造了条件。它意味着中国企业已开始进入国际比赛的赛场。

第二条是必须有公开的销售与财务的数字证明其品牌的效益。另外,还要证明该品牌在未来的发展空间、市场领先度、品牌稳定性,以及能否跨越地理和文化的界限等7个方面都比别人好。

二、值得注意的动向有如下两点

1. 企业经营国际化程度将决定今后企业与品牌的世界地位。

2. 品牌给企业带来多大经济效益,仍是衡量品牌的标志。至于今后发展空间、领先度、稳定度等的7个相对指标作为辅助标准也说明,品牌是企业综合实力的象征。品牌不只是产品,甚至也不是目前的企业现状,而是历史的长远的全方位所代表的实力。

三、世界前100名的品牌是靠三大支柱行业支撑着

第一是IT业,第二是服务业,第三是汽车业。其中,IT业或称之为新兴高科技企业的品牌力有所减弱,但仍占很大比重,如:微软、IBM、诺基亚、英特尔、AT&T,仍占前10名的2~6位,在前50名中总数也占到1/3。总之,IT业在今后仍然看好,泡沫缩水只是暂时的。

第二大支柱产业是生活服务业,雄居榜首的是可口可乐,其次是迪斯尼、麦当劳、花旗银行、雀巢等饮食生活服务业。不只是连锁店为顾客着想进入社区,现在理发、医疗、保健、售书等一切生活服务的网络化服务都有惊人的发展。如这次排名的一匹黑马——星巴克咖啡店,它从20年前的18家,现在一下子发展到4435家。

第三大支柱产业是具有传统的综合性的代表性产品——汽车。其中福特、丰田、本田等跨国企业仍名列前茅。它成为传统产业的常青树。

从国别上看,美国品牌占有着无可争辩的地位。从这次排名与10年前相比,美国企业的总体实力大为提高,前10名美国有9名,只有芬兰的诺基亚在单兵抗争。前50名中美国有34名,占68%,同样是绝对冠军。而10年前还和美国实力相当甚至占优势的日本企业,现在已今非昔比,前50名只有5名,只占10%。居次席的还有德国,同样占有5个席位。

这大体反映了当今各国企业的实力。而我们中国企业与强者相比,还相差甚远,因此更要保持清醒头脑,用冷眼观世界,用热心去赶超。正像杨澜提醒人们的:"尽力去发展自己,而不要刻意表现自己。"事业尚未成功,同志仍需努力。

与其看着别人竞争,不如埋头创造价值。

2001.11 创业"三识"

真是人逢喜事精神爽,更何况2001年中国喜事连连!

最近,大家都喜气洋洋地迎"新",什么新经济、新世纪、新北京、新奥运,执著了44年的男足又破天荒地圆了世界杯之梦。总之,我们都沉浸在祖国的欢乐海洋之中,心情是美滋滋的。

对企业来说,入世后的新时期,一切都将从零开始。因此,不管新老企业还是大小企业,入世之后,必须拥有创业求新的精神。

日前,中央电视台《商界名家》请上海复星集团董事长郭广昌先生与我们《中外管理》杂志的同仁谈创业之感悟。为什么请郭先生谈创业?道理很简单:第一,他的企业是上海第一家民营企业;第二,它又是高科技企业;第三,它创业10年,资产从10万上升到45亿,成为上海非公有制经济纳税第一大户(1.27亿元/年);第四,该企业下属公司已有5家上市,已从资本积累进入资本运营新阶段,这表明该企业在创业理念带动下已进入一个腾飞的国际经营新时期。

在录制现场,《商界名家》让我对该企业做个评价。我听郭广昌先生讲述创业经过之后的体会是:他的经营理念是成熟的。我说:"复星集团是在一个多变、快变、巨变又难以预测的特殊历史背景下以私营企业起步,通过合伙制和上市进入股份制。这个路子是对的。我国成功的私营企业多数是从家族企业到合伙企业,再发展到股份制企业,这是一条有生命力、有活力的必由之路,这在体制上能够紧跟国际企业时代新步伐。"

"我国成功的民企老板,实际上都具备一个共同特征,即有个见识、胆识、学识的成长过程。"

"创业之初，靠的是见识，即先见之识。比尔·盖茨首先看到'视窗'软件系列创新的市场前景，戴尔首先看到电脑自装直销的极大市场价值，于是盖茨大学三年级离校，戴尔在上大学时就筹备了电脑公司。郭广昌也是如此。是见识使他们在教室里坐不住了，再加上大家对IT业的经营都没经验的"天时"，这时年轻人反而最有力量和优势，郭广昌也是在发明新产品的冲动下才下海创业的。首先是见识，决定了他们的命运。今日盖茨个人收入相当韩国所有老板的总收入（日进0.5亿美元）；戴尔成为世界上发展最快的公司；郭先生成为上海民企第一大税户，他们成了人们仰望的富豪。"

"创业之二，靠胆识，即决策的准狠的果断力、魄力。有见识的人是少数，多数缺少见识的老板沉没在静默的海底之下，淘汰出局了。但接着有没有胆识，则是更严峻的考验。'当断不断，必留后患'，很多老板就因缺乏胆识而失去良机，这又淘汰出局一大批民企。"

"创业之三，靠学识，即学习借鉴的能力。一个人能把起步很好的企业，长期坚持办下去，而且越办越好，实为天下之难事。它首先需要有善于学习与思考的习惯，而后才能有思路，有新思路才有新出路。一个企业一时赚大钱容易，难在总是赚钱、总能持续发展。"

我们杂志办的各类培训活动中，参加者3年前2/3是国营企业，现在2/3则是民营企业，这大致看出我国民营企业的美好前景。如果老板没有学识、不能使企业变成学习组织、教学团队，还谈什么企业长寿之道？

享受快乐! 享受挑战! 米卢的中国队已告诉国人: 这其实是一回事!

企业经营真的"无国界"了吗?

2002.03

我前几天交了一位朋友,他是美国怡安保险集团董事长刘立义教授,是来大陆开辟保险市场的。他具有中国大陆、中国台湾和美国的经历,似乎应是典型的"国际人"。但他在和我谈到民族工业时,却语出惊人,令我豁然开朗。

他说:在入世的时候,大家想的都是全球化、国际化,好像民族产业可以不必再提了。其实,这是片面的。当年孙中山在讲民族主义的时候,讲了一个故事:"一个在上海滩上挑担卖货的穷汉子,每天十分辛苦,早出晚归,挣不了几个钱。一天他听说买彩票可以发财,兴奋异常。于是他把仅有的几个钱全部买了彩票,并把它塞在扁担里,因为只有扁担陪伴他日日夜夜。终于等到张榜发布彩票得奖号码那一天,他居然高中头彩!这个穷汉真是高兴极了,憧憬着自己成为大富翁的那一步登天的感觉,就跑哇跳哇,想到这扁担我不会再用了,一顺手就把它抛到黄浦江中去了。此时,他才猛然意识到:彩票就在扁担里!这下子一切都完了。"孙中山讲完这个故事后提醒大家:这个扁担就是民族主义,那个彩票就是国际化,当你扁担没有了,民族利益没有了,那个所谓国际化也就没有了。

孙中山先生近百年前讲的故事,现在我们听了,您作何感想?

我们常说:"只有民族的,才是世界的。"没有民族的骨气,就没有国际化的优势。因此,为民族争光,必然有国际意义。我常想,美国是世界警察,可是它拼命搞民族色彩极浓的"导弹防御系统"。无独有偶,日本的索尼、松下、丰田、本田,几乎都是国际化企业,可是都是日本民族工业的顶梁柱。50年代,日本家电在不堪一击之时,没让美国家电登陆,但它们不是闭关锁国,而是拼命到美国去学,首先是民族化而后实现与国际化的一体化,也才实现了日本不可一世的80年代的繁荣,争得了世界第二强国的地位。

我在2000年内去了两次台湾，每次参观新竹工业园，我都吃惊地发现不少产品的质量是世界水平的，但它们却不去创自己的民族名牌，而坚持借用外国名牌搞外加工出口。因为在自己的综合实力还不雄厚时，利用别人的品牌优势发展民族工业，既加快了进入世界的步伐，又大打民族产品的出口仗，一举使高雄成为高技术产品出口的亚洲大港。虽然它只是一种落后超先进的策略，但它不失为振兴民族工业之举措。

而与此相反，近来内地有些创业老板，总想借入世之机摆脱国有股、公有股的影响、制约，引进外资，同时还想保持自己的领导宝座。梦是美好的，但不可忘记市场经济是资本经济，虽然知识经济已经到来，但知识和经营能力还没有物化为权力，最终还是投资人说了算，即使是创业功臣也只能服从投资者所好。这样自己若没有"舍我其谁"的真本事，在今天是难以立足的，这是不争的残酷现实。一些企业老板集体辞职是不正常的，但其内在的道理是正常的。

我们中国人虽然一直主张"中庸"，实则稍不留意就常常滑向"极端"。比如：稍一遭遇"倾销"苦果，马上跳起来回骂人家欺负中国人。而一高谈国际化，如果再说"民族××"则仿佛是生活在200年前，横竖不入眼。须知，经营企业是实打实的事，容不得浪漫与梦幻，正如长城体育老总在"拳坛失意"后感慨的："其实，这只是一桩生意，因而一切要当生意来做。"

因而，我们要用"生意"的眼光看待"国际化"，这里没有"友谊"和"关爱"，也不是"善举"和"慷慨"，有的就是对各自根本利益的追求与博弈，这就需要我们有以我为主、博采众长、冷静、再冷静、慎重、再慎重。

2002.04 从《韦尔奇自传》想到CEO之争

《韦尔奇自传》中有什么悬念？

我也像许多老总一样，认真反复地学习了《韦尔奇自传》。如今的企业家和学者对这本回忆录如此爱不释手，究竟大家想知道什么？我想不外以下几种：

1. 一个成功企业家是如何成长的？

2. 他对自己的失败怎么看，又是如何处理的？

3. 他的决策很像多级火箭一样推进GE不断超越极限，那他如何实现自己的理念？

4. GE人说，如果韦尔奇上班时倒立着走进公司，后面的员工也会跟着倒立。这种文化现象是怎么形成的？

5. 他已是美国十大严厉CEO之首，为何退休后还说自己不够狠心？

总之，您在经营自己企业中所遇到的一切大问题，原则上这里都有答案。最重要的是，他告诉你怎样当老板，怎样当CEO。

CEO有必要吗？

有了总经理，又有董事长和党委书记，为何还要CEO？CEO与总经理和董事长有何区别？甚至中国有没有CEO？

有一次，我与一家大型国企的党委书记共进晚餐，他对我说："我们这个企业有3个一把手"。我奇怪："那有大事谁说了算？"他说："谁说了也不算，都需要党委和董事会研究，至少要我们三个人都同意才算。"后来，我听说他们也改制了：取消了董事长，只保留总裁和党委书记二职，其中总裁的作用正在进一步突出。这时我双手合十,庆幸这个决策的英明。

当今这个时代,要求的是决策与执行进一步统一,而不是进一步分离,这一点是理解今日诞生CEO的意义和本质。可见,设CEO,不是什么人灵机一动想出来的,而是加快发展的时代步伐决定的。

什么是真正的CEO?

有人说:CEO=0.5总经理+0.5董事长;也有的说:CEO=总经理+0.5董事长。我觉得这两种说法都有误导的可能。因为不管是哪一种,人们都要问:"既然有0.5,那另一半是谁?""那另一半的职能是什么?这是不是在制造新矛盾?"是的,如果在CEO之外,还有另一个董事长、另一个总经理或另一个党委书记,那么这个CEO就已经不是国际通用概念的CEO了。只有董事长、总经理、党委书记三者兼得,才可能是真正有现实意义的CEO。韦尔奇和他的前任雷吉就是真正的CEO,这从《韦尔奇自传》中可以看得十分清楚。

董事长兼总经理就是CEO?

那去掉那些个0.5,在我国,董事长兼总经理是否就一定是CEO呢?我看也未必。如果他没有最后决策权、决策推动权、企业基础管理和企业文化铸就权,那他不能算是真正的CEO;甚至即便有了董事长、总经理、党委书记三职于一身,如果董事会之外还有向上级行政组织报批的手续,也不能算是CEO,即有实权后台的CEO也不是CEO。

CEO必须具备全权职能,他是无上级的。虽然董事会有对他实行监察、考核与任免的权力,但在下任CEO的挑选、任免上,他有至高无上的影响,《韦尔奇自传》对此表露无遗。

我认为,在道理上也没有设"双CEO"的可能与必要。但为了在人事上妥协,或有个董事长是挂名的,也可能会有双CEO的情况,但那已是另外一回事。

何必追求这个形式?

最终,CEO是国际上的概念,如果我们硬制造一个"中国式的CEO",恐怕只在对外谈判时有用。因此综合看来,在中国,除合伙企业中的领袖人物、私营企业的实权人物外,还没有严格意义上的CEO。我很同意步步高老总段永平的观点,还是从中国实际出发,像韦尔奇所领导的GE那样:"一切面对现实,不追求形式"。

2002.05 竞争胜利=情报成功

一名情报老兵的感情

我是一名中国科技情报界的"老兵"。

早在1958年,年仅而立的我就干起了科技情报工作。一干就是26年,并且瞎猫碰死老鼠地成为中国第一代的"科技情报专家"。在我的情报生涯中,我首先在国内提出了"情报学",并参与首创"情报学会""情报大学"和主持"情报学报"工作。一晃多年,魂牵梦系,往日如烟,人将垂暮,回味起来,仍很有感情,感慨颇多。

竞争情报关乎企业存亡

从1984年开始,我又一心扑向了"领导科学"与"企业管理",一干又是19个年头。实际上,说是两项事业,其实又是一个事业。因为管理和情报是息息相关的。"管理就是决策"。这是管理学家、诺贝尔奖获得者西蒙的经典格言。实际情况,是决策的好坏,首先取决于情报工作收集与分析的好坏。国家体育总局局长袁伟民曾对我说:"体育竞赛、战争胜负与企业经营是相通的。首先一点,就是情报收集和分析的共性规律。"

今日之企业,防止泄密与利用情报已经事关企业的安全与发展,漠视、失去情报就会失掉企业的一切。这在入世之后,更是不言而喻的。

情报不相信道德的眼泪

情报是知识管理的基本模式,也是企业迈向未来的桥梁。具体说,主要是竞争情报(对手的经营情报、技术情报和市场情报)、战略情报(经营大局变化、专业技术的选择与动向、对手企业的部署、自身的失误、危机的预警、产品服务的市场定位、影响战略决策的信息等）。

虽然，情报与间谍是截然不同的两个概念，但请大家不要忘记二者是没有界限的。如果还书呆子气十足，那你要吃大亏的。记得我在日本工作期间，一位叫荒川孝的"中国通"看到中国把"情报工作"改为"信息工作"，曾为这种自欺欺人的羞羞答答而大惑不解。

要知道，今后企业间打官司、闹矛盾，其原因中的很大比重将是竞争情报的争夺，是专利技术、知识产权的纠纷，而且所占比重会越来越大，斗争也越激烈。大家现在都知道"竞争激烈"，但更应该知道它首先表现为"情报竞争"的激烈。

认清差距，警钟长鸣

我国企业的情报意识，与外国企业，特别是与日本企业相比，是有很大差距的。我在1971年撰写的《日本人是怎么摸大庆的》一文，不只当时的方毅、钱学森等领导和专家在该文上有指示，而且近30年来一直被人们不断引用，用以揭示情报理念、方法的重要。特别对情报收集与分析的过程，这个案例很典型。

也在1971年，我还收集到了60年代日本人摸美国数控机床技术、摸德国汽车发动机技术，以及日本人出国考察中怎样进行情报工作的组织过程，和分析使用情报的方法。我认为，如果说日本经济在80年代嚣张一时、不可一世，靠的就是持久细心的综合竞争情报工作与技术的综合分析与创新。这绝非言过其实。

在这前所未有的竞争激烈时代，企业界的主管和老总们，可万万不要忽视情报的保密，而重蹈覆辙。同时，我们在积极"防守"之余还要主动"进攻"，建立起专门的强大的情报收集与分析部门。这是一枚硬币的两个面儿，永远相互依存，永远没有"最终完成"。

以上是一名"老情报人"的心里话。

2002.06 文化冲突浮出水面

从一次不成功的合作谈起

那是多年前的事情了：日本石油化工界一位巨商，经人介绍到中国来找我谈合作办学之事。当时他的意向是：他投资，他担任董事长，我负责申办建校、招生请师，我当校长。结果谈判近两年之久，最终未果。在这个痛苦的谈判过程中，我深刻地理解到：即使是中日这两个"同文化、同种族"的"邻居"，进行合作也有个很现实的文化冲突问题。至少，当时有如下几个冲突。

第一，我们有个"摸石头过河，走着瞧的文化"，而他们则必须看到明确的赢利目标，还要落实到计划上，才肯行动。他提出：投资在3年内不要回报，但3年后必须偿还本息。我说：中国不确定性的事太多，所以我不能保证。在这种情况下，我作为一位"打工校长"，独木难支，承担不起。于是，我强调"得失双方共同负责"，但他又不赞成。现在我懂了，其实就是他当资本家，我给他当"经理人"。

第二，我们当时的现状是：人大刚允许教育事业可以与外商合作，但尚未立法规范，此时申办似乎更容易。而日方则认为：越是初期启动越难，唯有一切有了章法，再办才容易。可见，中日双方在思维"习惯"上有很大不同。

出于以上两点分歧，我决定搁置此事。也在此时，我意识到，这就是文化冲突。

文化冲突是紧迫而永恒的课题

入世后，国际化大潮已经涌进中国内地各个角落，此时此刻中外文化冲突带来的麻烦已然是我们事业前进的障碍。譬如，乐百氏、科龙等企业与外商的冲突，就其现象是经营冲突，就其本质是中外文化冲突，是落后文化与先进文化的冲突，即守旧的价值观与合潮流的价值观的冲突。所以说，文化不是虚的，它无所不在，无时不在。它是知识、价值观、社会公德与法治（制度）综合而成的产物，你的所有言行中都渗透着一种文化、意识。

而早在十年前，清华大学的张德与刘冀生两位教授就先知先觉地对此文化冲突进行过种种分析（见《中国企业文化现在与未来》一书）。也正如美国科尔尼顾问公司大中国区总经理朱伟先生所说：企业在文化上的冲突自有企业发展那天起就存在了，只不过在今天尤为突出，尤为重要，成为企业需加以特别关注的大事。

因此在前不久，本社顾问、我的老朋友、中国松下副董事长、中国投资协会副会长张仲文先生向我提出：对中国企业来说，入世之后决定成败的一个非常重要的因素，就是如何处理好企业的文化冲突。

譬如，企业的文化冲突与民族传统的渊源、与领导人思想与群体意识的关联、与人治体制的制约、与诚信机制的建立、与政府政策的导向、与信息时代知识经济的互动、与家族企业文化的崛起等等议题，都很值得我们在这个巨变、快变、多变的大变革热潮中加以冷静思考。

企业领导如何激励部下，这就是一门学问。世界著名畅销书《一分钟经理》里回答人们"什么是最能激励部下的好办法"时讲到"很多激励办法人们都知道，但不重视使用。如当部下有好的表现时，立刻加以表扬，坚持下去能出奇效"。

2002.07 世界杯冷门告诉企业什么？

世界杯深寓企业管理

老朋友袁伟民曾经和我讲过一句至今难忘的话："体育与战争和管理的理念是相通的。"袁伟民的话也使我想起香港凤凰卫视时事评论家阮次山总爱说的一句话："世界上的事看起来似乎是无关的，但其实它们都是密切相关的。"那么，我们企业界应从世界杯足球赛的狂潮中得到什么？

我也是个球迷，在看每场球赛时，我总在想，它在管理上能告诉我们什么？这使我在看球时受益匪浅。管理大师杜拉克曾说：世界没有为任何一个企业提供直接可用的经验。美国企业管理大师邓肯也说："管理无原理。"于是，我们看世界杯赛，就是一场很好的、生动的企业经营课。

本次世界杯，是冷门的世界杯。小组赛后，专家们都在议论：为什么世界冠军法国队居然一球未进，连小组都不能出线？为什么阿根廷等热门球队最终功亏一篑，让人泪水涟涟？为什么从未赢过球的韩国，此番能一举掀翻多家"豪门"，疯狂地杀入了八强，震惊世界？为什么中国足球取得突破性进步之后，却发现自己与世界的差距反而越拉越大？其实，我看这些疑问都没跳出管理这个圈子。

看起来是伤病，其实是精神

这次世界杯，大家的共同结论是，所有球队成败在于三手是否过硬：一是技术和战术；二是体力和伤病；三是斗志和精神。看上去，这三条都是很重要的，哪一手较差都会全盘皆输。而前两条现在经常被人们所关注，尤其是常被输球的球队拿来做盾牌。

但我不以为然。现在一二流强队之间的水平是很接近的，但结果为什么大相径庭？我说，现象是战术错误和体力不支，其实根子都是第三条，就是斗志和精神问题。法国、沙特的惨败，韩国、日本的崛起，无不与斗志有关。沙特精神涣散，于是在漫不经心中创造了0：8的世界杯记录，让全亚洲蒙羞；而法国队带着花枝招展的女郎参赛，人们又将希望完全寄托在一两个球星身上，一旦少了齐达内便六神无主，最终竟与最弱的沙特一起沦为"不进球一族"。法国队在四年内由平凡到辉煌，又由辉煌到惨败，绝非偶然。另外，专家们指出，运动员的体力不支和伤病号多，也都与精力不集中、斗志涣散有关。可见，表面是体力、技术的拼杀，实际上是民族精神、国家与球队文化的较量。这才是表面现象背后深层底蕴。

而韩日，技术不如南美、体质不如欧洲，但他们靠高昂斗志和顽强争胜的精神压倒了对手，这是不争的事实！专家们把它归结在"足球文化"上，我认为说到点子上了，令人心服口服。韩日球员的表现与成就的辉煌使本国民众欣喜若狂，掀起感人至深的爱国风潮，扬起引为自豪的民族骄傲。这都是植根于他们的文化。我们不这么看，要吃大亏的。

支撑成功的"一口气"就是文化

对足球、对企业、对国家，文化都是至关重要的。一个球队没精神不行，一个企业、一个国家没精神更不行，持续繁荣的企业和国家民族无不以力争上游的向上精神为支柱。缺少这个根基，别的因素即使是顶梁柱，也难以持久。中国民族文化大师王绍璠教授在他的《呼唤企业家心的回归》一书中说得好："一个没先进文化的民族，一个没有历史自信心的民族，一个没有道德信任感的民族，一个没有坚忍不拔志向的民族，就是一个等待灭亡的民族。"他的这些话套在企业或个人上，我想也非常合适。

不仅是中国足球，中国企业也必须在文化打造上真下力量，真下功夫。通过严格管理、严格训练、谦虚地学习一切先进，形成的良好习惯就是文化。只有文化才是我们持续走向辉煌的基础。万不可把它看成是虚的，你不抓，它就给你颜色看看。足球如此，一切事业成败也如此。

科学太远+技术太烦=企业太弱

2002.08

这个题目也许令人不解,但它是现实。

企业怎会离科学太远?

提起科学技术,很多老板都说:"那是科学家的事,离我太远!"

可真的太远吗? 不是。什么是科学? 这要追溯到1993年八九月份,我奉命参加由江泽民同志倡导并作序、国家机关处级以上干部人手一册的《现代科学技术基础知识》一书的编写工作。这本书的第一章"科学技术是第一生产力"是我写的,而首先就是要闹清楚"科学的本质"。经过战酷暑、找资料、访专家,我们发现了科学的本质:一是事变,二是事实间的关系,即规律。总之,科学就是实事求是,按规律办事。而科学精神的核心就是实事求是,就是真诚。

1987年,在日本考察企业管理时,我借助一群孩子之口终于悟到:天底下只有科学家是以"无条件说真话"为天职的。外交家? 那是必须说假话的老实人;医学家? 对患有绝症的病人说实话无疑是一种残忍;艺术家? 不凌驾于事实之上如何能入流入境? ——只有科学家……

不仅如此,真诚也是管好企业的前提。因为企业经营同样来不得半点虚假,否则就会像近来中外时有所闻的几起企业丑闻,在崩溃的同时成为唾骂的对象。记得松下80多岁退休时,道出了自己风云一生的绝招,只四个字:"待人以诚"。显然,对政府真诚,政府就支持你;对同事及合作者真诚,大家就配合你;对员工真诚,员工就拥戴你;对用户真诚,用户就"忠"于你。可见,"取信于人"比什么都重要! 这就是科学! 此时,我们怎能说它离我们企业很远呢?!

企业怎能说技术太烦？

过去，很多老板重视拉关系、抓机遇、找销路，而忽略技术开发，总认为它太需要大投入，弄不好还会有大风险。而一些企业家与科学家"翻脸"的悲剧更强化了这一认识。

应当如此吗？现实是残酷的。我们中外企业管理培训中心贯彻李鹏同志给我们的一封信中所提到的："希望你们继续做好企业职业教育，这是很有意义的一件大事"的指示精神，至今已过去几年了。我们先后办了战略经营、人力资源、财务管理、营销策略、领导艺术、企业文化、项目管理、个人生涯计划等总经理、中层骨干的业务研讨班，涉及20~30个管理主题，个个受到欢迎，参加学习的学员多时达300多人，少时也有100多人——唯独我们和科技部一起筹办的"技术创新与产品开发"高级研讨班，报名者只区区4人！据统计，我们《中外管理》杂志在近3年，登稿中涉及"技术创新与产品开发"的文章只有5篇，而我们的兄弟杂志就更少。"一叶知秋"，这说明我国的企业、我们的学界、我们的媒体，对技术重视得都还远远不够。

而重视与否，却在决定企业的命运。譬如入世以来，我国不少优秀乡镇企业相继出现了权力转让、领导易主的现象，其原因之一就是原经营者一味固守创业经验，对技术创新不够重视。而相反，科龙新主一上任凭借新技术马上推出新产品，并在半年后扭亏，就是对比鲜明的一例。

想一想，如果在瞬间，人类社会的一切科学技术知识都在人脑中消失了，会是怎样一幅场景？那必是一个茹毛饮血的动物世界。

真理怎能停留在口头？

为此，我们拜访了杭州神力助燃剂公司俞正良总经理，请他介绍技术创新产品开发的过程和经验。他为了助燃剂的发明，废寝忘食，十年如一日，终于发明了高效能助燃剂，实现了在他的厂房小院中铸就一个"永不枯竭"亿吨大油田的梦想。现在，经国家鉴定，这项利国利民的技术终于可以进入大规模生产阶段了，真是苍天不负有心人！

俞总的故事，告诉我们的企业主管：最可贵的精神是科学精神，最可贵的远见是新技术应用的远见，最可靠的经验就是以技术强化核心竞争力，从而真正做到把小平同志提出的"科学技术是第一生产力"更充分地运用到企业发展中去。杨

"担保"，危险！

2002.09

总也说不清的"担保"

我在企业界的一些朋友，因为难却朋友之情，于是以情面为重给人做了担保。这本应是互信互利的好事，但在今天，如果你只受担保优厚条件的诱惑，就可能落入深不可测的陷阱，既不能自拔，又不可逆转，甚至无法向别人解释。你说是为了公司？还是照顾关系？人家却说你是为了自己。于是，你也只有无奈地等待"处理"，独自品味这个悲剧。

那么，不给别人担保行不行？可在今天，你不维持多方良好关系，如何生存？又何言发展？于是如履薄冰、随波逐流地走着，自然成为人们办事的定式，反正天塌砸众人。甚至像"欠债还钱"这个亘古不灭之真理，也成为一句与现实相去甚远的呼吁了。

不去"担保"行不行

个人拆借也陷入怪圈：谁借债不还，谁就是"老爷"，而雪中送炭的借助者、有理有据的债权人却成为"孙子"。债权人虽然想不通，借者却大义凛然，无所畏惧。而有了担保人，受担保者就更加肆无忌惮，这个怪圈的旋转速度也就越发加快，进而就更加促使人们都要有中介。于是银行让企业或个人担保，企业也让企业担保，政府更要让企业担保，人们总认为只要担保人有实力、有声望，只要从担保人那里拿到一张担保书，就一切稳如泰山，万事大吉。实际上完全不是这么回事。有的人，所以要千方百计地求人担保，他是让担保人进入他所设的圈套，好让担保人垫背；有的人，大量举债，甚至逃得无影无踪，也正是已经有担保人。所以，担保人往往是有实力的、也是让人信任的"大单位""国家单位""上市公司"，以求让人"放心"，再加上担保人所得实惠诱人，于是，担保一事往往一拍即成，但从此也险象环生。

"担保"链条一旦崩断……

最终的结局往往是"大单位""国家单位""上市公司"做保的负责人承担全责，倒霉的担保人就此名誉扫地，甚至受刑事处分，而老百姓的辛苦钱也随之付之东流。据不完全统计，2001年作担保的上市公司有460多家，担保总额在686亿元。这些最大的作担保的40家企业担保金额占总金额的1/4，平均每家担保额4.3亿元。一旦有一家因担保风险受到清算，就将成为多米诺骨牌，发生连锁反应，整个担保网就会被撕破！其经济风险之大，可想而知。

目前，有的企业因担保而使自己资不抵债，有的公司几亿财务互保而身陷囹圄，也有的企业因担保而倒闭关门，其领导人的遭遇令人唏嘘难平。

如何才能"担"得起

企业，可要警惕啊！担保是好事，也可能是陷阱，我们必须认真对待。

第一，给人作担保，不能仅仅顾及情面，要从对方求保的根本目的下手，摸清求保人的为人做事的诚信记录，多方深入了解才行。要想到担保一旦出了事就是大事，而出了事，那些什么"感情""关系"又有何用？

第二，企业互保，要摸清对方有无担保的真正经济实力。互保时要想到互相已经是拴在一条线上的蚂蚱，须知"祸不单行"。

第三，对那些出于一时己利的恶性担保要小心，尤其对上市公司为大股东或关联企业担保，要警惕，有的企业是为了便于他们掏空上市企业，为此而担保，这是最危险的，不可不防！

2002.11 盛会在即，恳谈企业家精神与创新

企业家难当

一年一度的官产学盛会又将于本月23日在钓鱼台国宾馆召开！记得，每次会后老总们总是喜形于色地对我说："参加这个会只用3天，但所得信息可以管我一年！"自此，这句话也就成为了我们的矢志不渝的目标和使命。在这里，我们《中外管理》杂志社的同仁热烈欢迎企业主管到会进行信息大交流，同时衷心祝愿我们所有企业在2003年一路走好。

春都集团董事长赵海均在他的专著《破解中国经济之谜》一书中很有真情实感地说："企业难做，企业家难当。"在这次恳谈会上，我们要探讨的一个内容，也是有关企业家精神的。

难在何处

企业家难在何处？或说企业家精神可贵在何处？我想来想去想到新兴铸管老总范英俊说的一句话：当个企业主管，就像把超重的大石块推向山顶，不能停留喘息，更不能给个人跳脱自找出路，只能一个劲儿往上推，否则人石俱下，一命呜呼。这个比喻真是太贴切了。那什么是推巨石上山的关键呢？我想大家会同意：那就是在体制上、技术上、文化上不断推陈出新。

难在创新

有一天，美国施乐百公司CEO马丁尼兹突发奇想，他要向所有干部员工提出一个问题，要大家立即回答。这个问题就是："明年、明天，我们需要向顾客提供什么比今年、今天更好的东西？"出乎他意料，大多数人对他提出的问题居然感到莫

名其妙,甚至回答:"现在我们干得不是很好嘛!"这使这位老总木然。由此可见,当时的施乐已陷入危机而不觉,更多的人都只在为修建一幢世界最大、最现代化的办公楼而亢奋。

后来,事实证明,大楼盖好后,却没有足够的人搬进去。因为,企业缺乏创新动力而使危机像巨浪一样扑过来,企业唯一的救急措施只有大规模裁员。而担任CEO的马丁尼兹只好拼出死劲来挽救这个沉睡不醒、忽视创新的巨人。

可见,创新是企业的灵魂,是企业的命脉。

创新难在戒躁

首先,创新的指导思想,或者说老总的出发点要放在真正为顾客着想上,而不是单一去表现自己,浮躁地去追求不实的东西。

举例:美国历史上最大的破产案——安然公司的轰然倒下,震动美国朝野,也震动了世界。作为新经济时代的巨人,年营业额达到1000多亿美元的宠儿,怎么会几个星期就不见了?尤其让人不解的是,安然在创新上是人们公认最有名望的。正因为它创新,使股东信心十足,1999年上涨55%,2000年上涨87%。为什么热衷于创新,热衷于这个企业命脉上下功夫的企业,反而会失败?

经著名权威杂志《财富》、《商业周刊》等媒体综合调查分析,得出结论:财务丑闻只是个近因,而根子在于CEO过于自负。一味追求扩张,热衷虚张声势,大搞能源多元化,一下子使公司失血过多,达几十亿美元,从而动摇了财务基础。怎么办?CEO与财务主管共谋,只好在财务报表上做手脚,即夸大营收、少报负债,并且个人从中渔利。于是丑闻发生了,安然巨厦也消失了。根子里,安然的创新是浮躁冒进的,是不实事求是的。

是的,创新是门学问,是门科学。以上数言,是想说明"企业'止于人',而人立于德"这个真理。而陈锦华会长大声疾呼企业要讲诚信,则是说到企业大军前进的鼓点上了,是时代的声音。

2002.12 从寿星到百年老店的真理

新年就要到了,每人都将长一岁。我作为年届古稀之人,又难免怀旧。记得以前大家生活都不富裕,一见面总问:"吃了吗?"可其实谁又都无力宴请对方。显然,吃饭在当时是最重要、也是最自顾不暇的事。而改革开放以来,人们生活都好了,见面问"吃"的少了,几乎见面都改问:"身体可好?"然后再寒暄一番健体强身之道。这时大家都明白,也都有能力明白:只有每天身体健康、精神愉快,才能益寿延年,那才叫生活。

涵盖人生的"口袋理论"

一次机会,我有幸听到301医院的李大夫给我讲了一个"口袋理论"。他说:人的健康是一步一步走过来的,不停地闯关才有可持续发展的长寿。15~25岁是补好先天破口袋,即闯过先天病这一关;25~35岁是健康迅速成长的"装口袋"时期;35~45岁是家庭与事业内外压力剧增的透支阶段。这个时期,弄不好就会英年早逝。我过去同事中死亡率最高的年龄段也恰恰是39~40岁,而非想当然的七老八十。45~55岁则是年富力强、事业有成的"黄金时代",但也是积劳成疾的做病阶段;55~65岁是生病阶段,此时生的病难以根治,会随你一生;65~75岁的人是处于弱态平衡阶段,此时全身各个部件已早有磨损,一旦有一个部件出大问题,就会"全线溃退"。此时,拥有危机感和平衡意识最为重要。闯过此关则进入75~85岁,才是真正享受生活的新阶段。正像袁宝华同志所说:60多岁工作还没有问题,70多岁只能工作半天,到80多岁每天工作就不能超过一小时了,毕竟此时剩余的生命已可按天算了。

难关重重的企业人生

企业也是活体，它的健康与寿命也与人类似，但寿命更短。现在100多岁的人很多了，但100多岁的企业则很少。据人们统计分析，企业寿命约是人寿命的一半，即40年。它在不同的发展阶段也都和人一样各有其病。早期是先天不足病，如：领导班子水平能力不行等等（1~10岁）。但经过体制创新，即可进入10~20岁的蓬勃发展时期。此一时期的主要病状是浮躁病，严重时是虚夸浮肿病和狂妄自大病。如过此关，则可进入大企业、强企业阶段（20~30岁）。这个阶段的企业才是成熟的企业，已经积累了正反两方面的经验，形成了好的管理机制和好的企业文化，奠定了持续发展的基础。在30~40岁时，企业开始进入老化阶段，容易得"大企业病""老年痴呆病"，如企业这时没有像韦尔奇那样的"强人"出现，将颓势难逃。也正因为这样，百年GE和韦尔奇才成为我们学习的榜样。

只需脚踏实地，执着前进……

那企业长寿的秘诀应是什么？我讲个故事：有个美国人叫伯森·汉姆，他曾声称要徒手攀登纽约帝国大厦——当时世界第一高楼。他成功了，创造了吉尼斯纪录，获得了"蜘蛛人"的赞誉，甚至美国恐高症康复协会都请他作顾问。谁知，伯森·汉姆却是患病多年的恐高症患者！而且已是该协会会员。

记者蜂拥而至，追问其中的奥秘，他却请记者去问他94岁的曾祖母。他曾祖母为祝愿其重孙攀登成功，从100多公里外的葛拉斯堡徒步走来，又创造了老人徒步行走吉尼斯新纪录。她告诉记者说："走一步路难吗？不难，你坚持一步一步走就是了，只要你脚踏实地不摔倒就行。毅力、踏实、执着，就是根本。大目标看似很难，但把它分解成小目标，一个一个攀升，你就会创造奇迹。"我想，人的健康、企业的长寿也大都如此。

柯林斯"二鸣惊人"说明什么?

2003.02

在1996年时,我的老朋友——台湾中山大学企业研究所所长刘常勇教授,曾送我一本吉姆·柯林斯写的《基业长青》,是它使我顿悟了企业长寿之道。

《基业长青》又名《百年企业的成功习性》,它总结了500强企业的共同特点和规律,也正是这部力作使柯林斯名声大振,成为仅次于《第五项修炼》的作者彼得·圣吉之后的又一位管理大师。

不久前,我又收到刘常勇教授寄来的柯林斯新作——《从优秀到卓越》,台湾译作《从A到A+》。我一口气便读完了,深感称其为惊世骇俗之作,绝不为过。如果说,《基业长青》是沿着大家公认的500强中的明星轨迹发掘秘密的,那么《从优秀到卓越》则是摆脱了人们已经取得共识的"想当然",根据自己确定的全新标准,从500强中反复筛选、反复比较后才发现的真正卓越的11家公司,并从他们身上有了"惊人的发现"(柯林斯语)。

我的印象是:如果说1994年问世的《基业长青》,是柯林斯花6年时间总结了500强企业中自1897年以来一直活得很好的企业的长寿经验,以及能持续发展的共同规律的话,这还只是个丰富的露天矿的矿苗,而这本《从优秀到卓越》则是进一步发现了埋在地下的世人罕见的巨大金矿。

《基业长青》是在"企业重整再造""乱中取胜"的时代,是在人们全盘否定管理法则的时候问世的。当时被广为信赖的一般原理正受到质疑,传统理论架构正在崩塌,甚至像邓肯这样的管理大师也说:"企业管理没有原理"。柯林斯是在抱着质疑的态度下决心研究"500强百年企业习性"这个课题的,于是《基业长青》这个"乱世之作"成为企业管理界热门书。《基业长青》问世后,在长达55个月中,一直是美国排名第一的管理畅销书,几乎是企业老总人手一册;在全世界被译成17种文字,总销售超过百万。

一天，麦肯锡旧金山分公司一位叫米汉的管理顾问对柯林斯说："我们都喜欢看《基业长青》，你们的研究工作好极了，书写得也很好，但是它不解决问题。"这一批评，使柯林斯下决心深入寻找企业活得长（近15年来公司绩效稳定高速，实际平均寿命为24年），又活得非常好（股市表现总是优于大盘3倍以上）的"卓越企业"。

柯林斯集中21位专家组成一个调研团队，又花费5年写出了研究报告，发现了许多惊人的事实和规律，提出了与人们常识截然相反的企业经营理念，这就是他的新著——《从优秀到卓越》。

《哈佛商业评论》《商业周刊》以及亚马逊书店都把此书作为"最佳企业管理书籍"推荐给读者。本刊也在此向企业界朋友推荐此书。

那么，柯林斯有哪些惊人新发现？

我阅读此书时，脑子里不断浮现出一个问题：美国人柯林斯组织20多位年轻人，对500强中的企业进行了反复的调查研究，提出了这么多令人耳目一新的惊人发现，不只是大大推动了美国企业的进步，而且也为国际企业管理知识宝库做出了贡献。《从优秀到卓越》这本书仅在台湾省就销售10万多册。目前，我国很多专家学者多忙于培养MBA和EMBA，但我们有无可能对中国的明星企业也摸个底，也来个"惊人发现"，再提出改革与管理措施，如此岂不功莫大焉？

柯林斯能有两次"惊人的发现"，我们来一次总可以吧！这是我们官产学各界共同的期待，共同的责任！

2003.03 借柯林斯放眼2003

最近一段，我却越发感到"经营理念在决定着企业的命运"这句话已深入人心。而企业的理念，首先是企业领导者的理念。值此春回大地之际，作为领导者不妨在品味美国学者吉姆·柯林斯的深刻感悟之余，想一想：我们2003年的经营理念是什么？要做哪些创新？

1. 领导要在顺境中，往窗外看，把功劳归于自己以外的其他因素；在逆境中，则从镜中看自己，反省自己的责任。

这个"窗镜"理论，看似平常，但多数人不仅做得不好，甚至常常反其道而行之。纵然有"知易行难"之说，但我们行之不易，归根到底还在于我们知之不深。

2. 领袖的魅力既是资产，也是债务。

领导者应该是"造钟"（建构永续高速发展的机制），而不是"报时"（只依赖个人地位与魅力和一时的成就到处宣传）。同时，领导者应有清楚的核心价值观和目标，作为一切决策的根据。时下，大多数媒体都在崇拜、宣扬企业领袖，其实这都是心态浮躁的表现。这时，我们企业更要头脑清醒，须知：上届领导人的魅力泡沫所造成的债务，是要由下一届领导人背负与偿还的。

3. 学会把简单事情做好，要比一心多用更聪明。

所有赚钱的事都要干的浮躁心理是可怕的，其结果往往事与愿违。要知道：世界上是有一个GE，但世界上也只有一个GE。

4. "先爬、再走、然后跑步"是成功与进步的有效经营之道。

我们不要一说话，就是"跨越"。"跨越"往往有泡沫虚夸的味道，我们的国家、我们的企业过去揠苗助长的苦头还吃得少吗？

5. 要学会在杂乱无章的信息知识中看出门道，在紊乱中找出秩序，在混沌中理清观念。不管大环境怎么变，自己要有恒定不变的价值追求与法则。

这对所有领导人都适用，尽管柯林斯在这里说的只是自己。

6. 不要把科技当成驱动改变面貌的主要力量。单单科技本身，永远不是企业持续发展与衰亡的主要原因和根源。科技只是个"加速器"。

这是与众不同的新理念，但它的确是真理。这也是我过去用6年时间撰写《科学技术史》之后的感悟。

7. 企业中强调纪律的不多，但纪律可消除官僚制度的禁锢，只有纪律与文化结合的时候，才能创造出企业的神奇力量。

我们现在大谈人本管理，这当然是对的；然而把纪律与制度放在人本的对立面，则是错的。实际上有了纪律与制度，企业才能保持永续创新的活力。名列柯林斯优选的美国11家卓越企业的吉列，其成功恰好是因为所倡导的纪律文化。

8. 员工不是企业的最重要资产。适合企业需要的人才，才是企业最重要的资产。

因此，选人之重在于个性与特质，凡是有疑虑的人、培育无望的人，不能要。精选精育永远是企业最重要的战略。

9. 领导的能力主要表现是：把复杂的问题简单化。历史上的伟大思想家、科学家无不把复杂问题简单化。

这是鉴别领导人驾驭全局的基本标志，事必躬亲不是现代高明的领导。鄂尔多斯总裁王林祥，长时间出差在外，但他不必担心"家"里会出事，这就是企业成熟的表现。

当然，不同企业在新一年的理念都不会相同，但明确新的理念，并坚决贯彻、共同遵守，则是共同的。

2003.04 一个更替领导模式的时代!

最近,柯林斯的《从优秀到卓越》与巴达拉克的《沉静领导》,先后引起了学者们、企业家们的广泛注意。这些领导学新著,使长期被我们忽视的一个本质问题浮出了水面:究竟怎样才是好领导?

发现卓越领导人

柯林斯在《从优秀到卓越》中令人吃惊地发现:经过5年精选出的11家最卓越公司的CEO,居然就像一个模子里刻出来的。他们都不约而同地与锋芒毕露、媒体宠儿、社会名流无缘无份,反而都沉默寡言、性格内向、不出风头,甚至谦恭害羞,而且他们似乎也不在意空降明星那样的天价薪酬。但同时,他们又都是不屈不挠、坚持理念、为企业献身之强人。柯林斯谓之"第五级领导"。

1971年,一位叫达尔文·史密斯的内部律师被选为金百利-克拉克公司的CEO,人们在震惊中都怀疑董事会昏了头。选举后,一位董事把他叫到一边警告他:"你并不够格!"然而,他却当了20年CEO,而且使该公司脱胎换骨,打败了GE、惠普,股票达到股市大盘的4倍多,成为全球数一数二的纸业公司。他的业绩堪称卓越公司CEO的典范,但他却并不出名。就是这样一批仁厚谦恭、意志坚强的"第五级领导",成为了新时代最有实力,也最成熟的卓越领导人。

沉静中的卓越

过去,人们都追求、敬仰甚至崇拜那些英雄领袖式的人物,但很少有人深入研究:真正卓越的新时代领导人应该是什么样?我研究、宣传"领导学"长达20

多年，对柯林斯的惊人发现及其划时代意义，非常佩服。无独有偶，巴达拉克也在《沉静领导》中有了与柯林斯惊人相似的发现。于是我开始意识到：一个新旧时代的领导模式正在更替。

石滋宜博士在《沉静领导》的荐文中指出：过去我们认为成功的领导者办事都是轰轰烈烈的，而卓越领导人并非如此，他们在许多细微甚至是模糊的事情上，能做出与众不同的选择。在一个时期里，他们不曾受到人们注意，所以称他们为"沉静领导"。

英雄领导与沉静领导尽管在柯林斯的研究中只是一级之差（第四级与第五级），但我认为这两类领导人有着截然不同的特质：在作风上，前者浪漫，而后者严谨；在战略上，前者是理想主义，而后者是现实主义；在个性上，前者急躁、豪放与张扬，而后者则注重克制、谦逊与执着；在心态上，前者急于求成，而后者引而不发；在危机中，前者强硬倔强，而后者灵活妥协；在思维上，前者非此即彼，而后者二者得兼；在追求上，前者梦寐"领袖"，而后者甘做凡人；在优势上，前者是艰苦创业的开拓者，而后者是持续发展的成功者；在结局上，前者死去活来，大起大落，而后者则谨慎小心，始终稳健。

在无声中无穷……

巴达拉克发现：英雄式领导人，并不是推动世界前进的主力，主力是那些鲜为人知的"沉静领导人"。他们虽无惊天动地之举，但每日都在谨慎灵活中化解一个个棘手难题；他们没有人们心目中伟人那样的高大形象，但却能比伟人更长久地做更多好事；他们善于在原则与妥协当中，成为组织、部属以及自己事业的真正捍卫者。

也许人们会责怪沉静型领导"步调缓慢"，但网络泡沫破灭之后，我们似乎才意识到：其实浮躁、炒作、虚夸、作秀，才是最大的不负责任。

沉静领导，也许就是新时代旧领导者模式的终结者。

从美伊战争悟管理

2003.05

我曾问国家体育总局局长袁伟民同志:"你是搞体育的,为什么对《中外管理》杂志那么关爱?"他说:"因为战争、体育和管理是相通的。"我觉得他这话很有道理。

比如这次伊拉克战争,至少有如下两点值得我们深思。

一、战争的悲剧,印证了系统思考的艰难

《第五项修炼》的作者彼得·圣吉提出管理者(这里也指政府官员)的修炼在于系统思考。这是市场经济的分工专业化思维走向极端的回归。彼得·圣吉提到:每个人都在做自己认为"对"的事,但整个事件的结果却是悲剧。所谓悲剧,就是把世界上美好的东西硬是砸碎给大家看。现在,伊拉克战争即将结束,但留下的不是胜利者的欢呼声,而是流离失所的妇婴撕肝裂肺的哭叫。这个人间悲剧,不正是代表全世界利益的联合国受到美国公然挑战造成的吗?美国战前对开打急不可待,而战后对掠夺与无序又那么"克制";对瓜分战后利益那么急迫,但对善后人道救援却一再拖延……这都充分说明:美国人的系统思考理论被美国人自己丢弃了。系统思考强调跳出本我,以大局为着眼点,才是管理之本,然而美国逆全球民意而一意孤行,短期内虽快意于一时,但当全世界都受害于此时,美国又怎能独善其身呢?

现在我们听到的,只剩下各国维护自己权益的声明,这不正是系统思考理论所警示的悲剧在新世纪的展示吗?这是伊拉克的悲剧,更是全世界的损失啊!

最近,我有幸接待美国西点军校领导艺术学院的著名领导学专家约翰斯·彼尔斯教授。在我介绍中国领导学的兴起与发展的历程之后,我再进一步说到《第

五项修炼》的系统思考和巴达拉克的《沉静领导》时问他："为什么贵国学者十年如一日研究出的伟大构想，却始终不能在贵国政府中得到实现？为什么现在还是英雄式领导人当政？"教授耸了一下肩膀说："现在的美国领导人也不是英雄式领导人，而是牛仔式领导。"看来只剩下美国科学家还在说实话了。

二、只有打好基本功，才有较量的资本

为什么在伊拉克战争过程中，萨达姆政权口气强硬却如此不堪一击？也许在于双方实力之差太悬殊了。尤其是伊军的指挥系统在开战之初就失灵了，有的军官甚至声称开战以来就从未接到过任何上级的命令。试想一个专制独裁的体制，假如信息系统陷于瘫痪，它马上就会崩溃，也难怪在战争后期形势急转直下，甚至怪相丛生，令众方家大感不解。

可见，一心一意地增强自己的基础实力，进而强化自己的现代化科技手段，也是我们企业提高抗风险能力的必由之路，否则难免弱肉强食。

不久前，我应约去一汽集团，所见很是兴奋。使我兴奋不已的并不是一汽与德国大众和日本丰田合作将达到百万辆的生产规模，而是从集团决策层到基层骨干，同心同德、共谋共议着眼于基础管理的临战气氛，务实求真、稳扎稳打的平和心态。这对于一家正在蒸蒸日上的企业来说，是殊为难得的。

出于这场战争告诫大企业要灵活应变：一是增强实力，先要搞外包，从而摆脱大而全的困境，轻装前进，实现社区化；二是要建立信息与政策的研究中心（参谋部），在掌握可靠信息的基础上提出应对务实的方案和战略举措。

2003.06 面临"非典"的挑战

思考"非典"危机

"非典"之战,是人类社会于2020年进入"生物时代"前的一场前哨战。

"非典"之战,是人类为了自身的生存,与多种病毒(非典等)进行的一场持久战。

"非典"之战,也必将是一场加速"生物时代"到来的攻坚战。

人类史证明:防瘟抗疫,是人类面临过的,比反侵略、反恐怖更加艰巨的无形战争,因为病毒无孔不入,隐身遁形,而且花样翻新。它们在与人类的内在免疫力、外在抗生素的对抗中,不断通过变异向人类社会发动了一轮轮新的进攻,几乎防不胜防。

那么,面对突如其来的危机,我们怎么办?我们作为管理者,该怎么办?

命系"第一时间"

首先,在巨变、多变、快变的当今社会,不可能指望掐指一算就预知天下事,而最终决定一切的,是应变机制与应变能力。这正如人们常说的:"胜利永远属于有准备的人"、"没有预见,就没有管理"、"不懂危机管理,就不是现代领导者"。

而大敌当前,一些地方有关机构及其领导竟然一再对"非典"的入侵视而不见、麻木不仁,甚至欺上瞒下,足以证明我们个别领导者的官本位思想依然严重。虽然这些不称职的领导已经被中央果断撤职,虽然此举赢得了全世界的一致好评,但是,终难免有亡羊之憾呐!

而引人关注的是,世界卫生组织于4月30日宣布:越南从4月8日以来一直没有"非典"新病例，大大超越了潜伏期，因而成为世界上第一个摆脱"非典"肆虐的受感染国家。相比之下，加拿大、新加坡等发达国家却反而不如经济落后的越南，究竟为什么？据报刊分析：这在于疫情刚刚的"第一时间"，越南就率先请到了世界卫生组织的传染病专家乌尔巴尼，并在其做出"非典"诊断后，迅速大范围隔离疫区，并发动了声势浩大的防"非典"运动。结果收效很好，代价只是包括该专家在内的5人死亡，成为了不幸中的万幸。我们总结其经验，就是"应变果断迅速"，成功把病毒抑制在萌芽之中。

想当年，三株老总吴炳新在遭遇常德危机时，也只不过因一时疏忽，以为三株口服液千万人都安全服用过，怎么可能突然就喝死一个老头儿？于是在"第一时间"没当回事儿，结果直接损失就好几个亿！年营业额达几十亿的三株差一点就冤死于此。现在，三株虽然又通过"生态美"等新产品而东山再起，但我们做过企业的都清楚，这是多么难啊！

可见，在"第一时间"，我们能不能迅速做出正确反应，其结果将天差地别。而建立通畅的危机信息渠道，做到应变机制明晰化、日常化，从而真正强化应变意识、提高应变能力，则是我们在复杂多变的环境中抓住"第一时间"、实现处变不惊的最重要基础。

三问危机管理

其次，我们在实施危机管理当中，还必须要坚持三问：

一问："事业大堤"是否有蝼蚁之患？其后果是什么？连锁反应会是什么？

二问：危机的根源是什么？危机扩大的途径是什么？过程如何？

三问：危机信息能否不打折扣地迅速上传下达？我们的应急措施是什么？

俗话说，危机既是危险又是转机，是在十字路口重新选择的良机。坏事的发生我们不可能完全避免，该怎么办？但把坏事变好事，却是我们领导者责无旁贷的。温家宝总理讲"多难兴邦"，很值得我们深思。

在这个信息时代，在这个隐瞒与谣言并存、坚强与脆弱较量、果断与推脱斗争的时代，我们中华民族正在经受一次考验。5年后，我们的国家还要举办奥运会，我们的企业还将登上世界舞台，为此，我们必须要为随时应对不测事件而做好思想、机制上的准备！而每经历一次挑战，我们都只会变得更加坚毅和强大。"塞翁失马，焉知非福"！

2003.07 "非典"与文化

在"非典"肆虐的高潮,管理者想得最多的是危机管理和文化。现在"非典"已近尾声,思考作为深层问题的文化缺陷,就显得格外重要。

令人面红耳赤的"悠久文化"

我们是受"非典"之害最严重的国家,患者多达几千名。这是偶然,但也是必然。作为一个民族、一个国家或一个单位、一个企业,都要想想这里的深层次文化原因。

先说科学精神与合作意识。按道理,对此次"非典",我国的"实践"较早、经验最多,理所当然研究成果应最丰富,但我国"非典"权威人士钟南山院士却遗憾地表示:重要成果基本都是外国首先研究出来的。为什么?因为我们做试验研究的拿不到足够的病毒样本,而掌握病毒样本的又没有科研能力。要害在于不协作,更勿论默契。而这里的根源是什么?是文化,是中国人之间缺少合作的文化!与日本人比较,这是我们最大的弱项。当年我曾带团去日本,说好各单位与日方统一交涉,但到了晚上,却发现各单位都在偷偷与日本人单独交易。当年我也曾多年向日本合作部门派人去工作学习,因我们人员不足,曾请一位外单位人代替。结果,他居然建议日方今后不要再与我们联系!日本人对此极为厌恶。看看,我们各打小算盘、背后捅刀子,已到何种地步!在这种文化下,我们还能指望同心协力、领先世界吗?

再说道德品行和卫生习惯。我国随地吐痰之恶习至今未能绝迹。我曾亲历,在"非典"时期,居然仍有人会往出租车门把上涂抹口香糖!这在西方文明国家是不堪设想的。到过新加坡的人都知道,一下飞机,当地人就会要求每人把口袋清理一下,以防废纸掉在地上受罚(据说为此要挂牌监督劳动若干小时)。而在马来西亚机场候机大厅,墙上更明晃晃标有6个很大的汉字:"请勿随地吐痰"。下面才是其他国际语种。这时,我们中国人倒成了"第一",多么刺眼,多么脸红啊!

记得,我第一次去香港,是由日本回国中转机,发现两地卫生环境,相去甚远。也正因为日本人的"洁癖",使他们此次能与"非典"绝缘。我在日本工作期间,就曾扪心自问:只相当我们一个四川省的日本,其经济实力却是我国经济实力的4~5倍。它靠什么?自然资源?不是!地理环境?不是!人口稀少?不是!只一点不同,那就是他们"过分"认真严格。我国文化太讲求"随机应变",太随意:本来有法律、法规和准则,但他偏要随意地"批条子",以显示其特权。实现以法治国,以德治国,首先就要消灭"随意文化"。

有了先进文化,软硬两手才会硬

在硬的方面,我们执法要严。早在2000多年前,赵国一个姓董的正直文人受命当官。一天,他正在愁思"三把火"而无以为策之际,下人建议他去石邑山散心。上山后,发现一万丈深涧,站立岸边,陡峭岩壁令人头昏腿软,不敢下视。他问随员:可曾有乡民下去过?答:没有。又问:莽夫、勇者可曾下去过?又答:无。转身问一樵夫:可有疯子、傻子下去过?答:未见。又问:可曾有猪、狗、牛、羊下去过?亦答:从无此事。此时,为官者顿悟:法治的要害,就是让人害怕。

在软的方面,我们反映民意的政策和指点方向的方针要到位。如果说立法执法在于严,那么政策讲话则在于理。即:不讲官话、套话,要讲真话、实话、心里话、解决问题的话,把民众(对企业来说,就是顾客、股东与员工)利益(不是个人升迁)真正放在第一位。

总之,从这次"非典"劫难中,我们看到了众志成城,但更要看到我们5000年深厚文化底蕴中的糟粕,那就是割据文化和随意文化。

2003.08 人、文化、管理

爱因斯坦谈管理

1952年10月，以色列总统去世。"国不可一日无君"，政府官员们极力推荐爱因斯坦接任总统。其一因为他是犹太人，其二因为他是全世界最受尊重的大科学家，请他出山，于国和他本人都有好处。于是对该倡议，议会一致通过。谁承想，爱因斯坦接到邀请函立即写了回信，内容完全出乎大家预料。爱因斯坦在回信中说："我这个人，自然科学也只懂得一点儿，关于管理我一窍不通，因为人是最复杂的，至于治国就更不要说了。"

爱因斯坦的回信说明了三点：一是指出人是世界上最复杂的。二是指出管理就是管人，因而管理也就是最难办的事。三是说明爱因斯坦的科学文化与世俗社会的官本位文化格格不入：人们总把担任象征国家权力之巅的总统看成是至高无上的，想当然地认为爱因斯坦一定会欣然应允。其实，爱因斯坦的文化指向是追求科学，而并不把当大官当回事。这成了"视权贵如粪土"的最好注脚。

管人源在管理文化

俄国大思想家车尔尼雪夫斯基曾说："人，需要有丰富的知识、有思考的习惯、有高尚的情操。没有丰富的知识就会愚昧、没有思考的习惯就会鲁莽、没有高尚的情操就会鄙俗。"这表明：人的本质是由知识、思考和情操三要素构成的。显然，知识是基础，人类制造工具就是通过创造和使用知识开始的。而思考的习惯是人成其为人的核心，没有思考习惯，谈何创造知识？又谈何遵守道德？同时，思考又是围绕人们的追求而存在的。而追求什么，则就是人的价值观，就是文化。

文化是由科技知识、艺术修养、价值取向、法律意识和道德情操组成的,其核心是价值观,即喜欢什么?追求什么?价值观在决定人的一切言行习惯。同理,政府、企业的管理靠什么?靠的就是通过好的政策、制度来规范和诱导人们的正确行为,使之形成好的习惯,所属成员的习惯与一致追求就形成一个组织的机制与文化。什么是机制?机制就是通过制订好的政策、制度形成先进文化的结果。

　　说到这儿,什么是管理就清楚了。管理就是要使得民众、员工在事业与理想的追求上一致,和向新的、好的、进步的价值观转换,从而达到事业稳定发展的目的。

正视"随意文化"

　　上期我谈到了"随意文化"在中国的泛滥,它完全背离"先进文化"的要求。"随意文化"的结果是"制造"出了一个落后文化:从随意吐痰、随意批条子、随意用人、随意仿冒、随意谎骗、随意赖账,到随意犯法。这是需要严加整饬的管理对象,又是树立正确价值观的教育过程。从根本上说,这也是治理一个组织的基础管理过程。

　　总之,在非典之后,重中之重是正视"传统"文化与基础管理之间的挑战,有知方有行。

> 没有信息就没有管理。

2003.09 员工持股与股票期权的瓶颈是非

本刊"华为股权迷局"引起了不少民营企业或实施了员工持股企业的关注。我也想就此谈些看法。

华为股争是个案吗？

我最早听到员工持股的消息是在1992年。当时一家西班牙跨国公司实现了员工持股，它通过员工持股实现了"人人是企业主人，从而调动员工积极性"的目的。其办法是：公司每接受一位新员工，都要先进行谈判。对方要明确决心到该公司工作，公司也感到很需要这样的人，并确定双方各种有关承诺与选择之后，签订协议书。协议书的重要内容之一就是"员工持股的有关事项"，对于新来员工要根据其到该企业工作的岗位职责大小、贡献程度来协商确定应持股份。

而当时，我国刚刚进入市场经济，虽然人们都说"员工是企业的主人"，实际上也只是说说。但是，集体企业与乡镇企业已经先一步意识到：企业必须让员工真正成为的主人。于是它们对员工持股与合作股份制产生了浓厚的兴趣并开始试行。但问题是，国家没有立法，操作也不规范。在大家心里都没底的情况下，自然也就缺乏透明度，最终也就不可避免地出现今日华为股权纠纷案这样的事情。这不是个案，而是时代的产物。

全员持股是自杀吗？

有一次，我到天津一家很大的国营厂去讲课。刚到厂长办公室，还没坐下，厂长就说："杨教授，我办错了一件事：我让员工都入股了。现在可倒好，大家都是主人了，我成真正的'公仆'了，连请客吃饭都有员工监督，说我花钱多了。"我不知如何回答是好。但当我到职工食堂吃早点时，不禁大吃一惊：豆浆、牛奶、油条……应有尽有，而且全部免费，其盛况非常像1958年吃大锅饭。这时厂长解释说：这是股东代表大会一致通过的（那时只有员工是股东），我无权干涉。我的工资只比员工多几块钱，这也是代表大会通过的。

后来，有一次我问一位日本企业家西村和义："你对员工持股怎么看？"他斩钉截铁地说了一句话："这是对企业命运的不负责任。"当时，我还将信将疑。后来，天津那个企业果真衰败了，那位厂长也另谋高就了。我开始隐约有些明白了，但又感到明白得还不够透彻。

期权之殇是碰巧吗？

近日，突然听闻微软这个美国高科技企业的"旗舰"果断中止了当年公认的"金手铐"——期权制度；同时，又正逢国内电讯"领头羊"华为遇到员工持股纠纷，我马上意识到：时代已经变了！原先的办法已经跟不上变化的现实了！

确实，体制上的缺陷，常常在初始阶段难以发现，只有在执行几年后才会浮出水面。美国人也是在安然事件曝光以后，才知道神奇的期权原来也不理想，于是讨伐期权者与捍卫期权者吵成了一团。

显然，28岁的微软中止期权制度，意在为自己的成年阶段建立新的企业文化：过去是玩命干活儿、闪电致富、以企为家的时代；而现在，是工作与生活并重的新时代。故事没有了，美梦没有了，有的是回归现实。

是时代在变

在这个巨变、快变、多变，又万事难以预测的时代，一成不变的股东体制本身，或一成不变的期权制度已不能"应变"了。更好地"应变"股权体制，应该破壳而出了。

2003.11 CEO要学会讲故事
推荐《管理故事与哲理》

为什么要讲故事？

人们都知道，MBA或EMBA课堂上最受欢迎的老师是会讲故事（案例）的老师，如果只会讲空道理而缺乏故事后盾，那他注定要提前下课的，因为他讲课没有说服力，他那个"理"服不了人，而且他那个"理"也无法让人们记住。可是一个具体又生动的故事，却可以让人一辈子忘不了，而且话不需要多，道理不用多讲，只要最后能画龙点睛的一说就行了。

或许有的理论家会说：没有原理，就不成为科学。这话是对的，但管理科学不同于一般理科、工科，它至今仍是实践性很强的科学。

管理大师邓肯说：管理没有原理。我想，这位管理权威之所以这么说，就是因为管理科学是一门实践性、艺术性都很强的学问，它比别的科学更需要"实践出真知"。

为什么管理无原理？

前不久，我到福州厦门去讲课，主办单位领导让我接受福建省电视台，据说是最受观众欢迎的频道著名主持人黄土的采访，她开门见山地问我："您写的书中提到管理大师邓肯说'管理没有原理'；您的书中又说著名管理大师杜拉克说过'任何成功企业都不可能为别的企业提供现成的、可行的实践经验'。照您这么说，管理科学既无理论，又无实践了？"我听到这个十分具有挑战性的问题，十分兴奋。其实这两位大师在此就是要强调：管理学特有的艺术性与实践性。

道理很明显，一些世界著名企业家（如很受日本人尊重的"合理化先生"土光敏夫），他们出席活动的影响力甚至比一些国家领导人更有份量，更能表明此活动规格之高。另一位日本"经营之神"松下幸之助在讲到他的成功经验时，只说了一句话："下雨打伞"！这是什么意思？就是说：要根据实际情况，做符合逻辑的事。强调的仍是实践。不只是日本，港台地区的著名企业家，如台塑的王永庆等，在讲到企业管理时的口头禅也就是"合理化"而已。可见，他们是那么一致地强调"实践出真知""实践第一"。早在二战之后，杜拉克所发表的里程碑式理论著作，就是《管理实践》。大师们"心有所思"的总是反映实践真实性的故事。

为什么管理无经验？

那么他们又为什么说没有现成的经验可用呢？道理也很简单，因为他们把管理看成科学，更看成艺术，即任何企业的经验只能是一个故事，它对别人只是启示，而不能照搬照用。所以，它只是个艺术品的故事，而不是放之四海皆准的经验。

世界著名管理刊物《哈佛商业评论》的高级战略编辑琼·玛格丽塔有句名言：经营管理者最重要、最困难的职责是寻求应变，在变化中掌握不变的东西，即从别人的故事中找到对自己企业有用的理念和思路。这就是企业管理所追求的合理化过程。

也正出于这个思路，我们《中外管理》杂志的编辑们同心协力地出版了第一本《管理故事与哲理》，以达到在变化中找到对自己有用的理念。

CEO不能只有思路

可是作为企业领导人，自己有了今后的发展思路、理念还不够，还要像韦尔奇那样，每月给骨干员工讲一次课，让大家有个共同的愿景和目标，实现同心同德的企业文化。怎样说服大家呢？最好的办法就是讲故事。我们今年出版的这本增刊，就是给大家提供讲话引经据典时所用的故事。它一定使您更有智慧，讲话更加风趣、深刻而生动。我们特以此书作为献给本刊读者的新年礼物。

2004.01 大亚湾归来的感悟

日前，我从广东核电集团学习归来，感悟颇多。此前，核电集团刘总多次约我到大亚湾，都因故未能成行，此行颇有欠情还债的愧疚。但两日内三次座谈、一次参观，着实使我饱尝丰收之乐。

什么是真正的英雄本色？

第一感悟：与广东核电钱总、刘总、郑总两天的交谈给我的印象，与不久前结识的铁道第一勘察设计院林总、青岛港集团常总与长春一汽领导一样，都不愧为国家优秀企业的"沉静式"卓越领导。他们的共同特点是：默默无闻、埋头苦干、谨慎前行，他不是在民众与领导部门的赞扬声中成长的，而是在成就伟业与崇高目标的高压下，在上下左右错综复杂关系的烦扰中，克服种种无以言状的艰难困苦，一步一步，夜以继日地完成着令国人引为自豪的事业。他们支撑着我国的繁荣经济，他们使我国在世界上的声誉蒸蒸日上，但他们不求名、不张扬，具有"沉静式领导"的风范。他们虽朴实无华，却令人肃然起敬。他们的理念是：成就与业绩是机会给我的，事儿是大家做的。他们相信：不是"英雄造时势"，而是"时势造英雄"。正像大多数诺贝尔奖获得者、世界上公认说真话的科学家们所说的：和我一样或比我强的人很多很多，我只是一个机缘巧合的幸运之人。托尔斯泰在《战争与和平》一书中说：伟大的领袖无不是在历史推动中产生的，而这个历史推动是数不尽的平凡之人一点一滴功绩累积而成的。诺贝尔和平奖获得者、哲人史怀哲说得更透彻："人类追求理想的过程中，只有非常微小的部分是众所周知，而众所周知的部分与人们未知部分的努力之总和相比，犹如浮在大海波涛中微不足道的泡沫。"这话很值得体味，有巨大成就的企业经营者的价值观和心态，为什么总是那么心安理得，平静地生活和工作着。

想想国内外失败的企业家，共同之处都是忘乎所以、不可一世。想当国家元首的韩国现代集团老板郑周永，就因此而使企业四分五裂，自己也过早离开了人世，甚至继承遗愿的儿子也为此自杀绝命。俄国的"企业沙皇"霍多尔科夫斯基也想入主克里姆林宫，却最终"住"进了监狱。想想这些走上不归路的英雄，不禁令人扼腕。

广东核电刘总一句话给我留下深刻印象："人要做成点事儿，是在许多'一念之差'的正确选择中前进的，一次错误则前功尽弃。"

这只是大亚湾的成功？

第二感悟：大亚湾的成功，不只是一个核电站的成功，也不只是填补了无煤少水（落差）的粤港电力缺口，而是对更多企业有指导意义的经营理念的成功。如：外包经营理念使核电工程上下游许多濒临倒闭的企业重新获得生机。

大亚湾的成功，是把法国先进技术与我国文化、管理相结合的成功，是充分发掘大亚湾一切资源与"一切从零开始"相结合的成功。至今，美国核电点火实验最少要经过七次停机调整，而大亚湾做到了一次点火调试成功，创造了不停机点火发电的奇迹！其内部安全管理万无一失。这表明：在这个"不创新就死亡"的信息时代，在中国有些大城市红绿灯都停电的情况下，如果能使大亚湾实现"大规模工业化生产"，岂不是幸事好事？！

但企业的持续发展，又多么需要政府有关部门政策的主导与支持，多么需要学者的管理与技术的知识和智慧做后盾啊！如今，官产学携起手来，突破政策滞后、体制老化、协调不力的"智障"，已然刻不容缓。让我们不断为优化"企业生态"而共同努力。杨

2004.02 行业协会要大显身手！

应中国工业经济联合会杜金陵常务副会长、吴敦廉秘书长之邀，我参加了各行业协会会长、秘书长联谊会。

徐匡迪会长在讲话中提到，全国工商界有400多个行业协会，各省市还有一大批行业协会。他认为行业协会应该是企业家之家，应成为促进各行业发展的谋划与合作的群团组织。

20多年前，我曾在日本经团联做过一次演讲。到会的多是日本战后第一代企业家，有的走路都困难，还坚持参加行业协会活动。我随后访问了经团联下属的中国研究所，得知：日本政府的重大经济决策，都向经团联、同友会等四大行业组织征求意见。不经同意，政府不会发布工商政策。

日美电视机大战的启发

我至今难忘14年前在为1000多位司部级干部讲课的备课中，所收集到的日本家电行业、钢铁行业组织帮助企业参与日美行业大战取得成功的故事。20世纪60年代，美国电视机的强势咄咄逼人，大有横扫欧亚之势。电子工业很落后的日本，看到了电视机带动电子工业发展的战略地位，便在电子工业协会内成立了由主要厂商与日本政府官员和学者参加的"日本家电市场稳定委员会"，制定了五步走的策略。首先是利用美扶日政策，迅速组成家电技术与管理队伍赴美一对一学习，并强化行业情报机构；还通过海关贸易壁垒政策严防美国电视机在日本登陆。美国挺到1962年，不得不向日本出卖电视机技术许可证。此后，日本在生产技术上赶上了美国。

在"防守"与"仿效"两大策略取得成功之后，日本行业协会又成立了"电视出口委员会"，制定"反攻"策略，实行以国内高价盈利支撑低价出口的政策，利用日本工资只是美国1/8的成本优势，并用高补贴等办法对美国厂商连连打压。到1970年，美国电视机厂商全线溃退，日商乘势收购了美国所有的电视机厂。从没有电视机到赢得美国市场，日本只用了15年。此时，美国政府才决心打日货倾销官司，但为时已晚。这使得20世纪80年代的日本家电称霸全球。

实际上，这都是日本行业协会组织企业联合作战的成绩。我曾问三强同志："我们怎么办？"三强同志当时说："我国政府强大，只能政府做。"但现在，我看已到发挥行业协会作用的时候了。前年，中国企业家协会陈锦华会长接受本刊专访时，就深信："发展协会群团作用的时代已经到来，群团与政府、企业是社会进步与稳定的三大力量。"而去年温州商界群团打赢打火机倾销官司的巨大胜利，已经有力地证明了一切。

学习徐匡迪讲话的体会

徐匡迪会长的讲话，使我看到了行业协会未来发展的巨大空间，很受鼓舞。徐会长第一句话就点到了行业协会的要害，也就是十六届三中全会精神中反复提到的一句话："按市场化原则规范、发展协会。"

那什么是"市场化原则"？徐会长提到三点："一是彻底转换政府职能，给行业协会发挥应有作用的空间；二是政企分开，在行业协会的主导作用下，实现企业与国际接轨；三是消除思想性障碍和体制性障碍。"前两条是第三条的表现，因此第三条最重要。从而可能实现"独立、公正、规范、专业化的市场中介服务机构"。这个"独立"应该是第四点。

如何从计划经济的官本位转向执政为民的民本位，则是核心问题。我想应让更多的事业单位、非营利群众组织、专业性较强的媒体或中介服务组织直接对社会承担全部责任。目前，有的单位对社会做工作，但让另一个不了解情况的单位承担责任，而关系到自身前途命运的大事，自己反而没有发言权，致使一些正常的经济行为被扭曲。这些现象的出现都是思想及体制障碍的结果。

行业协会是政府与企业的纽带，是在掌权的政府与赚钱的企业之间，既无权又无钱的非营利的、服务于企业的"专业化市场中介服务机构"。它应在政府与企业之间起到凝结剂与润滑油的双重作用，从而与政府、企业一起，成为社会不可须臾离开的三大支撑力量。

2004.03 人·兽·权

春节过后,热闹与喜庆刹那归于静默,犹如一艘快艇离开热闹非常的码头,驶向水面如镜的大海,宁静而致远。

年前,为了完成领导交办的任务,要与人沟通、协调以求共识,我处心积虑地追求"圆满",只为给自己留下一个"纪念"。过程中使我深深感到人在"权"的面前具有的复杂而又意味深长的心态。今年是猴年,不妨先讲一个关于猴王的故事。

猴王沉浮的故事

一位一生专门从事动物行为学研究的权威——多尔尼克博士讲述了他对猕猴的观察和体验。

多尔尼克发现群猴也是生活在等级森严的"制度社会",于是从猴王到"基层"小猴的心态与行为,都是那么像人。猴群在猴王统一掌控之下的等级社会是如何管理的?是如何让"下属猴子"听命的?猴王又是如何"改朝换代"的?

一天,一个猕猴没有把自己采摘的果实首先送给猴王,猴王大怒狂叫,群猴为了向猴王效忠也群起而攻之,几乎所有猴子都跟着尖叫起来,不少猴子用粪便抛向那个低头认罪的猴子。现象表明:越是生活在金字塔底的小猴越发疯狂,因为它越需要自我保护。可怜巴巴的"罪猴"跪服良久,以示臣服。猴王与群猴为这一面倒的胜势而感到无比愉快。

猴王就是利用这样一次又一次的惩戒"事件",使自己的地位得到巩固,"声望"也不断攀升。每次胜利之后,猴王都在恭顺而静默的群猴面前跳来跳去,大声喊叫，以示唯我独尊的气势，好像是说："我出类拔萃，只有我能领导你们。"

但猴王并不以此为满足，它有时独自攀登自己领地最高处咆哮、呼叫，甚至挥舞拳头，敲打前胸，以示自己气吞山河之势。它的威严使它孤独而"高处不胜寒"。它蹲在高处紧皱眉头，遥看山外与俯视脚下群猴，心事重重，若有所思。因为，王外有王的威胁与群猴谋逆的暗流使它忧郁不已。尤其在自己病老之时，群猴开始无所畏惧，而其中具备实力的一伙"少壮"则开始联合行动，垂垂老矣的猴王开始心有余力不足。猴群就此改朝换代。老猴王在恶斗落败后，不仅遍体鳞伤，而且被贬为"民"，通常离辞世也就不远了。

行为科学家的结论

研究动物行为学的多尔尼克谈到此处，有了科学发现："动物与人都有主宰同类的本能要求，都有追逐权力的本性。"当然，人在使用谋略、手段以及舆论攻势的方式、方法等方面，是动物望尘莫及的。为什么千百年来，人类对权力的疯狂追求从没有间断过？多尔尼克的结论是：本性使然。人们认为权力是管理、控制和支配人、财、物的资格。英雄豪杰是以自己的智慧和力量为后盾，又是以牺牲自我来获得理想和事业成功的满足；一般常人更多的是追求生活舒适与幸福的满足；而独裁者、小人、嗜权者则是通过不正当手段，窃取其追随者的"忠诚""贡献"而获取权位，但与英雄不同的是，他们的野心只会使人们遭受苦难，使事业遭到损失。

我从上述多尔尼克的动物行为学结论想到人类行为科学大师马斯洛的学说：人的需求层次由生活到安全，再到追求人们认可，进而要求有管理自己的自主权力，最后的终级目标是"自我实现（绝对权力）"。人提升需求层次的过程，也是人生追求的必然过程。最近重看《雍正王朝》尤有此感。

官、产、学三股道上的车

2004.04

美国商业大师疾抨"学者之道"

最近，大名鼎鼎的《注意力经济》作者达文波特在刚推出的《最优理念》一书中提到："在理念管理决定企业命运的时代，没有任何一个理念在企业管理中能自然得到应用，都需要向企业'推销'。谁去推销？应该是智商很高又专一而自由的研究管理的教授们，这是责无旁贷也是当仁不让的。我想，如果商学院的使命不是传播理念的，那么，它又是什么？"

达文波特又指出："美国多数商学院，以及栖息在那里的多数教授们已少有创新理念，即使有了，它的阐述也还不够通俗易懂。正是学者们这种严重刻板又思路狭窄、晦涩难懂的'学术论文'受到奖励、荣誉和升迁。他们几乎不怎么走入企业、了解企业，顶多也就是利用MBA学生的数据作支持写些在逻辑上'明确无误'的'理论'。管理科学研究早期，还有埃尔顿·梅奥的结合实际的霍桑试验，到现在连学术论文的摘要，企业管理者都看不懂了。可悲的是，他们为了保住自己的职位和晋升空间，决心在这条路上走下去。他们的'学术'成为在职管理者不敢问津的荒漠。"

大家看到这两段话，有何感触？彼得·圣吉的《第五项修炼》、柯林斯的《基业长青》、《从优秀到卓越》都是深入企业进行多年调查研究的成果，但即使如此美国学术界还是遭到了达文波特的指责。学者教授的价值取向应该何去何从？

探问官员内心的"理性思维"

我从1984年开始，前后近20年有幸给各级领导干部讲课。有一次，我和60多位市长去昆明学习10天,每天在一起参观、学习、生活。一天,我突发奇想问这些市长:"你们感觉市长班的管理课程怎样?"他们说:"我们在大学多不是学管理的,当市长以后,也看了不少管理的书,但听您讲,系统、深刻多了。"我又问:"可有用?"大家笑了,我问笑什么?一位市长说:"没用!"我大吃一惊。因为我连续为市长班讲课已有12年之久,结果竟然是"没用"!我无奈地问:"为什么?"一位市长说:"对我们当市长的来说,最有用的不是管理知识,而是了解上级想什么?我们做了,才有前程,否则,最多只当一任。"在场市长无不赞同。于是我联想到历史书和历史剧反复出现臣子千方百计了解皇上看什么书、想什么事的情节,且看很多官员的价值取向是何等明确……

官、产、学何日真正合而为一……

既然学者追求高贵"学术"价值,使自己攀升;官员追求在领导心目中的地位,才有发展,那么"学术价值""领导心目中的地位"一定与国家事业利益完全一致吗?这个答案是显而易见的。因为它与国家命运、经济发展、企业生态环境、行业发展政策常有脱节。人们期待:官与学也像企业一样,都为发展经济共同努力,让这三股道上的车朝向一致!

因此,以政府的政策法令为主导、以企业持续发展为中心、以专家教授的知识智慧为后盾,三者不是三股道上的车,而是互相切磋、互相促进,我国的经济发展必然久盛不衰!

这也是本刊在创刊时,三强同志就强调:"要抓住官、产、学联手工作这个准则,它可以使我们工作事半功倍啊!"10年前,田纪云给本刊来函表示:"官、产、学共聚一堂研讨经济管理与企业经营,这种形式很好,希望能把这种官、产、学共商国是的好传统坚持下去。"我们贯彻这一指示,至今已有13个年头了。

说老实话,当时对此认识还很肤浅。今天,越发感到它的重要和困难,在于官产学共同走在"以人为本"的一条道上。

呼唤"科学发展观"

2004.05

最近,我到西安、沈阳和青岛,与企业界朋友们交流了对"以人为本科学发展观"的理解和认识。

什么是科学发展观

什么是科学发展观?我联想起1994年,江泽民同志指示要写《市场经济》与《科学技术》两本书,我是《现代科学技术基础知识》这本书第一章"科学技术是第一生产力"的作者,后来又把这一章以图文并茂的形式出了单行本。我在写这本书时,首先要弄清楚的正是科学的定义和内涵,于是我在走访了科学家,也翻遍图书馆有关书刊,经比较选择后发现:上百个解释中,唯独达尔文说得最好!他说:"科学是收集事实,发现规律,作出结论。"这句话开门见山地点到从实际出发、以事实为根据的实事求是的科学精神,以及按规律办事的科学态度。除此之外,没有第四条。

官与民科学观的现状

既然科学的本质是实事求是和按规律办事,那么我们的现实如何?我在赴沈过程中正好看到报上刊载的辽宁省科协关于干部与群众科学理念、科学知识的调查,结果:科学知识是35分、科学思维方式只有6分、科学的社会意义为50分。可见,干部与群众的科技意识、科学观大大落后于我们生机勃勃的经济发展需求,尤其领导者、管理者的科学观已严重制约各项事业的发展。

10年前,我曾给一个省几十位县长研讨班讲课,当我讲到"干部出数字,数字出干部"不是科学观时,他们笑了。我问笑什么?他们回答,你很了解我们这个地方的情况。

有一次,我去拜会李德生同志,在谈话中问道:"您在党政军高层工作多年,您认为,作为领导干部,什么是最难做到的事?"他毫不迟疑地告诉我:"实事求是最难!"

有一次我在党校讲课,一位学员开玩笑地说:"进党校大门迎面立着'实事求是'大标语牌,但人们都绕着它走。"所有这些,都使我感悟到,科学观的核心是实事求是的教育,此乃官与民科学意识最薄弱的环节。

干部有此现象,学术界如何?近日媒体纷纷报道一个叫方舟子的中国科大学生,在3年中揭发学者作伪300多起。科学家都不讲科学,怎么得了?

科学观是管理者的"眼睛"

我回想起,首届全国科学大会之后连续多年的宣讲科技史与科学观的感受,今天听到党中央国务院发出的"以人为本的科学观"的号召特别亲切,也体会到它的现实意义。

当今,人本观与科学观问题的解决已经迫在眉睫,成为一切事业成败的基础,它犹如人的眼睛。作为一位领导者、管理者,没有眼睛,他的心灵就会像蜡烛一样逐渐泯灭了,失去了作为领导者、管理者的应有资格。

为什么在我们当中很容易刮起浮夸之风?为什么制假贩假屡打不消?无不是缺失实事求是的科学精神,无不是缺失拨开复杂事物表象到其背后去寻找、发现事物之间的内在本质联系(即规律)的顽强执著的科学态度。

至于"以人为本"的科学观,自然其意义更加深远。

不可小看文化提升

再谈科学发展观。

日前,科学与人文论坛的负责人、我的挚友李惠国邀我参加这个国内高规格的论坛,使我十分兴奋。因为我又有机会了解几位世界级科学家与政治家、商界名流对科学发展观的论述,让我开阔了眼界。

为什么是文化?

国家提出科学发展观的重要意义,在于校正我们原有发展观中片面的单一追求GDP的政绩观,和只着眼于现在而忽视持续发展的一切浮躁思想和情绪,使我们能在当今的高度繁荣中始终保持清醒的头脑,懂得为谁发展? 发展什么? 如何发展? 才是最重要的。

这个思路无疑是非常正确的,但如何具体化? 如何表现?

诺贝尔奖获得者、世界著名科学家杨振宁教授认为: 20世纪真正的大事,不是两次世界大战,也不是苏联解体,而是高科技进步与中国的崛起。因为只有这两件事,能使人类赖以生存发展的经济产生巨大变化,从而改变世界面貌。他认为: 中国崛起的因素很多,而深层次的根本原因是中华民族的特有文化所表现出来的韧性。微软全球副总裁李开复博士也有同感。

想想看,虽然政府提出的很多发展原则都是在方针政策层面上的,但其根又莫不是在文化这块沃土上。事实上,国家实力真正的区别,也正表现在文化上。如今,我们的上海、北京与纽约、东京有了同样高耸甚至更漂亮的摩天大楼,但试问,如果从中走出来的人还都是腰缠万贯的文盲,能说我们已经可以和西方比肩了吗？外壳与表象总不能代表核心与灵魂。

什么是文化？

各界一致认可：文化就是价值观，就是一个组织或群体或国家民族的共同追求、向往和习惯，它是相对稳定的大家认识和思想。同时，在不同文化之间，又必然存在矛盾与冲突，并在矛盾冲突中走向融合。家庭、企业以及民族之间的文化，莫不如此。

什么是东方文化？

新加坡"掌门人"李光耀认为：东方文化是"家庭、群体重于个人"，有群体至上的趋向。它强调的是处理好人与人的关系，强调的是"和为贵"与协同一致的美。东方社会是政府主导型为民谋福利的社会。东方人的思维方式是"合"，是系统思考，中医最有代表性。而西方文化与此相反，主张"分"，即追求专门化，重在解决人与自然的关系。它强调个人的自由与权力，主张个人至上，更多的表现是创新。西方社会是个人主导型的竞争社会。

杨振宁认为：在表现上，西方文化追逐现实，强调爆发力，以利为本，只求一时，缺乏长远谋划；而东方文化表现是追求大局和谐，强调忍耐与韧性，以德为本，轻视一时，追求长远谋划成功。他提到自己最近去保利大厦国宝展室，看到3000年前的碑刻时注意到：只100多个字的铭文中就有六个"德"字，可见中国"以德治国"的悠久历史根源。因此，他做出结论：在不久的将来，世界将在三大集团中间寻求平衡，这三大集团是美、欧和北亚，而北亚势必将以中国为中心。

什么是民主文化？

不错，民主也是一种文化。最近，美国前国务卿基辛格在《华盛顿邮报》上说："民主是扎根于文化的群众表现，民主只有在符合文化、历史和制度背景的前提条件下才会有蓬勃发展的可能。过去的科索沃、今日的伊拉克，都已证明西方民主不可强行复制，更不能置文化于不顾而强行更替政权。这只能使自己走上失控的混乱局面，而一发不可收拾。"

同样，我想对越来越活跃的中国企业而言，当为了更快发展而频繁并购与合作时，同样不能置双方文化差异于不顾，而单凭所谓"实力"蛮干。为了持续发展，我们必须关注文化！

2004.07 故事里的学习型组织

"不学习也赚钱"的时代过去了

日前,我受汕头工商联与中山大学EMBA班潘主任之约,赴潮汕二市讲学。期间与当地多位企业主管有所接触,给我留下了深刻印象。

改革开放以来,许多人全身心投入到企业,他们抓住时机,吃透政策,搞好关系,以自己的远见做出了正确决策,铸就了今日的辉煌。在那个赤膊鏖战的时代,他们闪转腾挪,百经磨难,忙碌得几乎没时间看管理书刊。但近几年他们普遍意识到:那个不用学习也能赚大钱的时代,已经过去了!今后不学管理,已经到了无法领导企业的地步!尤其是中层执行力较弱,更使老板们感到力不从心。逐渐,他们开始意识到长此以往,将给企业埋下祸根,成为企业未来发展的瓶颈。只有建立学习型组织才是企业发展的出路。

"靠故事学习"的时代正在来

当我回到北京,蓦然看到在我办公桌上摆放着我的台湾朋友高希均教授寄来的美国著名管理顾问大卫·哈钦斯编著的《五项修炼的故事——比狼学得快》(由台湾《天下》《远见》编译出版)时,我眼睛一亮,并一口气读完。

现在全球都在兴起用"故事"这个喜闻乐见的方式传播管理理念的热潮。去年本刊也出版了《管理故事与哲理》的增刊,很受企业欢迎(沈阳等机场一天曾卖出100多本)。《狼吃羊的故事》生动具体地阐明了企业如何建立"学习型组织"。《中外管理》的"第13届中外管理官产学恳谈会"上,我们将邀请世界管理大师、《第五项修炼》的作者、学习型组织权威彼得·圣吉教授专程莅会演讲,并与大家一起讨论如何建立学习型组织。相信与彼得·圣吉的面对面深度交流,不只对企业有用,对所有政府部门、学校以及事业单位都会有重大意义。

据美国《财富》杂志对百强企业的调查:管理者无不认为"学习型组织"是企业生命力之源,而且也是每个企业、群众团体和政府面临的最大挑战。当今,世界各国卖得最好的书之一,便是关于企业变革与管理创新的书,但能像《比狼学得快》这样好读的书,实在太少太少了。

故事哲理的巨大空间

《狼吃羊的故事》虽然短小,但它说明很多问题。一个群体如何突破旧意识,产生新思想?如:"个人学习与群体学习有何不同之处?""务虚学习与目标和愿景是什么关系?""如何让个人学习体会与集体智慧得到充分发挥?""组建团队与开好会议的要害是什么?"等。在您读完故事后,会在咀嚼之后自己领悟这些问题的真谛——故事哲理空间可谓大矣!

这个故事展示了学习型组织建立的整个过程:①先提出"羊绝不甘作狼口中之食"的目标,通过讨论取得目标的共识。②转型与变革的开始,起于"解决做什么",并为达到这一目标去学习思考,从而使群体建立学习文化,即建立平台实现信息与知识共享,使羊群发现"狼旱季常来,雨季不来"的规律。这个顿悟是学习型组织的真正开端,也是思维方式根本转变的起点。③产生"堆挖池塘"的思路,使每只羊获得了战胜狼的巨大力量与真正出路!④协同一致的团队诞生,拒狼于门外的行动获得了成功,从根本上扭转了"狼不可战胜"的神话。

更重要的是,这个故事告诉了人们:事业成败,关键还在"理念领先"。

2004.08 对话张瑞敏与人生的"三个如此"

就在国内刮起韦尔奇旋风的同一天,我应海尔集团张瑞敏首席之约去海尔学习专访。在中外两大企业家的言谈历历在目之际,我想到了三个"如此"。

第一,理应如此。

这对人,相当35岁以前;对于企业,这相当初创时期。此时的思想与感觉就是:依逻辑,想当然,按理办事。上学、考试、放假、找工作……一切都是那么理所当然,那么按部就班。

干企业,不赚钱不行,赚钱就要为客户服务,这就要看市场变化,保质、按时,以应需求。对内需要有好员工、好干部,还要有所在地政府官员的支持……只要拼命去做,抓住机会,认真做好每件事就行了。

第二,并非如此!

这对人,是三十而立之后。此时发现:一切不完全像自己想的那样,很多情况"并非如此"。比如:比尔·盖茨上名牌大学却不肯毕业;戴尔上学时把精力都用在装电脑上,惹他爸爸大发脾气。按理说:"孺子不可教也"。但他俩却都成功了!人们开始思考:原先很多想当然,都只是成功的一个手段,而并不等于成功。只有为社会做贡献,才是成功的标志。于是豁然开朗。至于搞企业,同样不能随大流,而是"行成于思,毁于随"(韩愈语),"没有竞争才是真正的竞争",做到"人无我有,人有我新,人新我弃"。

总之,经验有了,悟性有了,一切不再"想当然",而要"所以然",在复杂多变的社会现象背后寻求规律。于是勇往直前,但也感到工作与生活都那么高深莫测,那么沉重。

第三，不过如此……

这对人，已是60岁以后的"耳顺""知天命"之年；对企业，则是进入成熟稳定发展时期。

记得那是一次极为难得的机会。我在宴会上结识了很多历经坎坷的社会名人，在讨论到一些人生难题时，大家异口同声地说："不过如此。"不错，真理都是简单的。我这次与张瑞敏的对话中，他每回答一个问题时，都胸有成竹、一语中的，似乎什么谜团在他面前都那么简单明了。正像他说的：管理没那么复杂，都很简单。这也是我在成熟企业家面前的共同而清晰的感受。在善于思考的思想家头脑里，一切复杂问题都"不过如此"。我想一个人、一个企业，大体都会经过：简单–复杂–简单、清楚–迷糊–清楚的过程。而只有最后一个简单、清楚，才叫成熟。

请大家思索张瑞敏的简单回答（我稍做整理）：

一问：您在管理上已达到"不过如此"的境地了吗？

答：不！（在我所有问题中，只此被他断然否定）人的思想总是落后于实际。我没做到。

二问：您为什么不去北京与韦尔奇对话？

答：就是听贝克汉姆讲三天三夜，也解决不了中国足球上不去的难题。

三问：中国企业现在是什么处境？

答：今天的中国企业已经没有退路了，只能前进，那就是把国内市场、国内外竞争对手都一体化。

四问：中国企业如何提高竞争力？

答：要做到从研发到销售，每一位员工的思想意识，都直接与客户的需求连起来。

五问：如何看待中国企业现代化中的挫折？

答：关键在于企业领导没抓住实现企业管理现代化的本质。主要是企业流程再造不彻底，没做到简化。

六问：企业创新的难点在哪里？

答：关键是战胜自我。

七问：企业决策如何做到不失误？

答：决策成败往往要看决策后的决策怎样，决策失误往往是后续决策出了问题。

如此而已，但却品味不尽……

从鞍钢学到了什么?

从海尔学习归来,我又应邀到鞍钢学习,与刘玠总经理进行了一次三小时的畅谈。能够从中学到东西,并把学到的东西告诉各类企业,是我的迫切愿望。而刘总和鞍钢领导满足了我这个愿望。

鞍钢奇迹的豪情

我最想学的是什么?我们都知道,鞍钢是新中国钢都,又是我国企业管理大法——鞍钢宪法的发源地,拥有几十万员工,历经了最早的辉煌时代。但是,随着时代演进,也曾面临着设备陈旧、管理不善这两大难题,一度炼铁高炉停产、炼钢平炉奄奄一息,几十万员工的工资欠发数月。人们忧心忡忡地说:"鞍钢已经是一堆废铁,50个亿也救不活了!"可50万员工怎么活下去?一个瘫痪的巨人当真没救了?

时为武钢的常务副总兼总工程师,刘玠"临危受命"当上鞍钢一把手。上任时,因为开工点火缺煤,他还要向员工鞠躬借钱。可经过10年,刘玠却带领鞍钢人打了翻身仗,在中国人面前出现了一个新鞍钢!无论技术水平,还是管理成就,都进入了世界先进行列,排名世界钢铁企业第九位。今天的鞍钢人为国为民做出了巨大的贡献,让国人感到自豪。

我们要学习的,就是鞍钢人靠什么推翻了贫穷、落后两座大山,有了今日豪情满怀的新面貌?

技改，重工业的必由之路

第一，中国企业到了不可再忽视设备更新、技术改造的时候了。

过去，加工业常说："今日设备更新的投入，是为了明日美好的未来。"但是近些年，这个观点被"机会"、"关系"和"胆量"给淹没了。

鞍钢的翻身仗，就是在技改中奋起创造了全新的"平炉改转炉"法，和1780连铸连轧等革新新工艺。它不仅创造了巨大财富，还把一个到处乌黑、火花喷溅、设备陈旧的旧鞍钢变成一个蓝天绿地、拥有无烟无火密闭生产线的现代化钢城。

也许有人会说："鞍钢总经理是钢铁专家，是院士，他们有条件这么干！"但实际情况是，90%靠的是以刘玠为代表的鞍钢人对国家、对人民负责，对事业忠心耿耿的火热的心。"借口"是害人的。海尔的张瑞敏到西安视察，就曾用讲故事的办法，提醒驻西安经理：借口是对工作、对自己都不负责的集中表现。

中国企业，已经到了打造自己核心能力的时代。我们不能容忍高技术产业无"芯"，也不能完全靠劳力和市场换技术。正像张瑞敏所说的："中国企业已经到了无退路可走的时候了！"

想对了，看准了，死心去做!

第二，观念与决策永远是企业的命根子。

刘玠上任打的第一张牌，就是转变观念大讨论。

1995年夏天，他派人到长春一汽这个又老又大的客户去，了解为什么这个大客户会流失？一汽老工人把鞍钢板材与其他厂家的放在一起说："你们看，你们的板材连麻雀都不敢落，都怕扎脚啊！"刘玠就此看到了鞍钢这个"钢老大"严重缺少对客户负责的心。之后，他抓住这个机会，在鞍钢组织了"客户是什么？"的大讨论。员工观念变了，鞍钢面貌变了，产品质量也开始好转。

的确，观念（理念）革命，是企业前进的动力。

再说决策。今天是"信息知识是钱，科学决策是命"的时代。在参观邯钢的时候，刘玠看到成本低、不烧重油的小转炉，眼睛一亮：技改平炉厂房，改转炉就可以省一大笔钱！一个外国人也没想过的技改思路有了。在回家路上，他就想好开会人名单——一个扭转乾坤的决策就这么诞生了。结果2002年一举成功！也正由于鞍钢的这次成功，使全国转钢炉改造提前4年，有谁去算算这笔账有多少？！

这两点是鞍钢成功之道。我觉得，不只大企业需要这么做，中小企业为了未来的"强而大"，不也需要如此吗？

2004.12 中国企业离"了不起"还有多远?
造访日本松下的感悟

日前,我应日本松下电器之邀,与中国松下副董事长张仲文一起赴日考察。在此期间所闻、感悟颇多,愿与企业界朋友谈心。而在行程中,最令我(也应令我们每位企业界朋友)牢记的,是日本企业界人士用数据说明:"中国经济了不起!但中国企业没什么了不起……"

"了不起"引起的警觉

中国经济大发展的势头很猛,而且潜力很大。去年,我们引进外资超过了美国;当前,中国已成为世界第六大经济实体。此时此刻,跨国企业的全球战略都把首要目标放在了中国。其一,大家都在公开看好中国经济的崛起、中国市场的诱惑;其二,大家都在私下寻求遏制中国企业发展的策略。而这,也正是我们今年年会的核心主题。

根据这次访日给我的印象,日本松下的战略重点是海外,而其海外战略的重点又是中国大陆。其他日企的思路也大致相同。它们一方面在大举"进攻"中国市场;另一方面又通过垄断高端技术来遏制中国企业。未来,他们依然力图遏制中国企业,企图使我们仍旧只能在中低档产品上徘徊,而难上高端"一层楼"。

为此,当前日本企业已经毫不隐瞒本国政府已制定的要求企业把核心技术产业撤回国内的政策。而且已经付诸行动。他们声称是为了增加本国就业,其目的是在遏制中国,求得自己的发展。我们不可沉湎在"中国了不起"的赞扬声中一醉不起。

"没什么了不起"的隐忧

于是，我们从多种信息分析不难得出结论：全世界都在看好未来中国的消费市场和人力资源市场，但这并不等于看好未来的中国企业。在他们看来，中国企业存在两大致命缺陷：一是基础技术、核心技术薄弱，投入不足；二是企业体制、机制仍难有重大突破。而且，不少中国企业满足于现状，不愿在这两方面投入力量，再加上"世界工厂"的情结、"以市场换技术"的期待，一直挥之不去。有识之士已经在担忧：5~10年后，"只有广阔市场与廉价劳动力"的中国企业将会受到印度、东南亚企业的严重挑战。到那时，中国企业能否在国际竞争中继续有所作为？这很难说。

相差30年的"生态"距离

我曾问松下副社长："在日本国际化第一阶段，日本在体制上是如何做的？"他说："第一个阶段（上世纪70~80年代初）日本政府与行业协会起主导作用。在那一历史时期，日本政府与行业协会在推动日企走上国际化的道路上起着决定性作用。"当我问道："现在是否还是那样'一致对外'？"他说："今天完全是市场经济的做法了，与30年前已大不相同。"

经对比可看出，我国目前企业的状况大致与上世纪70年代的日本相同。但目前我国政府与行业协会对企业的支撑作用，却远不如20世纪70年代日本政府与日本经团联、同友会等行业团体对日本企业在政策与组织方面的支持力度。

在此，我想呼吁：我们行业协会的"二政府"状态，应该有个根本转变了！让我们官产学各界，联手为中国企业的"了不起"早日获得全球的承认而不懈努力！

2005.01 谈谈企业人生

想起谈企业人生,是因为20多年来我国成千上万的企业创业获得成功,开始步入"而立"之年,而此时,"小富则安"的思想很容易滋生,并成为制约我们企业继续发展的智障。

曹操:从将军到文王的追求

人,总会有进取之心。

1800多年前,中年曹操就想到自己死后如能以"汉故征西将军曹侯之墓"立碑就会心满意足。但时代风云际会,历经征战南北之后,威震华夏的曹操不仅早已超越"将军",而且贵为"魏王"时,又感慨道:"若天命在吾,吾为周文王矣!"并有"父子相誓终身,灰躯尽命以报答汉朝"的志向。这可谓人们永续追求自己事业成就的人生心态,否则怎么会有朝代之更替、社会之变迁呢?

钱穆:人生之意尽在生存之外

那么,什么是人生呢?

在现代史上,具有人格与学术双重魅力的国学大师钱穆教授,在垂暮之年,于太湖之滨,品味人生世事沧桑、历史离乱之际,写出了《人生十论》《人生三步》《中国人口哲学》等论述人生之巨著。

他在谈到人生本质时说:"人生,是一串不断故事的连续。而在此不断故事连续的后面,人各有志。人生正是对许多目的的选择权利的应用过程,这就是人生的意义。"他又说:"人与物不同,在于生存以外还有另外的目的;人与人的不同,就在于运用选择这另外目的的自由。"于是,他把人生分为自然人生与文化人生,而他推崇的是文化人生:自己去创造、发现、选择更多更好的人生目的与自由,完善自己的文化人生,即活得很有价值的人生。

松下:事业就是人生道场

我们的企业家,在"丰衣足食"之后,又该有怎样的人生呢?

去年我去日本松下本部学习考察,获知早年的松下幸之助在经过一番苦斗成为日本著名企业家之后,也曾陷入深深的人生困惑:"我到底还要追求什么?"一天他受信教朋友的影响走入宗教社团,看到教徒诚挚、自律地学习与工作,他悟到:企业员工为何不能像教徒那样,对企业有至爱之心?——这就是他铸就辉煌的松下文化的发端。他的人生思路是:当人能在自己事业或岗位上发挥最大限度的天资和特性时,就会感到生活的无限乐趣,就会有充实、喜悦、幸福的感受。他经常向同仁们宣教:"工作岗位就是我们的人生道场!充分发挥自己的个性、特点,要通过在公司工作,用自己的力量来充实自己的宝贵人生!"为了经常宣传这一论点,他还专门创办了一本杂志。

感悟:工作是乐趣,人生即天堂

那么,如何使我们的企业人生更有意义?

我想:第一,要珍惜自己,找出自己专属的财富和资源,弄清楚自己特有的能力和资源是什么?第二,要不断审视经营自己的成长模式:一是纵向地发挥自己的专业特长,最后成为行业龙头,这是多数。另外也有人注重横向的,就是发挥自己整合资源的能力和优势,走跨业综合、实现水平多元化的经营之道,这是少数。一切看自己的评估和策划。然后,使自己和自己的企业经过创业、成长、成熟、再创业、再成长、再成熟的良性循环。

经营人生成功也就是经营企业的成功。

"把人生当成企业经营,把企业经营当成人生","赚钱不是目的,它只是副产品"。这就是企业家应有的幸福观。而重在"视工作为乐趣,则人生就是天堂",则是我创办《中外管理》杂志多年来的工作心态。

以上对您如有些许启示,就算是我呈送给您的新年赠礼吧!

2005.01 "风云榜"与"三个有利于"
掩卷2004年的思考

衡量"风云人物"的尺度

每逢年终,各媒体都会纷纷评选风云人物,通过盘点使读者看到大势动向。当然,这是有益的。但问题是评选标准与尺度是什么?引起我注意的是,北京《晨报》提出了一个"三公"准则,即:为官者要讲公正,为学者要讲公益,为商者要讲公利。

为官者,如审计长李金华和央行行长周小川。他们出于公心,公正处事,能准确控制大局,成了为官者的楷模。

为商者,如联想的柳传志和海尔的张瑞敏。在海尔赴美建厂受到质疑之后,去年联想收购IBM个人电脑又再度兴起质疑高潮,耳根旁全是关于成功与成仁的喧嚣。其实作为一位成功企业家的柳传志,他也像张瑞敏一样,为了自己企业的利益,在行动前经过了大量调查研究。他们对企业前景、战略得失是心知肚明的,别人很难比他们更关切、更清楚。但另一方面,也正像张瑞敏在前几天所讲的:人们对企业的提醒与质疑,也是对企业的关爱和帮助。

为学者,如引发"国企改革大讨论"的香港学者郎咸平。此番争论早已远远超过了学术的范畴,不仅惹出了官司,也引起了政界对国企资本运营的关注与警觉。我就此曾讨教过吴敬琏、茅于轼、樊纲等内地名家,他们大多对郎咸平的质疑不以为然。他们认为:改革是个过程,总会有得有失。从"三个有利于"的大局出发,只要得大于失,就应该是好的。我们需要历史地认识问题。

企业家衡量决策的尺度

在质疑声中,我愿意重复柳传志的几句关键话。

在问到他如果并购失败，自身英名毁于一旦怎么办时，他说："企业家永远是把企业利益放在第一位。"在问到联想是否不成功就成仁时，他说："在成功与成仁之间，还有良好、及格等许多路。"在问他中美文化整合时，他说："绝不允许出现企业政治或宗派山头，否则一定失败。"在问到当前电脑业务的薄利与亏损时，他说："联想在多年前就选择了这个'毛巾拧水'的电脑行业。三年前，我们也曾试着向'开银行'等多元化转型，但并不成功。付出代价之后才意识到：'毛巾拧水'的业务要先做好，不然就是死路一条。"在问他是否就此彻底退休时，他说："2005年3月交班退休，只当一名董事，再不过问业务。"在问到对接班人有何期待时，他说："杨元庆在这几年有很大进步。元庆性格倔强，与人沟通是弱项。为此，他有个班子，帮助他思考。另外，他提出了沟通'三要'：一要坦诚；二要尊重；三要妥协。他做决策的时机原则是：就重大而不就紧急。如果等到重大又紧急时，那个局面往往就不可收拾了。"

多年来，我一直在想：企业在经营决策时，既要考虑是否有利于国家事业、是否有利于企业经营，也要考虑是否有利于企业家健康成长。这同样也是"三个有利于"。重在防患于未然，重在完善运营机制。

在去年本刊恳谈会上，吴敬琏教授在和我谈到中国经济时，就提到：中国经济过分追求经济结构重型化，令人担忧。他这里强调的是"过分"。不久前，厉以宁教授在北大学术论坛上又提到：重型化是中国经济成长的必然阶段，作为大国必须有自己的重工业体系。他强调的是"必须"。试想：作为主持宏观的政府，此时该如何判断？作为微观主体的企业，此时又该如何判断？

这时，我想起了中国科协徐善衍书记的一句话："人间行事皆有度。唯度是水平，唯度是艺术。"也许这正是我们要帮助政府和企业做的事。

2005.03 谦虚、感恩与尊重人
感悟在袁老九十寿辰

谦虚平易的表率

日前，适逢我国经济、企业界的老领导，也是我深为尊敬的老前辈袁宝华同志的九十大寿！当袁老秘书曹明新同志欢迎我前去同贺时，我喜不自禁。那天当我一进门，袁老就热情地和我握手，我自觉这一握，好像很久……看到旁边六位秘书正在共同举着一幅巨大的寿字图献给袁老，我十分不安，又很为袁老关爱我们而感动。其后，袁老勉励我们说："13年了，你们做杂志工作很辛苦！我作企业工作这么多年，从你们那里的确学到不少东西，你们工作很有成效，但要看到企业对经验与知识的要求很高，要不断创新啊！"他老人家是如此谦虚，同时也对我们晚辈抱有很高的期望，令我倍感亲切与责任。一直到我走时，国家发改委的马凯主任等许多领导同志都在外面等着看望他。

袁老不只是中央领导很尊重的长者，更是我们晚辈为人做事的楷模。

失败，无不根在狂妄

去年访问日本松下时，我注意到松下为教导员工说过这样一句话："失败者无不自大，成功者无不谦虚。企业家成功最高的门槛，是自己的狂妄。"

为什么成功者常犯狂妄自大的毛病？这也是心态演变使然。成功者的共同特征是什么？我认为不外乎两点：一是自信；二是执著。可是，自信与执著的无节制膨胀，恰恰就是狂妄自大。世界上失败的名人大家，无不是走这一条路。且看拿破仑兵败滑铁卢、楚霸王自刎垓下、爱迪生跌倒交流电……此时，我想到的，还是中国科协徐善衍副主席的一句话："世上万事皆有度。唯度是能力，唯度是艺术。"

感恩，人"自止"之源

那么，如何不因"过度"而失败呢？这就是要树立牢固的感恩意识，不管对方是大人物，还是小市民，只要他对你的成长有过帮助，就应表示"感恩"！有这个意识太重要了！卡内基说：他一生成就的80%，是靠别人帮助才成功的。我自己的亲身感受是：关键时刻，"贵人"的只言片语，往往就能救危楼于既倒！

1984年6月，我的恩人、原中组部秘书长沙洪同志在中央领导同志讲座《迎接新技术革命》一书新闻发布会上讲了一句话："今天中央有关部门领导到会了，你们表个态。像这样受到中央重视、全国各级干部都在学习的讲座活动，是很重要的一项事业，却只是讲师团几个人做的。我建议：专门成立局级事业单位，负责此事。"当时主管科协工作的中直党组书记冯文彬同志站起来说："我双手赞成！显然，这对中国科技讲学团工作是一项组织推动。"说句笑话，由于这个机会，我这个书生就变成局长了。

前不久，沙洪同志去世了。我强压着内心悲痛，写了一篇纪念文章。事后沙老夫人对我说："谢谢你写的这篇很有感情的文章……"我感悟到：人与人，就是在支持与感恩中建立起牢固友谊的！它是实现自我节制、事业不断前进的动力。

尊重人，人本文化之魂

感恩的出发点，是尊重人。有些人总把别人过去对自己的支持不当回事，没有感恩之情，这就是对人极大的不尊重！但不幸，这种人如今还不少。松下也为此而感慨："人，不是什么都比动物强。如家里宠物小狗，你喂它几次，它就不会忘你，一见到你总是摇头摆尾地欢迎你。你一天忘了喂，它也不改变态度。可是人则不同啊！过去多好，只要有一次他认为你伤害了他，他就不饶你，甚至咬你一口，入骨三分啊！"

1924年，托马斯·沃森铸就了世界电脑巨人IBM，IBM也像其他成功企业一样，靠的是文化管理。IBM文化中的第一句话，也是最重要的一句话，就是"尊重人"。海尔的市场链理论，使每位员工都成为老板，其根基也正是尊重人。尊重人，正是人本管理的真魂！

养生之道与人生和谐之理

2005.04

七字长寿箴言

这是我在30多年前从一本日本杂志上看到的一个"小故事"。

说的是英国伊丽莎白女王时代,人们对一位高龄130岁而依然矍铄的智叟能如此长寿十分好奇。人们纷纷问其长寿之道,智叟说:"我把长寿奥秘已写在这个金制盒子里,看谁肯花最高的价钱来买,谁就能得到这个长寿秘诀。"

于是,很多有钱人蜂拥而至,竞相出高价收买。后来,被一位富商以十万黄金买去。富商打开盒子一看,只是七个字:"头冷、脚热、八分饱",感到有些失落,十分不满意地去问这位智叟。智叟答曰:"只要您按这七字真言行事,保证您一生幸福,身心健康。"后来富商悟此道而行事,果然也活到130岁,一生乐在其中。

"头冷"与静心

智叟之言,奥秘之处在于"双关":它既是长寿之道,使清气上升,心思敏捷,使浊气下降,一身轻松,又是为人做事之至理名言。"头冷",就是心态要好,要保持头脑的冷静,即让精神处于达观超脱之境界。正如老子言:"平易恬淡,则忧患不能入,邪气不能袭。"此理也见于海尔CEO张瑞敏的望竹思理之言。

他说:"竹未出土时,有节。到凌云处,虚心。"张瑞敏又进一步揭示了心态对管理的重要,他说:"卦中,唯谦是上上的满吉,其他卦都各有吉凶。唯谦乃做人做事之利器,谦道成功,群人服膺。"由此可见,"头冷"心态真乃谦道之行。

"脚热"与多行

人们常说：养心要静，养生要动。"养心"就是"头冷"，"养生"就是"脚热"。这些话，既有丰富的哲理内涵，又有具体的行为暗示。此俗话之意深，只有悟中得之。热水泡脚的"脚热"，可使人长寿；"行万里路"的深入实际、做"两场主义"（一是市场，二是现场）的"脚热"，则可以优化管理环境与人际关系，重要的还在于提升管理的实效。高高在上者必傲，而心傲者必败。

"八分饱"与和谐人生

"八分饱"暗示我们：万事都要留有余地，不可过度。

日前，我参加"感恩型组织"研讨会，主持会议的301医院院务部孙福礼部长让我讲几句话。我说：上期我写《中外管理》卷首语的题目就是《谦虚、感恩与尊重人》。为什么我写这篇文章？有两点理由：一是人性的弱点——得志便猖狂。得志者乃信心与执著的集中表现，而信心与执著的发展，就可能由正到负，成为"猖狂"而败走麦城。这中间就是一个"度"的学问。世间事物之间没有不可逾越的鸿沟，由成功走向失败，其实就是由谦虚走向狂妄的渐变过程。纵观改革开放后的私营、集体与国家企业都各有自己的"失败英雄"，但皆未能幸免狂妄之害。正如松下幸之助说的：企业家成功最大的障碍是狂妄、浮躁。二是想说明谦虚与尊重人的表象背后，是感恩意识的牢固成长。只有由感恩意识发展到对人对事的感恩潜意识，才能养成尊重人这个管理文化的核心。因此，一切重在养成尊重人的好习惯。

感恩之所以是尊重人、谦虚的基础，还有一点不能不说，那就是摆对自己的地位。正像卡耐基说的："我个人成就的80%是在大家帮助与支持下完成的。"那么，我想到：人的一生命运，除自己努力外，决定命运的是在关键时刻有"贵人相助"。人生中如有几次"相助"，则一生平安矣！为什么人在关键的时候能有人"相助"？其道理很简单，那就是永远与人、与事、与物保持"和谐"的关系。

总之，为人做事不可妄自尊大，只有"谦虚、尊重人与感恩"才是和谐社会之必然。

瞧瞧星巴克，想想狗不理

2005.05

咖啡走向了全球

西方人的家里和办公室，总会摆着咖啡。可是仅十多年时间，一家不过是卖咖啡的小店星巴克竟然开到了上万家，吸引了上亿消费者，卖出了30多亿美元，成为了全世界的时尚。几年前，谁会相信它是现实？而就是这样一家1986年才创办的咖啡馆，成了《商业周刊》等著名杂志心目中的"最受赞赏公司"和"全球著名品牌"。

今年年初，在北京已经有40多家门店的星巴克，又雄心勃勃地在黄金地段CBD国贸中心树起了一座纪念柱，成为京城一景。日前我们内部开会时，我才知道我们这个小小杂志社的几十位员工，除我之外都去过星巴克，着实令我吃惊！

包子却进了药铺

星巴克咖啡能迅速比肩可口可乐，为什么我们文化更加醇厚的茶馆却没能走向世界？星巴克的咖啡品质其实并非最优，为什么我们口味名冠天下的"狗不理包子"反而沦落到被拍卖？

历经了150年的狗不理，如今在国内外建立了70多家连锁店，也在实行工艺标准化、加工快速化、配送集中化。但今年2月28日，狗不理却被中药名门同仁堂以1.6亿元收购。其原因不言自明：一家拥有1.17亿资产的百年老店，负债率却高达70%。现任董事长的表白尽显了狗不理的尴尬："老字号不是保险号，名牌也不是万能的，现在是狗不理空前最好的时候，靓女先嫁吧……"包子进了药铺，前景不禁令人担心。

星巴克的启示

大路货"体验"创名牌。一杯普通咖啡也能创出名牌，靠什么？靠的并不是卖咖啡，而是卖"体验"。在物质高度发达的时代，人们最需要的并非是产品，而是体验。正像球迷不愿在家免费看电视特写，而一定花钱去买票到现场，为什么？就是要那种大喜大悲、互相感染的气氛体验。其实在星巴克，正是这种"情感管理""气氛管理""个性化管理""欢乐管理"在起作用。换言之，卖的是文化。而相反，每当我进入"中国特色"的小吃店，"体验"到喧嚣拥挤的环境、歪斜不洁的桌椅，食欲就没了。

星巴克有句名言："今天的企业，如果只把精力放在成本上，放在降价上，那一定是家拙劣企业。相反，把精力放在客户感受上、人性化上，你将是一家优秀企业。"

永远"以我为主"

星巴克的"以我为主"思想，特别值得我们注意。

第一，合作上，时刻手握"刀把儿"。它的四种合作模式，都是以我为主。凡是在市场潜力越大越好的地方，星巴克持股也越大。持股不大的合作连锁店，也要把遵从以我为主的严格标准作为合作前提，绝不含糊，而且一定坚持母公司直接掌握、直接经营的原则不能改变。

第二，宣传上，不落广告陷阱。星巴克从不做铺天盖地的广告，又是自己独到的一招。它一贯以深入大众的分销店本身所提供的服务及其口碑来宣传自己，用店铺门面、员工服务、随意自由的环境气氛来吸引客户。

第三，技术上，博采众长，自成一家。星巴克首先学习了意大利老咖啡馆认真细致的服务精神，并吸收了麦当劳、肯德基严格质量控制的标准化管理，同时又不拘泥于死板的模式，而是要求融入当地文化。和谐，成了它给人的第一印象。

第四，服务上，追求客户的随心所欲。星巴克的产品与服务本身并没有什么与众不同的地方，而是采取能让你感受到与服务员是平等朋友的自助方式。

总之，星巴克能决胜于这个"体验经济"的时代，让我想到了一个普遍原则，那就是我国企业管理的奠基人袁宝华同志最近在为我的新著《管理的新思路》系列丛书所题的四句话："以我为主，博采众长，融合提炼，自成一家。"这四句话涵义厚重而深远。我深刻领悟到：认真反复的实践，是中国企业成长的必由之路。

2005.06 从连战"脱胎换骨"谈起

国民党主席连战访问大陆——仅仅放在4个月之前,这是任何政治评论家都不敢想象的事,但居然在瞬间就实现了,而且异常成功。国共两党走上和解之路,立即大长了全球华人的志气。我们中国人完全有能力、有胸襟、有智慧,来自己解决自己的问题!

判若两人的奥秘

相对于宋楚瑜随后的"搭桥之旅",连战的"破冰之旅"无疑更需要历史的勇气,对我们也更具有启发意义。

据说,连战在经过两次选举失败后,一度心灰气馁,终日不语,至亲好友多方劝解,均毫无效果。当时的连战,既没有乱世当前的明确主张,也没有危难时刻的坚韧精神。总之,人们从他身上似乎已看不到国民党还有什么希望和未来。

但就是这个看似毫无作为的连战,今年在各界有识之士的谏言之下,却终于幡然顿悟,决心步上破冰之旅、和平之途,矢志于两岸双赢之目标。

仅就这么一个理念,就使他完全变了一个人:从原来的刻板保守、沉默讷言,一下子变得精神抖擞、信心十足,言语简要深刻,行止潇洒自如。于是他的行踪成为焦点,他的演说赢得掌声。连常年熟悉他的人都大感意外。

现在的连战,已一扫去年的消沉萎靡,而成了全球华人心目中的大人物,言谈举止皆得高分。

连战能脱胎换骨,靠什么? 靠的是"转变观念"。

突破仅在"一念之差"

我们企业又何尝不是如此呢？

"中国造"的海尔曾顶风在美国建厂，现在联想又"悍然"鲸吞了IBM的PC，都是大大出人意料之举，但又莫不因此而使企业步入了跨越发展之路。这正像当年一家日本雨衣小厂在一夜之间成为"尿布大王"一样。一个好的战略抉择，常常既在人们意料之外，又在事物发展的情理之中。

此虽一念之差，但在成败上却有天壤之别。

最近，美国《商业周刊》评选出了"美国企业50强"。它不同于《财富》只重规模和影响的指导思想，而是看重营收、利润、股价等综合业绩指标。仅此"一念之差"，从1997年开始，《商业周刊》的美誉度都随着每年调查评比的不断颁布而扶摇直上。因为它的评选结果，更能反映去年美国各行业企业的成长状况和经营效益，对美国企业今后的发展有重要的实际指导意义。

第一，"夕阳"产业照样当冠军。今年的美国商界状元是人们想不到的。它既不是来自IT等高科技产业，又不是金融、地产等资本密集型企业，而是来自很传统甚至很夕阳的劳动密集型产业：钢铁！

第二，"小人物"照样能夺魁。更令人意想不到的是，它在美国也不是知名企业，而是北卡罗来纳州的纽柯钢铁公司。它在别人为求生存而挣扎的时候，斥资11亿美元兼并了11家钢材企业，并以其发明的小型炼钢技术生产卷钢，取得了重大突破，再加上国际钢材价格不断上涨，去年营业收入高达114亿美元，利润11亿美元，一年内就涨了17倍！此一案例说明：问题不在出身的"朝阳"或"夕阳"，而在于决策者的思想和理念！

第三，环境在决定企业命运。这次排行的前10名中，有5名出自石油产业。这表明：油价急剧攀升，确实使石油企业大大发财了。连小石油企业阿帕奇公司靠油井二度开发和开采技术的创新，也在大企业夹缝中茁壮成长，并进入了前10名。

应变者胜！

值得注意的是，如雷贯耳者像通用电气、英特尔、辉瑞、惠普、迪斯尼、百事可乐和宝洁等却纷纷滑出了50强。也许问题就出在这些豪门名企没能迅速适应形势，缺乏重整应变与改革，从而在保守的阴霾中后退了。看来，成功与胜利，永远属于积极应变之人。连战如此，政治如此，企业如此，人生如此。

2005.07 都来保护"创牌"企业家!
以人为本,以钱为本?

痛心疾首"一个悲剧"

最近,众多媒体纷纷报道了健力宝的张海事件,令人震惊骇然!

至此人们知道,一个民族名牌企业,就这样被拍卖给了一个骗子而衰败……而作为一手创造这个名牌的管理层团队,即便万分疼爱企业如自己孩子一般,在残酷的现实面前,却只能眼看多年心血付之东流而无可奈何。

当创牌企业家被强行排除在收购名单之外,却非要把企业交给一个不知底细的气功大师时,人们质疑:这究竟是为什么?!当人们面对健力宝缔造者李经纬由于急火攻心住院抢救,而根本不懂实业经营的张海却坐上健力宝最高权力宝座时,人们质疑:这究竟是为什么?!事实已经证明:张海关注的并不是健力宝的前途命运,而是企业20多亿的流动资金可以再"生钱"。于是,原料钱没有了,员工工资没有了,企业面临停产的致命打击。到此时,才又用手推车把李经纬从医院推回健力宝,以动员员工复工……这个"悲剧"场面,让人痛心不已。

当我们一再警惕地堤防"内部人"渔利时,人们不禁要问:难道创牌企业家,还不如空手套白狼的骗子可信?我们总是口口声声说"以人为本",但人们在问:究竟以人才为本?还是以金钱为本?又究竟以什么"人"为本?谁是真正的稀缺资源?

一念之差,将关系到我们广大国有企业的前途命运!

"二八律"与"八二律"

其实人们都知道:决定企业前途命运的,不在于资本方的钱袋,而在于企业家的素质,在于企业家驾驭员工为国家、为社会创造价值的能力。人们也知道:只要有了名牌产品、名牌企业，"钱"自然就会蜂拥而入。相反，面对一个产品低劣、人心涣散的企业，没有哪个傻瓜会拿钱填"黑洞"。

因此，人们达成共识：一个企业80%的成就，是占员工总数20%的经营者创造出来的。这就是著名的"二八律"。

同时，那20%精英的最大价值，又在于能够唤起另外80%的员工，为企业的未来而奋斗。而这个奋斗的集中表现，就是创名牌。卡内基墓志铭曾云："我取得成就的80%，是依靠大家实现的。"这就是著名的"八二律"。

有人提出：当今世界，是经营管理者在决定命运的世界。最近欧洲管理学者也指出：唯股东论是错的！面对大行其道的"资本家万岁"，有人针锋相对地提出"经营者万岁"，虽各有极端，有失偏颇，但主次分清的"以人为本"还是"以钱为本"应该是个很清楚的事。

呼唤"企业家保护法"

袁宝华同志作为我国经济管理界的老前辈，早在几年前就曾提出建立"企业家保护法"，但因为在传统意识中，企业家并非"弱势群体"而作罢。然而，实践证明：袁老提出的"企业家保护法"，是形势发展的需要，是很有预见的。

人常说"弱国无外交"。那么国家富强到底靠什么？靠的是经济繁荣。经济繁荣又靠什么？靠企业发展。企业发展又靠什么？靠企业家的智慧与能力。这像剥笋一样，把企业家的作用说清楚了。值得注意的是：创造社会财富的领袖人物多是企业家，其次才是投资者。

局部的"对"＝ 全局的悲剧

在管理名著《第五项修炼》中，人们悟得：每个人都做自己心目中"对"的事，结果就可能是悲剧。对就是对，为什么还加引号？因为，当事人认为"有根据"的"对"，其实大多是局部的、狭窄的、想当然的，甚至是自私的。而这个自私，往往表现为"怕负责任"，而不愿从整体事业的成败大局出发。

写到这里，我只剩下一句话要说：大家都来保护创名牌的企业家！因为他们无不是用终身心血，年复一年、日复一日地牺牲了家庭与青春，才做出如此贡献，才换取到企业的成就，才能铸造成名牌，请珍惜这一切吧！还是尊重人，尊重人的智慧才是管理之本。不懂事在人为，就不懂管理。

我最敬仰的三大哲人
庆贺于光远九十寿诞之感

7月3日,我有幸参加了"于光远同志九十华诞学术研讨会",感慨颇多。

想到他们,就让我心动

在我人生中,我最倾慕的三大哲人是现年90岁高龄、在经济界备受敬仰的袁宝华同志,同逾九旬的经济学界泰斗于光远同志,和已仙逝的我国"两弹之父"钱三强同志。

我一生中很幸运的是,能与这三位长者有较多交往,并彼此相知。

三强同志,是中国科技讲学团团长。我作为秘书长,在为中央领导、国家机关、各省市五大班子讲课中,始终得到他的领导和教诲。

对光远同志,我多次登门拜访,他也曾多次参加本刊年会并讲话,每每给到会企业界朋友以强烈触动。

宝华同志是我们企业家最知心的朋友,也是我们管理思想传播者的知心朋友。特别是他多次题词:"以我为主,博采众长,融合提炼,自成一家",已成为我们学子永远学习的名言,也是我到处传播的为人做事的最实用的重要指导思想方法。

他曾说:"办杂志要向读者学习、向厂长经理学习,只有这样才能办好杂志。《中外管理》杂志是我看着长大的,他是我们这些老同志很放心的一本杂志。"他还对我的领导说:"几年来,沛霆同志办这本《中外管理》很不容易,人们常说:你恨谁,就让谁办杂志!"一席话足见人间真情在,知我者公,让我心动!

朱镕基同志在袁老九十华诞的祝寿文章中的几句感受很有代表性:"在亲切

感情中，更透出充分信赖，袁公人格魅力来源于真诚，真诚发自内心，表现对人的关爱……总是为别人着想的关爱。""我学袁公高格调，无愧于心复何求。"

这些话何尝不是我们学子向三老要说的心里话啊！

三老让我感悟到人生的真谛，使我终身受用匪浅。三位"哲人"的共同特点都是为人光明磊落、刚直不阿，对事业追求执着，对人总是关爱有加，待人以诚。他们的人格魅力吸引了无数晚辈愿意追随他们，使他们成为了许多人的启蒙老师。

九旬于老，八劝人生

于老对宏观而庞杂的世界难题，往往能一针见血地用几句妙语点破三分，余音绕梁几年不忘。譬如1995年他在本刊恳谈会上的"一二三四五"的发言：一是一流的产品和服务；二是两个要点：好的领导与人才；三是满足生存、享受、发展三个社会需求；四是四个层次建设，即：社会进步靠经济，经济发展靠企业，企业经营靠自主，自主经营靠文化；五是企业文化的五个层次。他像剥笋一样用五句话就把企业的地位、关键与基础这些重大问题说得一清二楚。

体验过人生沧桑的于老，对人生还有"八劝"：

一劝勤：五官四肢要勤，更要脑勤。

二劝正：敢说真话、实话，作真正科学家必须具备的正直的真人。

三劝真：要真诚待人接物。

四劝深：深在抓住事物本质，不被表面现象迷惑。

五劝创：要独立思考，不人云亦云；时时创新，当巨人肩膀上的超人。

六劝忍：坚忍不拔，像拳击那样，先有抗击打能力而后胜。

七劝情：为人处世要有人情味，要有理解人、同情人、尊重人的一颗火热的心。

八劝喜：要自得其乐，乐得其所；有问题，要看得深，想得开，不自寻烦恼。

这"八劝"，正是于老自己九十年为人处世的写照与心得，从而使他已达到了"四我"境界：我向往追求，我坚持执著，我不服老有"忙情"，我总是成功！

此刻，我深感于老心境恬淡、静观万物、寻真求理、豁达容人的风貌，同时也扼腕于我们有些人，总是痴迷于做"独木桥上狂奔的英雄"，到晚年一无是处，有恨无悔，不知人生所以。

领导者的"活法"
感悟稻盛和夫

浮躁社会的静思

最近我虽然奔波于各地,但还是抽空看完了稻盛和夫的新著《活法》。说实话,在今日"钱胜于理"的逻辑起支配作用的社会上,是多么需要感悟人生哲学啊!稻盛和夫称:"今日社会像在沙漠里洒水那样的虚无,又像急流中打桩一样的困难!"我们稍加深究,就会发现人们的思想深处都"深切地怀有危机感和浮躁的心情"。"现实生活纷乱如麻,富者不知足,贫者不安分,人人处于前途未卜的不安之中"。如此下去,"现实越加纷乱,未来越加混沌不清"。怎么办?他说:要讲究人生价值——在离开这个世界时,能在心安理得中以充实生活的幸福感走向新的旅程。只有这样的心态,才会使世界更美好。

感悟稻盛"活法"

稻盛和夫的"活法"和"稻盛哲学",使他成为"在纷乱浮躁的时代,能为此社会打下正当活法这根桩"的思想家,同时在事业上使他成为创造两个全球500强记录的世界著名企业家。

我把他的"活法"和哲学理念摘录如下:

什么是人生?人生是在感受中不断完善自我的过程。

什么是人格?人格是性格与哲学的结合。哲学就是探讨为人做事的最高准则。社会进步不能没有哲学。完善了人格就是完善了事业,也就是完善了人生。

什么是人生成就?人生成就=(思维方式×激情×能力)的劳动过程。

这三个要素是"积",而不是"和"(即是"乘",不是"加")。为什么?因为相加,少一项还有积分;而如是相乘,少一项,或某一项是负值,则将完全没有成就,甚至只有损失与失败。

而且三要素中，只有思维方式可能是负数，即思维方式错了，工作激情与能力再强都只能加重损失与失败。此前，我提到国民党领袖连战两次竞选失败，可是这次大陆的"和平之旅"，给他的人生划上了圆满的句号。他过去的讲话并不精彩，而这次北大讲演，却能语惊华人世界。是什么起了作用？是因为他的思维方式有了根本转变，并有幸抓住了民意和机遇。

心态决定命运

领导者要想成功，还要有一个好的工作心态。

什么是经营企业的好心态呢？稻盛提出办事业三阶段要有不同的心态，我深以为然。

第一阶段，是事业创业或项目设想阶段。此时必须保持乐观向上的心态。因此，万不可找那些头脑很聪明，却缺乏激情、悲观的人，因为好的创新思路是很容易被凉水浇灭的。这时要找那些言行有点粗放，但对新事业有浓厚兴趣的天真感性的人多商量。

第二阶段，是"悲观计划"阶段。为什么要悲观？稻盛认为一个成功者绝不能胆大妄为，在关键时候，即真正要干的时候要特别慎重，反复推敲，小心谨慎。一个不能以小心谨慎作后盾，表面看来很有魄力的人，那是蛮干，要坏事的。松下有句名言："企业主管最大的敌人是狂妄"。这正好与稻盛的观点是一致的。

第三阶段，需要愉快的执行者。此时我想到米卢所说的"快乐足球"，即如果你能把计划的执行过程看成是快乐的享受，你就会把事情办得很好。反之，心神不定，左右为难，愁思万缕，精神压力过大，怎么能成事？只要把自己的精力都用到手头工作上，认真做好，美好的未来就能变成现实。非凡无不是平凡的积累。

盛田说了一句很重要的话：心态决定命运。这是盛田办一辈子企业，最有感触的一句话。

领导力决定于心态，进而心态要从环境分析中找到信心和力量，从而反过来催生领导力。

2005.11 海尔思想新起飞

海尔CEO张瑞敏将出席"第14届中外管理官产学恳谈会",并做大会主题演讲。这已是张瑞敏第二次在本刊年会上做报告了。只是这次与8年前不同,他作为《中外管理》杂志新任理事长,与本刊已是"一家人"了。

解读海尔的"两个习惯"

海尔的20年,不论是成就,还是思想,都受到国内外广泛关注。人们普遍认为:海尔是成熟的企业,张瑞敏是位成熟的企业家,是位企业思想家。

张瑞敏的独到之处在于预见,在于每逢关键时刻都能提出指导思想,做出决策。而更可贵之处在于每次决策过程中,他都有个做"两次决策"的习惯,即在做决策时,都要考虑到这个决策的后果和影响,进而做出决策后的二次决策。这种"决策习惯"凸显了他作为企业家的成熟。

张瑞敏在经营企业上还有另外一个很好的"习惯"。时任乐凯总经理的杜昌焘曾对我谈道:"张瑞敏在经营上确有他独到之处,那就是他有个爱好——总结经验。他能把经验上升到理念高度,而后又通过他的讲话,通过文化与宣传的渠道,贯彻到海尔全体干部和员工中去。这是我们很多企业主管还没做到的。海尔通过企业文化来管理企业的经验是十分可贵的。"

不错,尤其在与张瑞敏长谈,以及深入到车间、员工中去了解情况后,我更加深刻理解了海尔的"为人做事"之道。当我走出海尔园区时,有一种强烈的感受,正如孔子说过的一句话:"朝闻道,夕死可矣!"

新一次管理革命的原动力

　　张瑞敏最近在海尔全球经理人年会上做了关于"人单合一"模式的报告,本刊荣幸得以独家发表。我感觉这是海尔在经营思想上的又一次新突破,是在海尔原有市场链理念基础上提出的新发展模式。我觉得,这不只是对海尔经验的总结,也是继承整个企业管理思想的宝贵遗产。如果说"市场链"是理念、准则,那么,"人单合一"模式则是可操作的管理现实。

　　管理是与文明一起诞生的。每次文明的进展都与管理密不可分。中国、埃及等四大文明古国,也是四大管理古国。到近现代工业文明、信息文明的出现,更无不是伴随着福特模式、丰田模式的管理革命。也正是这一连串的管理思想革命,推动了一次次产业革命。

　　至少在近10年,推动中国企业管理实践的旗手,则应首推海尔。

　　海尔提出的"有生于无"的文化管理,"赛马不相马"的人才管理,"先谋势后谋利"的战略管理,"OEC"(全面的每人每事的日清日高)的精细化管理,"SBU"(人人是直接对市场负责的老板)的市场链管理,"品牌是帆"的市场管理,"用户需求第一"的服务管理,"走出去、走进去、走上去"的国际化管理等等,所有这些主张在当时都是领先于大家普遍认识的远见,继而又通过事实证明了这些远见的正确。

　　如今,海尔和我们都在思考:这一系列理念的核心精髓是什么?或说,未来进一步持续推动海尔提升的驱动力何在?张瑞敏在深思后提出了"人单合一"发展模式。

　　"人"是指市场链中对市场直接负责、能自主创新的SBU。"单"就是以自己竞争力为后盾的有效市场目标。"人单合一"就是每个人都有自己的"订单",每人都对"订单"负责,即对市场负责,都要成为各自市场的第一,只有做到这点,海尔才能成为世界名牌。因为只有SBU,才能保证化解"库存"与"应收账款"这两大企业管理顽症,保证企业持久的成功。

　　而这一切,都有赖于"人单合一"发展战略模式的认真贯彻与执行。这也正是海尔当今的挑战。但我相信:这一新管理思想将使海尔在新的20年里成为世界名牌,成为进一步带动中国企业管理境界提升的弄潮儿。

2005.12 杜拉克与巴金的思想光辉永存

深切悼念两位人类思想大师

在短短不到两个月的时间,两位大师先后溘然仙逝……

尽管我从来没与这两位大师见过面,可是又有谁不熟悉他们呢?如今各地书店必然会有的"企业管理"与"文学小说"这两大类书架上,又怎能缺少这两位大师的著作呢?在印象中,他们和他们的著作没有被刻意包装炒作过——因为也不需要,但彼得·杜拉克(国内现多译为德鲁克,而本刊更愿意与全球华人的习惯一致,译作杜拉克)的《有效管理者》(现国内最新版译为《卓有成效的管理者》)、巴金的《家》《春》《秋》,却几乎会出现在每一位爱书一族的书架上,长存常青,永世不衰。

学管理,去读杜拉克

我作为一位管理学者,总有爱好者问我:看什么管理书入门最好?最权威?内容最深刻,又文字最好懂?每次我都会说:"我是从学杜拉克的书入门管理的,你就看杜拉克的书!没错!他一定会把你高高兴兴地领进管理学这一丰富多彩的世界。"

古今中外,就像科学家里没人会超过牛顿一样,我看至今也没有一个人在管理学上超过杜拉克。牛顿与杜拉克,像站在宇宙看地球一样,已经把物理学和管理学谈到家了!别人只是在地球的一个角落能发现一点东西就很不错了。如雷贯耳的爱因斯坦也只不过做了一点物理学的"补充"和"修正",而中外管理学者,又有谁大开大合地把管理学的本质像杜拉克那样用简短的篇幅就说透了呢?

不管是牛顿还是杜拉克,有个共同的特点,那就是预见!他俩说的,不管谁都承认,他们的预见也都在后来得到了印证,让人心服口服。今天我们都关心企业的社会责任,其实这早已是杜拉克几十年来一直最重视的内容。目前后人还没有谁能做出他俩那样的伟大预见。说老实话,所谓"人",比起动物来说,跑得也不快,力气也不大,牙齿也不尖,唯一的优势不就是经过思考能有所发现和预见吗?没有这个能力,我们怎么应对自然界与社会的变革?牛顿与杜拉克、巴金这三位大师,正好前一位是观察自然界,后两位是观察人世社会。他们都一样伟大。

从社会影响看,决定人类命运的正像朱镕基所说:"摆在全党全民面前,最困难(请注意:他把"最困难"这个词放在前面)、最神圣的伟大任务,第一是管理,第二是管理,第三还是管理。""人类社会进步是靠科学技术和管理这两个车轮推进的。"其实这些话不止对中国重要,对全世界都如此。人类整个历史与未来,管理都是无所不在,无时不有。一切人类活动,只要超过两个人,都不同程度地存在管理问题。

而在全球管理界,最受人敬佩与尊重的,正是彼得·杜拉克。他不仅首先提出了著名的目标管理,更一手创建了管理这门学科。因此,《哈佛商业评论》说他是"不朽的管理思想大师""大师中的大师"!另一位管理学家汤姆·彼得斯直言:"在杜拉克之前,没有真正的管理学存在。"《华尔街日报》说:"杜拉克的理论是最具有可行性的管理宝典。"著名企业家葛洛夫说:"杜拉克是一盏企业的指路明灯,他让我们走出迷雾,找到了前进的方向。"杰克·韦尔奇更明确表示:"我整合通用电气的第一个核心思想来自彼得·杜拉克……如果这个世界上真有一个天才的管理思想大师的话,那么这个人应该是彼得·杜拉克。"海尔CEO张瑞敏也说道:"(海尔创造的)日清工作法,要归功于杜拉克先生。"……人们对杜拉克在管理学贡献的赞誉可谓无以复加,却毫不过分。

但就在2005年11月11日清晨,就在他96岁生日将到之际,他却永远地离开了我们……

我们纪念他,不是为了停滞默哀,而是要执着地继续他的管理学事业,继续前进!而具体到我们杂志,杜拉克的境界与风格,在过去是,现在是,将来也是指引我们编写所有文章的最高准则。

如果说杜拉克指引了我们全人类的理性发展,那么,我们中国自己的思想大师巴金,则更加震撼了我们民族的血肉灵魂。

学做人,就去学巴金

我常想:为什么巴金被如此多的中国人怀念?可以说超过了当代中国所有文

学家。是他的小说吗？当然是，但我想大家更缅怀的，是他的人格！是他的思想！

这里不妨挂一漏万地引用他晚年在《随感录》中的几句格言。

在谈到他著作时，他说："我是从探索人生出发，才走上文学道路的。""如何让人活得更美好，怎样做个更好的人，怎样对读者有帮助，对社会对人有贡献。这是我总在想的一个问题。我没有无病呻吟的时候，也从没想过写作手法和技巧。"

在谈到十年动乱时，他说："那个时候，我有一笔欠债，我必须早日还清，它像一根皮鞭在抽打我的心。写吧写吧！总在我耳边响着！即使把我烧成灰烬，我的爱与恨也不会在人间消失！"其实，他只曾错误地批评过别人，却终生自责……可是我们在那十年的表现又如何？我们付出了那么大代价，可又有多少人扪心自问地总结过？

在谈到人生的时候，他说："我只想把自己全部感情，全部爱憎消耗干净，然后问心无愧地离开人世。"我们有谁对自己的爱憎，尤其是自己的亏心事，有如此之记恨？他还说："我永不忘记自己是个人，下决心不变成兽。让我做一堆木柴吧！把热与光发散出来，把自己烧得粉身碎骨，给人间添一点温暖。我要讲真话，讲真话就是把心交给读者，要讲自己相信的话，讲自己思考过的话。"

我只引用这几句思想大师的话，借以想想自己，想想过去的一切！它敲打着每一个人的心门。

谨以本次年会纪念大师

最近，我因为召开第14届官产学恳谈会，着实感到身心疲惫。一个小杂志社邀请到82位海内外官产学精英到会发言，看到这些新老朋友携手进入会场，响起乐声时，我们杂志社同志热泪盈眶，又有说不出的高兴！更值得一提的是，我们已经举办了14次年会，而来自温州的企业家管加东先生就连续参加了12次！参加5次以上的占40%。这都让我们既高兴又感激。

只是很对不住读者的是，由于本次会议信息太丰富而篇幅太有限，不能把他们如珠似玉的发言全部刊出，尤其是12个论坛，只能刊出与会嘉宾的点滴语录。本次年会内容的全记录，我们将马上另出专集，请读者朋友们留意。这是我们心中十分不安的事，在此向大家致歉。

这时，回首此次年会，我们还特意向国内企业界大力宣讲杜拉克的管理思想。不想会议刚刚曲终人散，大师就驾鹤西去，个中伤感，个中留恋，难以言表……

有感"富豪"严介和的生存理念

2006.01

严介和何以坦然面对质疑?

太平洋建设集团董事局主席严介和最近成了各界的焦点。

经过20年努力,严介和兼并了31家国企,个人资产达到了125亿元。但直到胡润的中国富豪榜一度把他排为第一,他才骤然站到了聚光灯下。像这样一位迅速崛起的民营企业家,又面对那么多的质疑,其心态和理念是什么?我想一定是大家想知道的。"生态决定心态,心态决定未来""安全第一,发展第二"。

严介和更是明白:被列入中国富豪榜就一定有副作用,如果是脆弱企业,可能就麻烦了。像他这样搞市政建设工程的,其高风险不言而喻。但他能做20年(生存寿命本身就说明问题),家大业大,检察部门却从不找他。他自信地说:我绝对不会失去自由,哪怕只有几秒钟。为什么?请看下面他的经商理念。

1.我永远不做资本玩家,只做实业。资产负债率要保持低水平,绝不超过30%。

2.坚持用自己的钱去并购国企,不用银行的钱。因为用银行的钱,就会有人质疑,媒体再一炒,企业可能就垮了。

3.遇到很贪的官员,如果只有送钱才能办事,就下决心放弃这个项目,绝不冒这个险。因为贪官迟早会出事,自己迟早会被牵连。

4.在对外关系上,就是要保持"听话"心态,要360度交朋友。关键是要"最大限度理解政府和媒体",更重要的是要"最大限度去理解政府与媒体对我们的不理解"。

5.要做到理直不能气壮,财大不能气粗,谦恭祥和处世。

6.要认清自己的处境：自己是优秀的，但是绝对是苦命的；为社会做贡献，是可爱的，又是可怜的。企业家要承认这个现实。

7.企业家只当运动员，不当裁判员，碰到吹黑哨的，认命！因为运动员必须服从裁判。

8.作为并购国企的民营企业家，要做好车被砸、衣服被撕扯、自己被员工围攻三天三夜而释然的准备。

中国企业家如何避免出事？

上面是我整理出来的八条严介和自我保护的心态和策略。此时此刻，我想到在1995年"第五届中外管理官产学恳谈会"上，我关于"企业家如何保护自己"的发言，与今天严介和的理念非常相近，甚至是不谋而合。我当时也列出了八条，我至今记得当时前排就座的老总热泪盈眶的情形……我深信这些内容是说到他们心坎上了。如今不妨把这八条再列出来，比较一下。

1.要深刻认识中国传统文化的现实存在。我们既要看到它的不足，比如：随意文化（如批条子等）、集权文化、人治文化，这与市场经济、法制思想是相违背的，又要认可这个现实。我们可以去积极影响它，但不去改造它。正如严介和所言，因为我们只是"运动员"。

2.当自我感觉良好时，务必想道：这是危机的开始。找出潜在的问题，消灭它，继续前进。

3.不要相信："自己在决定自己命运"。任何一个阶段、一项事业，都会有一两个人在决定你的命运。为了事业，一定要找到他，做好他的工作，亲自做，直到成功为止。

4.要学会甘当老二，永争第一。就是永远找一个标杆在自己前头，学他长处，发挥自己的优势，超过他，然后再找个"第一"作标杆，永远"甘当老二"。

5.要学会像推销商品一样，找机会推销自己，让更多人理解你，相信理解万岁。

6.要精选培养占员工人数20%的骨干队伍，他们在决定企业的前途命运。但同时又要告诉他们："你的成就是靠另外80%员工完成的。"

7.要合理分权放权。分权放权是最有效调动人积极性的好办法，它还能达到分散矛盾、减轻负担的目的。千万不要把矛盾集中在自己身上。

8.做事无愧于心。记住，管理好自己是第一位的。同时，要与使自己难受的人交朋友。不要把打垮对手当作目标。交朋友，是"消灭"敌人最有效的方式。

新年到了，我谨以严介和的八条和自己总结的八条，作为祝福中国企业在2006年获得更大成就的寄语。

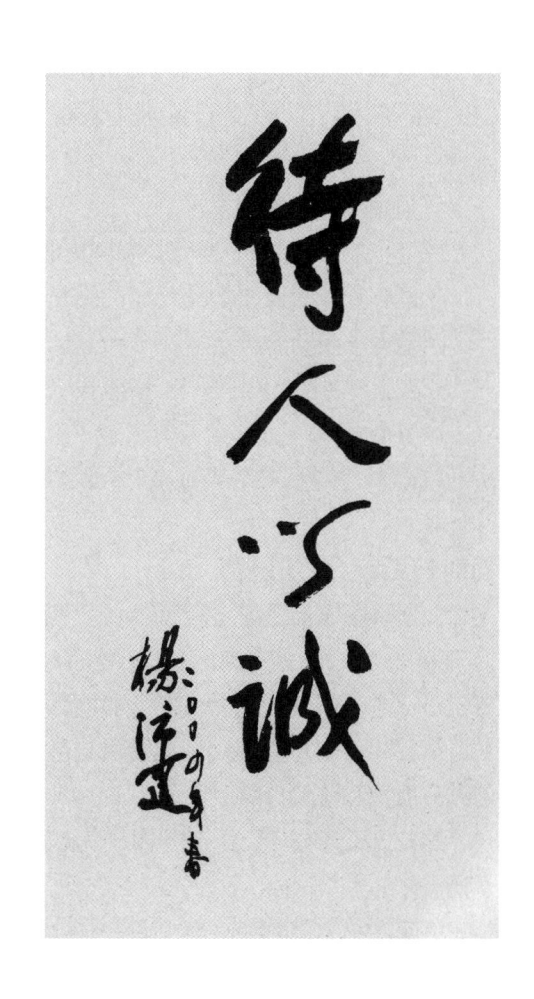

听比尔·盖茨，想我们自己

全球商界舵手的特质

据英国《金融时报》发布的2005年商界领袖舵手调查：在全球1000位老板/CEO中，微软的比尔·盖茨被列在首位。所有这些商业领袖舵手，有什么共同特点呢？

一是企业领导能力卓越；

二是企业管理与研发创新，有突出成就；

三是企业价值保持持续稳定的增长；

四是力求主动出击，而不保守；

五是关注社会、关注弱者，积极投入慈善事业。

这五个方面，比尔·盖茨都走在了世界前面。在企业界，比尔·盖茨的影响，仅次于彼得·杜拉克；在为人做事上，他同样具有旁人无法比拟的声望。

面对打工者，盖茨进言

关于事业成功之前，盖茨曾对员工强调如下几点：

第一，社会总是充满不公正。要面对这个现实。我们一定不能和它对抗，而是要先适应它，否则你将因无谓的牺牲而一败涂地。

第二，人人都有自尊，但要提醒自己：在你没有取得举世瞩目成就的时候，切勿过分看重和强调自尊。

第三，只管去干。只有当你成为CEO之后，人家才不再关心你是否有大学学历。

第四，在你出世之前，你父母是自由自在的，但他们为了让你成才付出了很大牺牲，所以要对父母报恩。

第五，现在学校已不在乎你的考试排名，但你工作后，会发现排名在社会上比比皆是。你要适应这种现象。

第六，学校里，老师会协助你学习，但工作中，你的上司不会的，而且上司比老师严厉得多。当上司对你不严厉了，那就意味着你将失业了。

第七，电视剧不是真实的生活。真实的生活是你根本没时间看电视剧，否则成不了事业。

第八，永远记住，在你没当老板之前，万不可在别人面前议论你的老板。否则意味着什么，你会清楚的。

从中，我们可看出比尔·盖茨的人生态度。

面对富豪们，盖茨流泪

我特别想从比尔·盖茨热衷慈善事业谈起。

比尔·盖茨个人资产大约460亿美元。他的妻子梅林达是盖茨积极从事慈善事业的主要倡议和督导者。去年10月28日，比尔·盖茨庆祝自己50岁生日时，再次重申要把全部财产回报社会。他成立的"比尔及梅林达·盖茨基金会"拥有288亿美元，是世界上最大的慈善基金会。尽管他们富可敌国，但他们并不热衷购置名牌，仍然保持商界从业人的风格。2003年，比尔·盖茨对外捐献11.8亿美元，重点是卫生和教育。对于非洲的贫困、饥饿与疾病，梅林达表示：我了解得越多，越感到我们富人责任的重大，与回报社会的迫切。

写到这里，我想到网上传播的一条信息：当比尔·盖茨看到2003年非典期间中国慈善总会只收到770万元，可是中国百万富翁高达30万人，却只有一位捐献200万元时，比尔·盖茨哭了……

5年前，当《福布斯》排出中国富豪榜时，有钱人还战战兢兢。但5年后的今天，情况大有变化。据《商业周刊》报道：5年前，世界奢侈品总销量中，中国的份额不到1%；但最近高盛公司统计：该比例已高达12%，成为全球第三大奢侈品消费国。这显然与我们富人毫无顾忌地挥金如土大有关系。

我们的现状所为，连世界首富都看不下去了……这难道还不值得我们警惕与深思吗？

2006.04 两会晤谈五老总的三大感受

两会期间，我很荣幸得以与五位成功企业家见面交流。

这几位企业家是：鞍钢集团总经理刘玠院士、中兴通讯董事长侯为贵、青岛啤酒总裁金志国、力帆集团董事长尹明善、三一重工执行总裁向文波。他们都是我国企业家中的佼佼者，在所在行业中都起着潜移默化的示范与领导作用，而且在经营理念上都有独到之处。

我与他们大多都是老朋友了，此番云集京城，能有机会促膝畅谈实为我的一大享受，并在求教中学到了很多东西。本刊为此还做了专题报道，我在此只谈自己与五位企业家交流后的三点感悟。

欣喜：一个新时代开始了

改革开放27年，我国经济取得了举世瞩目的成就，这个成就与繁荣的背后依靠的是什么？是中央提出的一系列改革开放的思想和政策。显然，"实行市场经济""发展是硬道理""让少数地区少数人先富起来"等指导思想和相关政策在起着决定性作用。

但是，时过20多年之后的今天，形势与环境已发生巨大变化。而中央领导针对这一新变化，及时提出的"科学发展观""和谐社会""节约型社会""创新型国家""循环经济"等具有重大意义的新战略思想，以及扶植弱势群体，解决教育、医疗、就业的三难问题，缩小贫富差距，进行行政体制改革等新举措，正是要从根本上解决社会进步的种种障碍。这些全新的思想和政策，是进一步实事求是地掌握全局、系统思考国家现实与未来发展方向的结果，是一个新时代建设的伟大开端,是未来屹立于强者之林的根本保证。我们很高兴地看到:中国一个新时代、新发展的春天到来了!

呼唤:强化行业协会职能

交流中,企业家们也率直指出:中央方针政策是清晰明了的,但不等于组织上、体制上已解决了问题。由于行业协会职能缺失,使行业发展、企业操作等诸多民间可以研究解决的问题,过重地压在了政府中层干部身上。再加上部分政府干部收入与社会经济部门收入的差距,使一些"潜规则"在默默中流行蔓延,也给"商业贿赂"有了可乘之机。

怎么办?我想起几年前,中国企业家协会会长陈锦华先生接受我"独家专访"时说过的一番话:起中介作用的非营利群众团体,对一个国家是非常重要的。构建和谐社会,必须有很强的能起中介作用的群团组织,在政府与企业、基层民众之间起到沟通、协调、参谋作用。一些社会安定、经济发展的国家,无不是一些为政府出建议、为民众谋便利的非营利群团在起关键作用。这就减轻了相当大一部分政府可做可不做的事务负担,还能造福于社会和民众。对企业来说,普遍希望通过发挥行业协会"官、产、学共议行业政策"的参谋作用,发挥企业家与学者的聪明才智,共同谋划行业发展之道。

反差:内地"富豪"并不多

事实证明:我们的贫富差距是比较大,但我们的"富豪"数量却并不多。今年3月9日,《福布斯》杂志发布世界富豪榜,从中可以说明这个问题。

在这个富豪榜上,俄罗斯33人(去年26人);印度仅去年就增加了10人,达到23人,被评为"富豪上升之星"的国家;我国香港有17人;我国台湾有5人;可是我国内地,只有8人……

显然相对我国经济发展速度和规模总量来说,这个数字是比较少的。是否经济发展规模越大,"富豪"越少越好?似乎难以成立。这也从一个侧面说明:我国民营企业还有很大发展空间。

正像有些企业家说的:贫富差距是政府政策协调的事情,现在中央财政拨款几千个亿解决贫富差距,这表明中央对这一问题给予了极大关注。与此同时,通过《物权法》来保证个人合法财产的安全,这与和谐发展政策也是并行不悖的。

所以说,虽然存在"为富不仁",但"劫富济贫"也早已不是21世纪人类的选择。

2006.05 成功：打破窠臼，豁然开朗
有感李开复《做最好的自己》

我作为七十多岁的老人，看了盛年李开复新著《做最好的自己》，仍不禁有久旱逢甘霖、他乡遇故知的快慰。故此忍不住提笔与读者共享。

条条大路通罗马

至少在中国，人们头脑中都有一个挥之不去的沉重包袱，就是"要为自己的成功呕心沥血"。为此，不少人到处搜集各种"成功学"，甚至"厚黑学"。年轻人尤其深陷其中无力自拔，他们背负着光宗耀祖、扭转家境的"使命"压力；他们在应试教育的独木桥上无奈挣扎；他们难逃浮躁社会的侵袭，而梦想一招险棋一夜暴富。

因而此刻，我们年轻人更需要像李开复这样学贯中西的成功者的指点。现把我的读后感，以及李开复的名句列出，以期引起读者们共鸣。

1.成功者的形象是：天资过人+诚恳谦逊。

2.成功者的品格是：深刻敏锐的思维方式+锲而不舍的执着奋斗。

3.成功者的理念是：不虚度此生就是成功。成功贵在乐观与充实人生，真正实现自己的人生价值。成功是个过程，对每个人都不遥远。

4.成功者的方法是：真正做自己想做的事，把理想分解落实到每件事上，不断超越自己。

5.成功者的标准是：成功是多元化的。在中国，"成功"已被狭隘到非权即财，非名即利。这是不折不扣的误导。成功应是多元的、广泛的。当人们都挤名利独木桥时，就注定是自寻痛苦。中国的新一代，只有消除一元化的成功模式，中国社会才会实现健康与和谐。然而，现实是人们尤其是学者，总痴迷于一元化模式，

甚至还试图建立人才的"统一指标体系"。殊不知这是违反基本自然规律的。我们只能以"德才兼备，以德为先"为原则，再进一步就应该提供多元化的标准，让每个人都有展示自己才智的机会和空间，让每个人都可能成功。

6.伴随成功者一生的本质是：自己的综合素质与优秀品格。它们不只可以伴随你一生，更是你一生受用不尽的"最可靠"的财富。至于知识、能力、经验，都可从学习中获得。而一个人的综合素质和品格，却能左右你对知识的取得与应用。这些素质与品格，集中表现在价值观。

构建成功同心圆

于是李开复总结出了一个成功同心圆：价值观是核心，态度作为内圆，行为是外圆。而价值观作为核心，决定了内圆与外圆中六种相关的态度和行为。

这六种态度和行为，我的理解是：第一是"自信"的工作态度，从而有更多发现"兴趣"的机会；第二是"勇气"，因为能够自我挑战，才能实现自己的"理想"；第三是"激情"，保持持久积极向上的情绪，"学习"就是必然的外化；第四是"自省"，只有做到自省，才会有效"执行"；第五是容人的博大"胸怀"，进而才能有效"沟通"；第六是要有"同理心"，只有在成就别人之中成就自己，才能获得人们常说的"人气"。人生就是在不断整合价值观中，不断坚持上述六种态度产生的六种行为，不断实现"做最好的自己"的成功目标。

李开复的以下格言，同样入木三分，试举一二：

1.自信是潜能的"放大镜"，是成功的前提。

2.勇气引领人生，智慧是勇气后盾。

3.发现自我，找回自我，靠的是自我反省。自己的事，自己负责，自己解决。兴趣是点燃激情之火，激情才是成功的前提。

4.养成反思自省的习惯，在反思自省中成熟，在反思自省中走向成功。

5.自己无法改变的事，要务实；要以恕己之心恕人；虚心听，尊重别人发表意见的权力；永远做胸怀宽大之人。

6.想要别人理解，必先理解别人；只能修正自己，不能修正别人；坦诚待人，才能获得信任；流露真情，才有真情回报。

最后，我要说的是：写此卷首语，目的不是让大家"速成"，而是希望大家仔细阅读、仔细品味这本融贯中西的新著。我坚信，大家将开卷有益。

2006.07 "世界是平的"我们准备好了吗?
"平"旋风刮到中国

  托马斯·弗里德曼的《世界是平的》已问世一年,轰动了西方和整个世界。美国上百万人抢购,英国则颁发畅销书"财经第一"大奖,比尔·盖茨兴致勃勃地向企业员工与决策人推荐此书。"世界是平的",一下子成了企业家、学者、议员、州长谈话中引用最多的一句话。弗里德曼这个"平球论"成了一股世界管理旋风。为了先睹为快,我国台湾去年就出了中文版。外企统帅周伟焜、高群耀,本土领袖张瑞敏、刘积仁,对此也都有强烈的共鸣。这股旋风已经刮到中国。

中国,还不够"平"

  然而我看了这本书,却想到了书外的事……不错,中国正在强大,但还没跟上世界的脚步。我们不妨先问自己几个为什么:我们落后在哪里?今后我们到底应该做些什么?

  第一,我们内地图书出版业,为什么总慢半拍?首先是我们介绍外国热点图书总比香港、台湾晚出近一年,弗里德曼这本书的中文版就是一例。为何我们出版界总慢半拍?为何不能组织起来有效地快速地解读者燃眉之急?

  第二,我们媒体的境界为何不高?我们过于关注社会新闻,譬如:女子踩猫这件事,能迅速传遍全国,激起众怒,权威媒体迅速对"涉案者"追查采访,并准确无误地在茫茫人海中抓到了这个"恶人"。一切水落石出,真相大白。这首先显示了中国媒体的力量,并从一个侧面说明:至少中国这960万平方公里是平的,实现了个人之间信息的平等自由。但我们只在这种"小事"上实现了"世界是平的",而在影响中国发展的重要领域的理念、思想深度上,为什么总比外国媒体慢半步?

人家弗里德曼也只是记者,却能写出《世界是平的》这种震撼全球的书,而我们的媒体却只能追访踩猫女子?同样都是走遍各地、深入采访,但两者的境界却是悬殊的。人家能深入企业,从美国一直跑到印度两个软件公司,在班加洛科学城悟出了"世界是平的"这个具有现实意义的理念,并提出应变措施。接着他又跑到我们东北,看到东软集团的软件基地,继而又到日本采访了著名学者大前研一,从而有力印证了"世界是平的"。而我们从虐猫中悟到了什么?

第三,我们学界都在忙什么?就像我国媒体至今没出现托夫勒和弗里德曼那样,我们的学者至今也没像彼得·圣吉和柯林斯那样写出《第五项修炼》和《从优秀到卓越》,这是为什么?不值得深思吗?

第四,世界尚不够平,动因何在?我们说世界是平的,西方是平的,亚洲正在推平,非洲还不是平的,那么这些是什么造成的?弗里德曼指出四大要素:一是物流、信息流与交通运输事业不成熟;二是教育水平与文化氛围不理想;三是政府的法律、法规、政策的质量没跟上;四是环境的质量与人文的和谐。不要忘记,今后中国实现扁平化的最大障碍正是这四点。当前这四点中,国家政策与社会氛围是最重要的,因为是它在起主导作用。

第五,中国外包滞后的原因何在?本刊20世纪90年代初就发表文章提倡外包,指出它是世界上最成功的经验,我又在玉溪烟厂等企业看到了外包的威力。但随后多年,不少企业反映:因文化与心态障碍,做到外包很难。可弗里德曼正是看到外包经营现场实际指挥的情况,才顿悟:"世界这个竞赛场正在被推平"。

今日,企业职能外包的范围已经推向全球,而从事设计的智慧心脏留在本国,已经成为成功跨国公司的基本模式。于是,这就使印度的班加洛、中国的沈阳、大连都成为了美日豪强的外包基地,同时又是他们的强大对手。这就是企业经营的新准则:"不为所有,要为所用"。90年代初,时任玉溪卷烟厂副厂长的姚庆艳就专门向我介绍了他们以烟丝为主业,过滤嘴、烟盒、烟草等外围业务都分包给农民和乡镇企业的做法。它不只推进了主业,也实现了主业企业社区化,进一步使社会和谐发展。如果站在"是平的"立场,把简单工作包出去,成本就可能节省1/3到1/5。

就是这个外包经营思维,也使著名的日本咨询大家大前研一辞去顾问职务,回日本开了个外包公司,专门把日本的"粗活儿"外包给中国大连等地,从中赚钱立业。

由此推想:如果进一步实现设计外包,实现企业经营全球化,岂不是天大的好事？今日的美国连报税、人员招聘与考评都已外包给印度，甚至新闻提供也外包出去，大大提高了新闻速度和准确性。就此看来，还有什么不能外包的？总之，把附加值低的工作都包出去，只把高附加价值、技能开发空间大的留给自己，实现不是高产值但是高利润的跨国经营，这才是企业实现全球化的本质。

因此，竞争赛场在铲平过程中，外包意识将是全球化经营的一个主流意识。

中国的"平"之惑

第六，我们企业的出路何在？今天，一个有实力的企业只要能有雄心壮志，又有宽带上网的电脑，一个人不管在哪里都可以实现全球化，而不被边缘化。那么，中国企业该怎么做？

今年4月的博鳌论坛已提醒人们注意"中国企业的竞争力在哪里？"当我听到有的外国人评点"中国了不起，但中国企业没什么了不起"时，也确有疑惑。譬如：目前，世界是平的，却使中国处于买啥啥贵、卖啥啥便宜的尴尬局面。表面原因是：作为"世界工厂"的中国，原料大量靠进口，而出口商品附加价值却不高。那为什么商品附加价值不高？首先，我们的产品没有镶入世界高科技产业链上，而优势只限于发展制衣、制鞋、玩具等一般劳动集约产品上，显然其创新成分低，价格上不去，贸易摩擦不可避免成为桎梏。其次，是没有制定产品加工的精细化标准，没有成为市场第一领跑者，既没有形成技术，也没有形成品牌。但是，究竟出路何在？

世界在向我们倾斜

5月29日，我去沈阳和东软掌门人刘积仁交谈，他使我对这一疑问有了答案。

今日世界正向中国倾斜，机不可失。

我从来没有看到一位企业家像东软的刘积仁这样兴奋、激动、愉快。他上午刚从美国商人谈判会场归来，就接受我们访谈，接着又跑到大连软件基地安排部署大事，他使我想到好收成在望的农忙抢收。

刘积仁笑眯眯地说："今日的世界，中国必须快跑！因为今日世界正向中国倾斜，向拥有数亿勤劳智慧的知识工作者的中国倾斜！因为只有用中国人编软件，西方企业的成本才能降下来，他们才能赢利；只有和中国人合作，他们才能争得具有巨大市场潜力的中国用户。"

两年前，IBM在印度外包知识者为9000人，现在已是4.3万人，这相当于美国国内的软件人员数量,而IBM声言,今后它需要的是20万。美日都竞相争夺印度,但更看好中国。IBM负责转型的副总说:客户要求我们把适当的技术放到适当的地方去,这必须使中国成为世界加工中心,向中国倾斜是大趋势。今后,中美、中日之间的竞争只是科研能力的竞争。而其中,首先是只有人手亲自做才能做好的软件行业,潜力最大。刘积仁说:我们东软员工马上超过万人。只有拥有软件从业人员的规模,才能拥有软件事业竞争的优势——因为软件市场的潜力需求太大了!

这时,我意识到:当今世界,是外包的世界,也是通过外包正在推平的世界。首先是软件的世界,必然形成向中国、印度这样的国家倾斜的世界。

不会生活的人
总说苦多欢寡
只有会生活的人
才走进五彩纷呈的世界
享受人间无限的乐趣

2006.08 坚持企业的市场主体地位

我想在这里引用最近媒体的一些报道，它们似乎是杂乱无章的，但是深入思考，它们之间的深层关系又具有一定必然性。核心问题是：走市场经济，就要尊重企业是主体这个原则，非市场因素不可逆流而动，喧宾夺主。

反对权力垄断

1.《人民日报》6月27日"市场经济需要《反垄断法》"一文说：经过12年的砥砺，作为"经济宪法"的《反垄断法》终于进入全国人大议程。社会各界一直呼吁尽快制定《反垄断法》，而进入立法的机会已经成熟。此立法传递一个信号：我国市场经济改革方向不会改变。

2. 此前，英国《金融时报》于6月16日呼吁：当今世界形势不是权力走向集中，而是权力分散。它以"权力分散时代已经来临"为题论述当今世界、当今社会、当今企业的共同发展趋势：1980年，居行业前列而五年后不再是"巨无霸"的大公司不到10%；而到1998年《福布斯》公布的"下岗"大公司已高达40%。其现象背后是新兴小企业实力的迅速崛起，企业走向垄断开始受到扼制。另外，博客数量每五个月翻一番，它产生的信息爆炸使平面媒体公司如芒在背。这表明："小势力"正在向巨无霸挑战。总之，不受约束地行使权力走向垄断的现象正在日渐稀少，一个"巨无霸"掌控世界的势头正在削弱，一个权力分散时代已经来临。

3.《经济参考报》6月19日以"垄断破坏市场公平竞争"为题，它指出：目前权力与资本出现了"合流"现象，出现个别部门的权力有强烈的趋利现象，以执法之名行违法之实（即违背国家、社会、大众利益），采取一些明显违背市场经济、企业自主经营原则的举动，从而使企业失去市场主体地位，造成商品和要素流动受阻和巨大的社会资源浪费。

　　4.《北京青年报》6月25日刊出新华社一文指出："国际反垄断三大制度：一是禁止垄断协议；二是禁止滥用市场支配地位；三是控制经营者集中，并提出严防行政权力成为垄断推手。"

　　5.《北京青年报》6月21日刊出财政部副部长楼继伟讲话：我国收入差距过大，需要打破垄断，没打破前要解决垄断企业高管收入过高的问题。要降低市场进入门槛，扩大就业。

　　6.《羊城晚报》6月27日报道，吴敬琏在"长安讲坛"上指出：贫富分化背后有两个要素，其一就是垄断。这两个要素造成人与人之间机会不平等，使资源掌握在少数人手里，以权力坐收渔利，使企业失去自主、自律能力，其结果必然阻碍社会进步。

警惕一味"拼大"

　　写到这里，我想起张瑞敏说过："我佩服GE的韦尔奇，不仅因为他能把企业做大、做强，更可贵的是他能把企业做小。"这也是当今世界成熟企业家的共识。因为大企业容易得"大企业病"，更易丧失经营活力。要让大企业有活力，不是拼接，而是"做小"，即通过放权，从而使下属企业保持活力。目前，跨国公司总部支配的资源只有三处：一是研究开发，有了成果再推到子公司广泛应用；二是建立统一的"人才库"，使人才信息统一管理；三是铸造统一的企业文化。正像全球企业网总裁说的："大公司集中管理的目的也只是让子公司、地方公司拥有更大权力，而不是削弱。"

排除利益干扰

　　另外，我看到今年6月《纵横》杂志上的一篇短文，题目是《蔡元培的最后遗言》。文中提到蔡元培先生临终前，两眼直视远方，喃喃作语，很像是在聚精会神地演说。经辨析，这位从政从学的大人物，在临终前最想说的话是："世界上种种事件变故，无不与个人利益相关……我们一定要倡导以道德救国，学术（即科学观——本刊注）救国……"

　　以上摘录的各报刊只言片语的背后，唯一想说明的是：要认真执行党和国家的"企业是市场主体"的原则，并不容易，要头脑清醒地抵制种种非市场行为对企业自主经营的干扰，保证国家经济格局的健康发展，保持我国经济的持久繁荣。

2006.09 攻坚国际品牌：难！却必行！

不能满足"世界工厂"

那是1980年，我还在国家科委工作的时候，偶然有机会听到杨振宁教授的演讲。当时我递了个纸条问他：什么是中国当前最需要的追求和目标？什么是中国集中力量要做的事？他毫不迟疑地说："中国当今唯一的，也是最重要的，是把中国产品铺到世界各地。因为只有这样，中国才有钱发展教育和科技，有了发达的教育与科技事业，中国就强大了。"

当时，我的反应是：把产品卖向世界，谈何容易？

杨振宁这句话，如今言犹在耳。可当时认为不可能的事，我们现在居然做到了，而且做得很好！甚至全世界的发达国家，都千方百计搞各种壁垒和罪名阻挡我们，却依然奈何不得。

三年前，我在俄罗斯遇到一位商贸部人员，他说：现在我们这儿到处是中国货，全世界都是你们中国货。原来我们是老大哥，现在是你们的小妹妹了。但我们有的是石油，我们会富起来的——羡慕中又有点儿酸溜溜的味道。

但最近，我与某集团总裁卢女士交谈，她焦急又深情地说："我们不能满足'世界工厂'的现状，也不能靠贴外国名牌出口产品过日子。"

是的，去年我到日本，日本一位大企业主管对我们说："中国是当前世界很了不起的国家，但中国企业没有什么了不起。"他这句话，我着实难以释怀。但我看到大阪家电展览里日本产品不断创新的能力，听到日本企业破坏旧管理、重建日本新文化的决心时，又着实无话可说。

最近的世界杯赛场上，到处都是美日名牌广告。甚至只有我们一个省那么大的韩国，也有几个名牌显赫而立。可就是看不到一个中国品牌！我们的足球总是让国人伤心，我们的企业又何尝令人自豪？我们的政府可以与任何强国政府平起平坐，可是我们有几家企业能与外国名牌公司平起平坐？！

当我在日本大阪最热闹的商业中心路口，蓦然看到高楼顶上树立着海尔广告牌时，我与中国松下副董事长张仲文立即在那里合影留念。

急盼政企携手

7月28日，我与海尔张瑞敏首席交谈，他再次表示：中国企业只有实现品牌国际化，没有退路。他表示：海尔的小冰箱已占美国市场的绝对优势，靠的是大商场。但又很令他感慨的是，网络营销迅速崛起，已直接威胁到海尔苦心营造的优势。竞争形势变化之快，真有些让人应接不暇。

当我问他：你最近常说，一个企业经营过程是"开始时看山像山、看水像水，后来又看山不是山、看水不是水的感受"，那你现在是否处于这种看山不是山的阶段？他立即表示认可。海尔在国外已征战多年，仍然难以摆脱困惑……可见，打造一个国际名牌之难！

显然，打造国际品牌不是企业孤立奋斗能完成的。最近，我看到报纸上介绍南非和印度的政府，大力支持名牌企业兼并互补的同行企业。在有实力以后，政府又支持本国名牌企业兼并外国强势企业，以求早日进入世界百强。

什么是名牌？名牌不是广告，不是口号，而是一个企业核心竞争力的集中表现。打造品牌，不靠外力拿捏、拼盘，而是靠在政府政策大力支持下广大企业内心的认同和实践。因此它是一个靠实力打造的艰苦过程，不可能一蹴而就。

用对手激励自己！

8月13日，凤凰卫视"世纪大讲堂"上宣讲"日本文化与中日关系"，提到一位日本名流著书声称，"中国不是日本的对手"。日本对美国俯首帖耳，对中国却趾高气扬，奥秘何在？就在于美国强大，而中国特别是中国企业还不够强大。

故此，我们要振奋民族精神，万万不可沉醉于我们的高增长，特别是企业要打向世界，成为名牌企业，为国家强大添砖加瓦，让祖国真正成为世界经济强国！

我相信这句名言：失败者无不是从自满走向狂妄的。而成功者在于"以我为主，博采众长，融会贯通，自成一家"，永远用真理与实力说话。

十五年，意味着什么？

2006.11

祖训曰"三十而立"，但对于当今世界形势与中国企业现实而言，我们必须成倍加速，我们需要"十五而立"。世界正在迅速被推平，与中国市场日臻成熟的现实，既容不得我们再慢条斯理，也容不得我们心浮气躁。

基于袁宝华同志对本刊"把一家一户的经验，变成全国企业的财富"与钱三强同志"让理念为企业服务"的使命鞭策，我们通过半年来精心对几十位中国企业领袖的访谈，从他们这15年乃至更长的商战岁月中，能感受到中国企业精英之所得所失、所笑所累……更感受到了这笔精神财富的厚重价值！这些先行者、实践者的无价感悟，必将化作广大中国企业在下一个15年里腾飞的燃动力！

那么，"十五而立"对我们究竟意味着什么？

是自信与豪情

在15年全球市场的较量中，中国企业迅速完成了西方列强几十年走过的历程，已经积累了"亮剑"全球的自信与雄心。

魏家福统帅的中远集团，不仅通过主业的丰厚利润拥有了打造"百年中远"的底气，更通过一举超越当年的"偶像"马士基，而获得了全球战略合作与制定市场秩序的强大话语权。"COSCO"代表中国成为海上无所不在的标志。

而新兴的中国IT企业，更因互联网领域与世界同步而可以轻步快跑、锐不可当，因此慧聪CEO郭凡生敢自信地说："中国创造"已经开始！东软的刘积仁更在"平坦"的世界面前，正向世界级"冲刺"。

制造业既是我们的根与本，又是我们的难与痛。但以向文波为代表的民营制造业新生力量，已经在初试锋芒后懂得："创新，先要有种！"已然与世界对手过招多年而毫不落下风的娃哈哈及格兰仕等大批企业，则在从容与沉稳中把目标指向了长远，他们早已不再"哈洋"，他们在信心百倍地筹划自己的路，准备新的超越。

是理性与提升

这15年，中国企业家收获的更多是对"管理"的理性感悟，与实践能力的切实提升。

可谓"中国企业常青树"的鲁冠球，历经37年商海生涯后告诫后生："如果控制不住自己的欲望，就要犯错误。境界和思想可以超越，但力量不可超越。"我们相信："有目标，沉住气，悄悄干"绝对是做企业的"长寿秘方"。

在明基收购西门子手机再告失败后，联想收购IBM PC的经验便显得尤其可贵。"总导演"柳传志总结道："预先要把事情想清楚，把战略目的、步骤，尤其是出了问题如何应对，一步步一层层都想清楚，要有系统地想。"看似平淡，实则点透了真理：做企业，越是有"理想"，就越不能"理想化"！

而成长并非一蹴而就，需要一系列的审时度势与取舍决策。物美董事长张文中词短意长地总结道："重要的是把握时机与节奏"。特别是在你超我赶的高速成长期，不因浮躁盲动而大起大落，对于企业的成熟与健康至关重要。

是转折与创新

这也是中国企业在走过15年后，最需要充分认识的。

作为当代中国最有影响力的企业家，当张瑞敏被英国《金融时报》评入最受人尊敬的50位全球"商界舵手"之际，却对我直言："海尔现在已经进入'高原'期"时，我感受到的是一种震撼，一种勇敢。他已看到："不否定自己现在的，就没有好的未来。"是啊，对于成功者而言，"知彼"的应变，与"知己"的否定，是最可贵的，也往往是最难的……

站在转折点的张瑞敏已深刻意识到：自己过去的经验已和未来的目标不再同向。没有退路时，出路就只有创新。IT"常青树"周伟焜通过自己40年的IBM经历，向迎难而上的中国企业展示出了一个企业持续创新的基因：领导力与执行力。而诚信与执行，也是GE这样的"百年老店"和思科这样的"行业新贵"所共同坚守的不二法则。

信，创，行，构成了企业可持续发展的一条生命链，远不止为了区区15年……

2007.01 武侯祠对联与杜拉克思想
从"审势攻心"到"建设性矛盾"

看起来,这二者绝对是风马牛不相关的事。但我头一天游武侯祠,次日应邀为四川大学工商管理学院的CEO们演讲"杜拉克管理思想",豁然发现居然这二者是相通的。其中大有文章可做。

这次隆冬入蜀,让我对诸葛亮与杜拉克之间产生了一些联想和感悟。

武侯祠对联为何久传不衰?

艺术大师徐悲鸿曾题写对联:"两表酬三顾,一对足千秋"。使我想到领导者与被领导者的职能与使命之别。领导者的智慧和能力,应该集中表现在识别与恭请人才上,这就是"三顾";被领导者的智慧和能力,应该集中表现在出思想和提建议上,即影响领导上,这可谓《隆中对》的"一对"。区区十个字深刻揭示了领导与被领导之间的异质。

真正受到人们广泛关注的对联,是光绪年间盐茶史赵藩题写的名联:"能攻心则反侧自消,从古知兵非好战;不审势即宽严皆误,后来治蜀要深思"。此联揭示了领导者应有的追求与工作方法,令人大彻大悟。

据四川朋友介绍,我党"三代领导人"都到对联前驻足凝思,玩味良久。不只是国家领导人,任何一位想做点大事的有心之人,也无一例外地拿这幅对联说事育人。毛主席两次向四川领导人介绍此联,可见其重。改革思想前辈任仲夷深情地回忆起1980年1月初,他从辽宁调任广东第一书记时,胡耀邦同志特意亲笔书赠此联。任老也抄录此联给当今山西省长于幼军,希望他"悉心领会,好自为之"。至今,于省长把此联作为自己为"官"做人的不逾之道。

杜拉克为何盛赞"建设性矛盾"？

为什么此联受到人们如此重视？就是因为它强调通过"攻心"，即了解、沟通，做好思想工作，在解决矛盾与利益的平衡点上下功夫，以求彼此的和谐与合作，而不是非此即彼的极端思维方式，一味追求你死我活的斗争，最后"两败俱伤"。

公认此联是儒学与兵法统一的典范，即"从古知兵非好战"，提倡和谐至上。

请看，"现代管理之父"杜拉克的管理思想与此联的"归一"。

他在上世纪初管理学家芙丽特文集《管理学的先知》一书的序言中，深入讨论了如何看待"人们之间的矛盾与冲突"这个管理学的重大命题。

首先，他非常赞同芙丽特把矛盾、冲突看成是"富有建设性和创造性解决问题的手段""人与人是建立在相互尊重、相互理解基础上的组织关系，才是正确而有效管理的根本所在"。"什么才是我们应具有的人性？"，绝不是你死我活的斗争与消灭，"有效的管理方法只能是融合统一""今日世界需要的是合作精神"。杜拉克看到尘封已久的芙丽特的著作时惊呼她才是"管理学天空中最耀眼的明星"。

但在那个好斗好战的时代，她的"建设性矛盾"理论没能引起时人的关注。杜拉克认为：只能通过矛盾冲突去"理解对方""决不要在冲突时争论谁对谁错，甚至不要问什么是对，什么是错，要认定双方都是对的，都有可能给出正确答案。解决矛盾冲突的方法，只能是通过理解清除对立，不应有一方的胜利者，只有双方利益的平衡与统一"。甚至他说："你死我活的斗争简直就是对战友的出卖"。

杜拉克强调：只有致力和谐社会，才会实现有效管理。

成都之行，令我高兴的是能与管理同行、又是天津大学老校友畅谈欢聚，真乃人生一大快事！在此我要特别感谢四川省原副省长邹广严院长及管理学院领导同志给我这次学习机会。

我所感悟的"效率、公平与和谐"

前不久,本刊老朋友景素奇邀我参加以此为题的奇正管理年会,我欣然前往。因为在岁末年初企业正值改制度调薪资之时,讨论此题有实际意义。

什么是效率?

辞典上说:"效率就是单位时间完成的工作量。"广义地说:"效率就是单位时间内创造的社会价值。"

西方大思想家培根说得好:"每人只干一种活儿,大家为了一件事,它表明人类社会的伟大。"大经济学家亚当·斯密谈得更具体:人类社会是通过分工提高了效率、提供了剩余价值,通过互通有无,就出现了"看不见的一只手"。这两位伟大人物都预见到了唯有基于社会分工与竞争的市场经济,能够提高整个人类的效率。如果大家都散步,就没有效率。

当然,只有正确地决策才能提高效率。所以说"领导就是决策",决策决定效能。

张瑞敏提出:企业要实行"人单合一",要让"每人都当老板"。鲁冠球也提出:"每人都有一方天地,每人都当一把手"。这两位著名企业家围绕企业提高效率、效能提出了一个殊途同归的高效能管理目标与理念。

什么是公平、公正?

辞典上说:"公平就是合乎情理。公正就是不偏向一方""公平与公正就是让人们具有同等的地位和权力"。

人类社会总是不断提高效率的。如：人的日活动半径，由几十里路放大到绕地球多少圈；人类从面谈，到无处无时不可谈。可以说，人类社会追求效率是绝对的。

但人类追求公平公正却很难，只能相对公平。

柳传志说：办企业"要有理想，但不能理想化"，可谓一语中的。人们往往身处自己无能为力的社会处境里，此时的心态只能是：自己的事要有理想，但与别人共事，就不能"理想化"。今天，没有妥协，就办不成事。

"世界首富"比尔·盖茨说得更是单刀直入："社会充满不公平。"

可见，一个企业的现实选择只能是追求绝对的竞争效率，追求相对的公平公正。虽然人之所以成为万物之灵，就在于追求公平与公正，但在它属于别人权力范围时，你只能选择妥协，而不能一味追求公平公正。否则，你和环境就会失去和谐，为自己的效能制造更大的麻烦。

如何实现公平公正呢？

第一，要合理分工。第二，就是提倡素质教育，让每人都讲理，做到时时处处"合理化"。第三，就是把公认合理的东西纪律化、制度化。一位好的领导首先是制度化的能手。企业经营理念固化下来，成为企业全体员工的行动指南，实际就是一个企业优秀文化的形成过程。

什么是和谐？

辞典上说："和谐是指相互配合适当、协调。"

我理解其内涵就是："相互配合得当，协调有序地表现。"这不就是美吗？和谐就是美。一切丑恶的事物，都是不和谐的。即使是公认的独裁者萨达姆被绞死的画面，也会让人看了难过。

三者是什么关系？

就这三者关系来说，效率是基础，公平是手段，和谐是目的。只有和谐，才会给人们带来美的享受与欢快。

就社会进步来说，效率是为了发展，公平是为了稳定，和谐是为了幸福。

科学在于求真，公平在于求善，和谐在于求美。只有和与美才是至高无上的。三者的底蕴是不可分割的真善美的整体。上期卷首语中我提到"两表""一对"，实质就是领导与被领导关系的真、善、美。"攻心""审势"的对联,实质就是领导方法的真、善、美。只有真善美,才是和谐社会的真谛,不是吗?

而真善美的要害,是心态美。正如中国管理现代化研究会成思危理事长在凤凰卫视上说的:"慷慨陈词,焉能万事如意;鞠躬尽瘁,唯独不愧我心。"

企业文化三阶段

新生期

1. 领导文化转变成员工文化。这首先要求领导要有自己的思想和意志。
2. 统一意志形成合力。
3. 胶结员工形成粘力。
4. 目标奉献形成动力。

兴旺期

1. 基层文化多元化。适应部门特点、地区特点,保持自己的弹性,要有创新。
2. 引进外来文化。要借此丰富我们的文化,消除我们的惰性。

衰变期

1. 出现局部弱化、整体松散现象。表现为市场占有率下降,利润下降。
2. 领导重新发动组建新文化。

"三个如此"
感悟自我管理三阶段

人生，贵在人生本身

又是一年。人老了，时间也走得快了。人老了，也越爱回忆往事。回忆往事，不外乎感悟人生。

最近，我研读了96岁高龄的大学问家季羡林的《谈人生》，文化学者余秋雨的《人生哲言》，原文化部部长、著名作家王蒙的《我的人生哲学》，我还读了涵盖鲁迅、胡适、朱自清、徐志摩、林语堂、俞平伯等历史大人物的《人生随笔集》。在电视上，我也喜欢看"艺术人生"类的节目，特别是听到经济学家茅于轼倡导感悟人生之理，很有共鸣。事有凑巧，程社明博士日前让我为他《职业生涯——你的船你的海》一书写序，书稿也正是介绍如何早为人生做准备的学问。

可以说，我饱尝和享用了人生哲理大餐，如同在大海中搏击，望到绿树为荫芳草绵绵的彼岸，欣喜中有些惆怅……这正是季老对人生感悟而发出的"缺憾人生"。

我想，人生的最大悲剧，是在他人生顿悟之日，也是无力做事之时，真是"等到懂事了，却不能做事了"。一切要偃旗息鼓，一切要收欲放弃。正如晚唐大诗人李商隐的诗句："夕阳无限好，只是近黄昏。"但人们却忘了开头重要的两句，即"向晚意不适，驱车登古原"。这两句是我的处境。"意不适"正是古人晚年缺憾人生的写照，因为"向晚"之人想做点事真如古人入蜀，"难于上青天"了。

我现在理解了：老人爱谈人生，一者聊以自慰，二者也想从中找些有用的东西，警示后人。于是我这个小人物也想"作乱"，对人生发表浅见。这就是我的人生"三个如此"之谈，以博读者一笑。

而立前,"理应如此"

人生万象,都脱不出三个阶段。

第一阶段是30岁之前,是学习阶段。父母、师长、朋友的话都要听,幼儿园到大学的课本、课外读物都要反复背诵。即使大学毕业了,到单位工作的头些年也还是学习阶段。日本大学生到工作单位都从最"简单工作"做起,学新闻的送报,学工的进车间,搞研究的先"扫厕所"。要如此学习5年以上,才定终身工作岗位。显然,30岁以前的人生,就是要在"理"上打下做人做事的基础,以"理应如此"来指导人生。

这30年,如能在"理"上做得扎实、下了功夫,就几乎可以获得一生成功的本钱。如果你只上过小学,初中就荒废了,又没有好好自学,随后等待你的将是头上一个硬硬的天花板,要想突破升迁是很难的。正像比尔·盖茨说的:你是个初中生就很难当上CEO,也别想"自尊",只有在你真的当上了CEO,人家才会承认,你才有自尊。

在这30年中,又经过家庭教育、学校教育两个主要教育阶段。

家庭教育主要是在头10年。从教育内容看,是品格和习惯,重在习惯。此时养成良好习惯和品格,一生受益不尽。据调查:青少年犯罪大多与父母不在身边,或父母离异与不和失教有关。相反,养成坏习惯,一生难改。名人自传,无不谈到小时候父母教育的深刻影响。企业界也是如此,如美国著名企业家艾科卡在他的自传中提到:他节约的习惯就是父母培养出来的。除去家庭,就是幼儿教育和小学教育,不外乎礼貌、节约、尊老爱幼、认真努力、规律生活等习惯、道德教育而已。

这一个10年,小学二年级是关键,日本就有《小学二年级》杂志。意在通过道德与习惯的小故事,说明一种品格。我在日本高科技展览会上,看到日本四个展馆,都是针对小学生教育的展品,如:"西红柿树""无源自来水"等,引起了儿童热爱科学的极大兴趣。尤其是"把教育纳入一切活动中去"的标语让我感到震撼。

学校教育,多是在中学、大学的知识教育和方法教育。而方法教育被人们忽视了。如教育家蒋南翔同志所说:"要交给学生猎枪,而不是面包。"据教育学家调查:初中二年级是关键。如,初二的几何学就是训练思维方式的。当边角关系找不到时,加条辅助线就解决了,这就是当今最时髦的"不为所有要为所用"的平行思维方式。

知命中,"并非如此"

这一阶段是30岁到60岁这30年,即大学毕业后进入社会从事工作到退休的阶段。从教育内容看,是以专业竞争教育和岗位教育为主。这是一个人从适应社会、适应工作到开拓事业、成就事业的阶段。显然,这是考验人的专业水平、合作竞争、岗位能力的阶段,重在实践中总结和学习。这是人生最重要的关键阶段,一世成败在此一举。

如果说人生第一阶段重在智商教育,那么这一阶段就在于情商教育。只有知识,并不一定能成功地做人做事,更要靠能否认清环境、形势与处理好人际关系,得到领导、同事、社会相关人士的支持和帮助,有能力团结调动人们的积极性,使事业获得成功。

人生这一时期,只有"物理"知识就不够了,还要有"人理、事理"的知识,而"人理、事理"在形式上往往不是1+1=2的自然科学公式,需要的是社会知识,而社会知识不止是1+1≠2,有时还是负数。这就是"并非如此"的思维方式。所谓反向思维就是遇到任何事,准备做的时候,要问自己:不做行不行——做相反的方向思考,并与正向方案做比较。

又如:美国一位企业家叫哈默,他干过12个行业,样样成功。为什么?就是他在上大学时,父亲在临死前对他说:别人说的做的不一定对,你要有反向思考,才表明你的成熟。此话对他的教育和影响,使其一生成功。

在这30年中,能否获得成就,稻盛和夫认为是三个要素在起作用。第一就是思维方式,其次是工作的激情和能力。他对后两个要素的评价都是0~100分,唯独对思维方式是负100到正100分,即思维方式如果错了,成了负数,则激情与能力越大越坏事。希特勒就是如此。可见,个人的思维方式、价值取向对一个人一生的成就起决定作用。

夕阳下,"不过如此"

我这个"三个如此"思想的产生,是从"不过如此"开始的。而"不过如此"的想法是产生于一次与高层领导的秘书们一起吃饭。当他们回顾过去之后从餐厅走出来,共同说的一句话是:"不过如此"。是啊,我现已入古稀之年,回顾一生,深感60~90岁这30年与过去两个30年是那么不一样……前60年,我是糊里糊涂地走过来了,从未回味总结过。可是到了60岁以后,才明白事理,看待一切也都与过去不同。前60年，好像是一条小河在山峡中急奔的前30年，和在广袤平原徘徊的后30年。而只有60岁之后，好像进入大海，立刻有一种心明眼亮、开阔的感觉，油然生出"不过如此"的意识。我高喊：我懂事了，我明白了——但我也没有继续工作的条件了。懂事而不能做事，是人类最大的悲剧。

人生三立，年高位重之人，多在晚年写书"立言"。之所以立言，也是一种洞悉宇宙却无力回天的无奈。过去提倡"老中青"三结合，退休之人进入"董事会"，优势正是"不过如此"。复杂问题在年老明白人眼里都是很简单的。的确，真理都是简单的。

健康，也是"如此"

前面三个如此，是人生"心理"三阶段，与其适应的是"生理"三阶段。301医院李大夫提出了装、破、保的"口袋理论"。

0~30岁，是身强体健与日俱增的"如此骄横"的时候。如无遗传病，没有后顾之忧，可以一门心思投入到学习与玩耍上。这就是"装口袋"理论。

30~60岁，是健康透支"做病"的"如此无知"阶段。有句名言："人死于无知""病在细节"。这就是"破口袋"理论。这个阶段，上有老下有小，事业未成的精神压力极重，只有靠加班加点以解燃眉危机。于是，身体透支，做病连连，英年早逝，在所难免。

60~90岁，则是"保口袋"阶段，即从身体健康的多方面去思考平衡。比如：营养和运动、食物酸碱性与各器官的健康等。最重要的是知识与健康、心理与生理的两大平衡。

以上是我和本刊同仁在新春之际，呈给读者的一份薄礼。

两会新精神与企业新政策 2007.04

今年两会,是我国为了实现"以人为本、和谐发展"而总结经验、明确方向的一次重要会议。

民生,中国的时代主题

二次大战后,世界曾有过一次全球经济繁荣,但中国错过了。上次是重化学工业驱动了经济发展,而眼前这次,是以信息产业为主导的新兴工业与服务业驱动的经济发展。上次是专业化分工的纵断面深化与整合,而这次是以综合化分工"外包"的横断面深化与整合。今天的中国,应牢牢地抓住这"第二次机会"。

与此同时,有外电报道:美国有1/3的人认为,30年后中国总体实力将与美国持平,但人均收入仍只是美国的1/4。近20年,中国使四亿人脱贫,但还有四亿人没有脱贫。因此,今后中国的问题首先是自己的问题。今年两会的主题正是如此,紧扣民生。

攸关中国企业的六件事

中国看世界,世界看中国,这是中国今后20年的基本表象。中国发展的着眼点是"做最好的自己"。温总理一句话:"让全国人民享受改革开放的成果",点透了未来中国的政策走向。

学习两会精神,我认为以下六点,可能是企业最关注的。

一、国家和平和谐、社会公平公正的主旨,集中表现在了两会审议通过的《物权法》和《企业所得税法》。是这"两法"把国家资产、集体资产和私人资产三者摆平了,把内资企业与外资企业摆平了。这"两法"无疑体现了目前中国正在发生的最大变化。

而国务院已向全国人大提出审议的《所得税法》和《反垄断法》，也都与企业未来发展密切相关。可见，国家把企业政策放在一个十分重要的地位。

二、在发展重点上，温总理提出要"大力发展服务业，提升工业层次和水平，推进信息化"。在服务业方面，重点要发展物流、金融、信息、咨询、旅游、社区服务业。企业如何根据这个需要发展自己，也是很重要的。

三、在创新国家上，要"加快建立以企业为主体、市场为导向、产学研结合的技术创新体系……积极发展创业风险投资，抓紧制定国家知识产权战略、实施全民科学素质行动计划"。企业如何成为创新主体？提高全民素质中，企业应承担什么责任？都是企业要费尽心思的大事。

四、国企改革上，加快垄断行业改革，放宽市场准入，引入竞争机制，实行投资主体多元化，是国家对国企的长期政策。

五、民企改革上，政府鼓励非公有制经济参与国企改革，进入公用事业、基础设施、金融服务、社会事业等领域，依法保护非公有制企业合法权益。未来国企、民企如何在同一个市场中"共事"？值得关注。

六、支持企业走出去。两会强调：要加强引导与协调，避免盲目投资和恶性竞争，办好对外经贸合作区，发展对外承包与劳务合作。二十多年来，海尔、中远、联想、TCL等不少企业都在走出去上创造了宝贵的经验，很值得总结。

欣赏吴敬琏，期待反垄断

我很欣赏吴敬琏教授"体制改革还要深入"的发言。他表示：国家的理论、方向、政策靠什么保证实施？如果体制不健全、市场经济准则不贯彻，全靠行政审批，难免"疯狂"和"扭曲"（即不按国家规定办事、不按市场经济规律决策、不符合大众利益，随心所欲，找不到责任人的乱象）。

很多事情大家都认为合理，但因为制度不健全，大家就只能靠各级部门审批，其结果只能从当时领导者个人利害出发，只做政策允许又对自己有利的事，或钻空子为"别人"做"好事"。只有用真正的市场经济原则，少用行政手段，才是政策执行到位的正路。如今不少事仍要靠政府多部门多方控制与批准，可掌权者又不了解情况，却又非他批示不可，这就难免会出现"贪"、"拖"等人们不想看到的事。因此，大大小小、形形色色的"垄断"，是中国最大的体制问题。

大家期待的是《反垄断法》的问世。

担当CEO需要什么条件

2007.05

我刚从湖南的"瓷都"华联瓷业集团回来，与许君齐董事长相处三天，使我兴奋。我在他身上看到了中国新一代年富力强、有头脑、爱学习、懂管理的企业家的茁壮成长。是的，我们需要更多乃至一代的卓越CEO。

称职CEO的条件

最近，我听到有一位名校教授在其EMBA班上提出：中国企业的CEO应具备的条件就是：

1. 忠于企业事业。
2. 要得到企业广大员工干部的认可与拥护。
3. 有驾驭企业全局的能力。

无独有偶，几天前，我又有机会聆听美国百事集团CEO努伊女士的演讲。她在回答什么人可以当CEO时，也提到了自己心目中的三个条件：

1. 首先要有能力。而能力主要是沟通能力。我听到此处，想到企业管理教育家卡内基的名言：职位越高，越需要方方面面的沟通。沟通就是管理。
2. 要有强烈的方向感，要有对企业负责的自信和勇气。此时，我想到韦尔奇提到的：主管要当好下属的"老师"，要给下属上课讲述企业的战略和方向。然后在同事对自己主张的修正与认同中形成员工的价值取向，形成事业发展的坚强信心和魄力。此时，我又想到乐凯原CEO杜昌焘讲的：我佩服张瑞敏的是，他能从实践中总结出理念、方向，并及时贯彻到员工的行动中去，在市场上收到实效。
3. 要有一个和谐的家庭，作为你事业支持的强大后盾。此时，我想到卡内基的第一领导法则就是：学会享受事业与生活平衡的人，才是完整的人。

其中第三条，恐怕是我们多数人所想不到的。据美国权威机构的调查：即将退休的CEO在提到自己最大的遗憾时，绝大部分都说是失去了家庭的和谐。即便是被人称为世界第一企业家的韦尔奇，也几乎在退休的同时闹出了轰动世界的离婚事件。因而我相信：努伊女士提出的这第三条，虽然出乎意料却入情入理，也将逐渐得到中国企业家的认可。

卓越CEO的基石

再看看两位世界著名管理大师对CEO条件的论述。

一是《从优秀到卓越》的作者吉姆·柯林斯说的：

CEO要认识到：从优秀到卓越的最大敌人，是自己的满足。为什么绝大多数成功企业家都不能成为卓越企业家？说到底，就是"他们认为自己已经做得不错了"，或者"面对残酷现实而丧失信心""失去了应该坚持的个性与意志力"。核心，在于执著。这也是他在巨著《从优秀到卓越》中开篇即反复强调的。

此时我又想到松下幸之助的一句名言："一切失败，无不是从自满开始"，进而走向狂妄，成为孤家寡人，最终葬送了自己的事业。十年来我国失败的企业家，几乎无不如此。

二是被人们称之为"现代管理之父""大师中的大师"的彼得·杜拉克对CEO条件的论述：

一个企业的CEO，其首要条件是有能力组织好一个默契合作的领导班子。因为选择好干部进入领导班子并不难，难在选出的领导成员能够组成一个精明强干、高效能、高水平的领导团队。这是一个企业永葆青春的活力所在，否则企业将是危险的，寿命将是短暂的。他又说：一时带好班子也并不难，难在使领导团队能持久地保持强有力的领导能力。

至于CEO本人的条件，他认为不可缺少的条件是：

1.有洞察力，有预见性。能倾听基层与群众呼声，发现问题，提出高人一筹的解决办法，提出正确的决策。

2.有人情味，坚持待人以诚，尊重他人。在上司、同事、合作者等诸多方面能创造一种和谐发展的氛围。

3.有朝气，有魄力。总保持积极进取、勇往直前的精神，实现从上到下各级组织自主创新，把企业大目标落实到每位员工的行动中去。

由此我想到：张瑞敏提出的让每位员工当老板，与鲁冠球提出的让每位员工当一把手，也许就是一名成功企业CEO追求的目标。

以上引述和感悟仅供我们的CEO们参考。我想，只有CEO的职责清晰了，企业的持续发展才有了根本。

"长寿"企业的文化要点：
1) 在多变、快变的时代，必须具备快速而准确的应变能力；
2) 认同一致的价值观；
3) 要能创新思考，要能打破常规，不落俗套。就是：总企图用过去的经验办好现在的事；
4) 稳健保守的财务政策。我们有不少迅速成名的企业，恰恰因为财务政策冒进，不"保守"，而盲目投资，导致资不抵债，最后只能"突然死亡"，成为逝去流星、匆匆过客。

为什么热衷领导而非领导的学问

有多少"公心"……

这是我从20世纪70年代末开始接触管理学、领导学以来,就一直困惑不解的问题。

皇权更替、将相之争里,有没有领导的学问?打开电视,即使是秦皇汉武、唐宗宋祖、康熙乾隆这些盛世贤明之君,在建功立业的故事背后,你会发现仍逃不开"争权夺利"。几千年的皇权历史,其中究竟有多少为国为民的实事求是?真是少之又少……作为青天大老爷的包公和贤相兼神探的狄公,都被古今中外视为传奇佳话,也还是有后台撑着才干出几件让百姓感动、后人纪念的好事。不是吗?包拯靠的是皇太后,狄仁杰靠的是武则天。

有多少"误解"……

20世纪80年代初,我们宣传管理学的几个人认为"领导"是门学问,于是主张研究宣传领导科学。特别是在后来电影《焦裕禄》播映时,尽管大家无不落泪,但走出影院时,却都一致认为他"不像领导"。在到底什么样的人是领导都说不清楚的时代,还谈什么"领导科学"?难怪有人把《厚黑学》也当作领导的"学问"。

我们之中最年轻的一位学者,叫赵红洲,他大胆地走上权威讲台开讲领导科学。但没怎么讲,就被赶下讲台。由此,我们决定避开"领导科学"这个备受争议的概念,编写了《领导与科学》丛书,包括:《领导与科学》《领导与战略》《领导与管理》《领导与决策》《领导与信息》《领导与人才》《领导与未来》等,在上百万字的书中都是探讨作领导的学问。

有一天，中国人民解放军总参谋部宣传部部长找到我，说：杨得志总参谋长看到你们编写的《领导与科学》丛书，很高兴，让我找你请老师给军队领导讲讲。我极为兴奋，正等这一天呢！这下可使"领导科学"登上大雅之堂了。为了取得人们的信任，和相关部门的认可，我们特别邀请了著名科学家钱学森讲第一讲，题目是《关于现代领导科学与艺术的几个问题》。著名管理学家刘源张和我也讲了自己的"悟道"。

有多少"学问"……

钱学森不愧为科学大师，他的话语如滴水穿石，点点击中要害。他不仅上溯了数千年被我们学者忽视的领导学历史，而且谈及美国福特汽车三代人不重视做领导的科学性而失败的案例，至今让人绕梁三日。

钱学森说："领导工作在一两万年前就有了，原始社会的酋长就是领导。领导制度也建立了几千年，实践证明它是必须的。那么，为什么过去没有人提出领导科学，现在一下子就提出领导科学来了呢？这是因为领导工作作为一门学科加以系统研究，是应历史发展的要求，无可回避。"（《现代领导科学与艺术》第3页）"关键是要把领导工作看成一个体系、一项系统工程。"（同书第6页）。最近，中国宇航出版社推出刘兆世著《航天与系统工程》一书让我写序，其间在"钱学森谈领导科学"一节中，转述了钱学森的观点："领导工作赋予科学涵义的重要性，意义十分深远重大。"他还强调："领导学问不是'三加五等于八'，还要讲艺术""领导工作是一门大学问，也是一门艺术"。

我们趁热打铁，就在当时的北京地质学院办了"领导科学师资班"，学员一百多人，随后在全国就推开了！至今长盛不衰。这是时代需求，大势必然。此时，江泽民同志在上海发表《领导要学领导科学》的文章。此后，领导科学杂志与书籍如雨后春笋，成为受到普遍重视的热门书刊。

我曾给市长班讲了12年领导课（先后有1500位）。在与他们谈到学习的必要性时，他们说："很有必要，但决定我们命运的首先不是学问，而是关系……"

然而我终究无法忘记的，是一位历经坎坷的企业家对我说："一个企业，甚至一个国家的领导都担负着成与败的神圣使命。可拯救，也可毁掉，其中大有学问。"

管理与人

人？

　　管人，首先要知人。

　　什么是人？字典上说："制造和使用工具进行劳动的高级动物"。说它对，是因为人确是以制造工具改造了世界。说它不对，人所共知，使用工具的已不只是人。俄国思想家、文豪车尔尼雪夫斯基提出人由三大块儿构成：一是丰富的知识；二是思考的能力；三是高尚的情操。没有知识、不会思考、缺乏情操，即使有人的模样，也不应算"人"。我觉得，这比字典的说法更好。因为"制造工具"只是一种现象，而非本质。"人"的专家马斯洛是管理界尽人皆知的，其理论从人的欲望需求上揭示了人的本质，即由维持生存的有限权力到自我实现的无限权力。这早已由数千年的人类历史所印证。不了解这些思想，就谈不到了解"人"，管理"人"。

人的价值？

　　人是渺小的，又是伟大的。说人是渺小的，主要是说"物质人"是渺小的。据科学分析：人是由肉与骨组成。而肉主要是脂肪，也就是相当10块肥皂的价值；骨主要是磷，它也只不过可制成2200根火柴；全身的铁，最多可制成一根不到一寸的铁钉；人体含的硫黄也只有一小匙，做不了什么；人体组成最多的焦炭，最多不到20磅；其石灰还不够粉刷一间小屋所用，这就是人体入骨灰盒的全部，满打满算不超过150元，还不够人看一次感冒的药钱。但即便一个只值150元的物质人，其"维修费用"却是惊人的。不说看一次病花费几百元是常事，就打一针抗菌素都要上千元。中老年血管不畅，加一个支架要1.8万元；肾肝移植手术费一项要20－25万元……此外，提拔一位处长要增加几十万的投入，局长至少几百万。稍有不慎，越轨贪污的竟会造成高达几个亿的流失。

那么，人的价值贵在何处？显然不是物质，而是精神，那就是为国家、为民族、为百姓服务的心。可是恰恰我们在人格与高尚精神塑造上，在技术与知识的累积与创新上还重视不够。国家要提高"全民素质"，企业要员工"做最好的自己"，口号都提出来了，但落实的怎样？人们从不把"伟大"这个词用在珍稀动物上，连价值连城的宝石，也没人说它是"伟大的宝石"，唯独说人是伟大的。为什么？杜拉克说：在于他拯救人类，功绩非凡过人，而根本在于他用事业要求约束自律。一句话，就是"管好自己"、"奉献自己"，在让周边人幸福的同时，自己也享受幸福。研究中国思想史的国学大师梁漱溟在《人生省悟》一书中提到："对自己无法的人，一切要办的事情也都无法。"前文化部长、作家王蒙在他《我的人生哲学》中说："你关心别人的生存质量，就确定了你在人群中的地位。与其相反的理论，都是胡说八道。"

律己！

杜拉克一生写了几十本影响世界的管理名著，成为世界人民敬重的"管理大师的大师"。可是他声称一生只写了三本"书"：一本是社会管理，即政府的行政管理；一本是社团与企业的管理；第三本就是个人管理、自我管理。显然这第三本书是前两本书的基础，离开自我管理、个人管理，其他管理就都放空了。但唯独这一点往往被人忽视，尤其是现在，一提管理，就是管别人、管下属，唯独不想管好自己。这是管理的最大误区。因此，深入研究个人管理，也许是最有意义的重大课题。

实际上，任何一本对人影响很大的书，无不与个人管理有关。最近的热门话题、儒家经典《论语》，不是就在谈个人管理吗？《资治通鉴》是什么？《史记》又是什么？都不外用故事启发人们思考如何做人、如何管好自己，使自己符合大势的需求，从而掌握变化之大律，执著追求成功而获得成功而已。

作为一个企业的领导，如何要求自己？一个企业家的最高境界是什么？张瑞敏说："让每位员工当老板"，鲁冠球说："让每位员工有一片天一块地，每人当一把手"。这就是"做人"、"管人"之道，与本文开头的人的定义相呼应，深思其底蕴，其味无穷。

2007.08 权力、人性与管理

权力与人性，多少年来，一直是神秘不可测的两大敏感话题。但它与管理又有着皮和毛一样的密切关系。因此，虽然我讲管理的二十多年中，总想避开它，担心误言偏颇引起误解，但现既已年逾古稀，还是想追究探讨其本质所在，以解释种种历史社会现象。

权力是什么？

我每月都争取与一位老总谈心。日前一晚，又与拯救鞍钢于水火的刘玠院士广泛探讨了管理的最高境界，直到深夜。

而此前，一次我向时任某集团的卢总裁请教：什么是权力？她聪敏地回答：权力就是"领导给的支配人力、物力资源的资格"。我对她提到的"领导给的"和"资格"二词的现实涵义，感觉实在而且到位。

为了弄清楚权力的定义，我又搜索了种种权威性说法，也许能从中悟到权力之真谛。

《中华大辞典》："职责范围内的支配与领导"、"政治上的强制力量"。

《大不列颠百科全书》："一个人或许多人的行为使另一个人或许多人的行为发生改变的一种关系"。其要害是"命令服从的关系"、"强制性控制的关系"、"在对方抵抗情况下也要实现自己意志的关系"。

人类历史表明：为了要实现事业成功，就要有组织。领导者是组织主导，被领导者是组织主体，他们为一个任务、目标聚合在一起，这就要求保持权力稳定。有时即使是不公正的，由于是权力关系，也要不懈追求。领导的核心是掌好权，用好权，实现责、权、利的统一。这一概念贯穿于人类过程，成为历史的"写真"。因此，权力表现为双刃剑，用之尤慎。（引自我在1988年中央人民广播电台理论部播讲的《现代领导观念与领导方法》一书）

权力为什么？

下面让我引述世界著名科学与社会学大师罗素在他的《权力论》中所阐述的权力原理。

罗素特别强调："权力是社会一切活动的动因，是一切人类多种欲求的本源。"而不是传统经济学家反复强调的"经济上、钱财上的利己之心"。实际情况也证明：人对钱财的追求是有限的，其数量达到生活最高需求的水平总会有个限量，它不会是无限的。只有对权力的追求，是无限的。现在，人们也常说：当代中国人，有几百万人民币就够花一辈子，再多也与享受不能形成正比关系。

因此，比"争利"重要的是"争权"。古今称颂的唐太宗李世民杀兄杀弟以成就帝业，叱咤风云的汉武帝临终杀爱子生母以保护帝业……这两位史上明君的残忍所为显然不是为钱，而是为了成就霸业的权力稳定。

比尔·盖茨在回答意大利《机会》杂志记者问题时，认为孝顺、爱情和慈善事业是他急不可待的追求。由此可见人性深层次所追求的应是事业，权力的终极目标应是促进全人类社会的进步。

此时我想起尽人皆知的马斯洛需求层次理论。他的高见被历代管理者称颂，持久不衰。他提出了七层需求理论，我看不外乎人的生存需求、社会认可（荣誉）需求和自我实现需求三个层次。什么是"自我实现"？显然与权力密不可分。

在与刘玠院士谈心时，我也提到：您一生可说功成名就，在企业界是众所周知的鞍钢盛世缔造者，在学术界又是令人尊敬的院士级科学家。这在企业界几乎是独一无二的。他如果没有领导鞍钢的"权力"，只是个轧钢专家，就不会有今日的种种殊荣与成就。"不想当将军的士兵不是好士兵"，不是人们都很认可吗？

权力，人性vs反人性

最后，我引述罗素阐述权力概念中分量最重的一句话，也是最需要我们很好领会的一句话："权力是人性的表现，权力是人性的一部分。但集权是反人性的，要靠民主机制来制约。"这是罗素对全人类的宣言与忠告。

通用电气的接班人攻略

家长式企业的传承之道，使我产生了很多联想。

接班人这个问题，不只是古今中外历朝历代帝王与国家元首关心的大事，也是所有企业掌门人关心的大事，不管它是什么样的体制。因为它是直接关乎组织能否长期发展的大问题。

那么，为什么这个大问题，外表看起来往往并不显山露水呢？因为人们总认为这不是一朝一夕要解决的当前急事，又是不能声张的隐秘心事，于是掌门人只好在"孤独中焦虑，在掩饰中彷徨"。出路何在？就是在适应环境的不断变化中始终要有个"待定"的应变安排。因体制、历史、环境不同，这种"安排"不会有统一模式，但人们可以从不同类型企业的传承方式中得到启发。只要你认真对待深入研究，早些下手，总是能有好的方案、好的结果。

我认为美国通用电气的经验值得关注。

通用电气的百年奇迹

我为什么说通用电气？因为他们的接班人模式历经一百多年，从爱迪生以来长盛不衰，没有一次选择接班人失败。

不只如此，两代领导还往往完全是互补的，因而起到第二助推火箭的作用，甚至获得更大成功。如：杰克·韦尔奇接雷吉·琼斯的班，尽管他们二人都很有成就，但无论从哪个方面看，两人都是相反的。韦尔奇的优势，正在于能补足"老领导"雷吉的缺陷和不足。

雷吉是个沉稳严谨的人，他一贯一丝不苟地对企业进行精细化管理，待人有礼；而韦尔奇则不然，不只性格急躁，而且容易激动，"甚至，在人们眼中，他是个粗俗、对人出言不逊的人。"但他有干什么事都不拘一格，灵活主动，勇于向过去挑战的精神。经过18年考验，他与雷吉一样获得成功，还成为名副其实的现代世界第一企业家，成为世界争相效仿的人物。这里的奥妙就在于：下一代能弥补上一代领导因自身优势极大化所引发的劣势。

不同体制的企业，不同历史背景、不同环境的企业，会有不同的接班人制度，但"只要有制度就好"。（王永庆语）

通用电气的传承制度

就我从介绍通用电气的书中得知，他们关于接班的制度经验是：

1.一般企业最高领导任期15年~18年。

2.上任最高领导人第一天要做的第一件大事，是向人事部门要一张中下层具有接班人条件的企业骨干名单。同时，下到基层调查发现比自己更年轻的人才补充到这个名单中。此名单作为密件放在保险柜中。

3.出一份骨干阅读内刊，不断报道骨干们的工作业绩和表现，让大家都知道谁跑在前面，自己处于什么地位。

4.这些骨干多是外放或基层骨干，由于业绩显著逐步提升。只有被提升到总部，才有资格进入未来最高层领导班子。因为，只有在一起工作，才能较真实地了解一个人。

5.现任最高领导，要按期向董事会汇报骨干业绩和表现，让董事们知情，以便将来做出决断。

6.在现任最高领导临近退休前两年，就要进入接班人甄选阶段。

7.现任最高领导，先找已经入选的人，在飞机上谈话。谈话内容是除对话二人以外，"谁更适合做接班人"。如无准备无看法，将会被淘汰；如千方百计表现自己，也得分不高；只有胸有成竹，分析有理有据，才是有希望的。这只是初选的准备工作之一。

8.经过进一步审查与董事会研讨，复选出少数几个人之后，企业高层领导再找谈话，主题是："你如当选，准备如何领导这个企业"。看谁讲得更有道理、更深刻现实。

9.最后，经董事会多次讨论才确定接班人的人选。

美国通用电气，就靠如此程序经过15年左右连续考核比较，才确定新的掌门人。这虽然仍是通用电气选人制度的一些表象,但从表象我们大致可看到他们长期认真做好接班人工作的情况,以保证候选接班人万无一失。

总之,重要的前提,是有制度,有计划;实在地进行工作是保证。通过以现任最高层领导为中心,通过长期观察和审核的多次酝酿才定选的程序,才能确保接班人传承工作的成功。

> 我们需要怀着历史的观念去探索未来,带着未来的需要去追溯历史,以历史之纵,社会之横,全方位思考这个世界。

世界级企业家的反主流人生
感言盖茨与乔布斯的演讲

2007.10

最近,我读到乔布斯和盖茨这两位世界顶尖大企业家先后在两个世界级学府的演讲,感到无以名状的震撼!虽然他们的演讲距今天各有远近,但连贯读来,对我们企业家仍均有巨大启示。

没有学历,依旧名世

苹果公司创办人乔布斯在斯坦福大学的毕业典礼上,开门见山第一句话是:我从来没大学毕业。这次才是我几十年来离大学毕业最接近的一次。

为什么当初不继续上学?他说:我看不出念书有多大价值。当时这个决定看来相当荒唐,可是现在看来,那是我这辈子做过的最好的决定。

微软创办人、连居多年"世界首富"的比尔·盖茨在哈佛大学的毕业典礼上更是豪气冲天:"有一句话我等了30年,现在终于可以说了:'老爸,我总是跟你说,我会回来拿到我的学位的!'"那天,哈佛大学前任、现任和候任的三届校长亲自给他补发了哈佛大学毕业证书。他幽默而自豪地说:"哈佛校刊称我是'哈佛史上最成功的辍学生'。在所有失败者中,我做得最好。"不仅如此,他还意犹未尽地说告诉大家,最近他又让微软CEO鲍尔默从哈佛退学了。

此时,我又想到戴尔电脑创办人戴尔也是个"不成器的学生"。他每天迷恋装电脑,当老爸来校呵斥他时,戴尔语出惊人:"将来有一天,我的公司要和IBM一样有名。"父亲拂袖而去,儿子后来也拂袖离校。如今靠直销创新,他的企业已是世界第一大电脑公司。引用这些,不是否定上大学,而是说明一个真理:管理需要知识,但更需要创新、执着的实践。

不够专业，无碍成功

当然，乔布斯退学后，经受过没有学历的严峻考验，盖茨也曾为不是大学生而惴惴不安。但是，这些都被他们对事业的追求淹没了。

乔布斯矢志追求的是自己的好奇与直觉。他发现书法的历史感、艺术感，是科学无法捕捉的，于是入迷地学。就是这些东西，十年后在他设计的麦金托什电脑中发挥了作用。他感慨说：如果当年没学书法，今天的个人电脑也许就没有这样多样的字体组合了。

乔布斯启发我们：一个人的成功，不能死抠一门学科，而要基于兴趣去感悟。总有一天，你会把这点点滴滴的灵感串起来应用到一个方面，取得突破性成就。

此时，我想到松下幸之助的一句话："专业固然重要，但不要忘记，综合才有更好的创造。"不错，牛顿至今仍是"最伟大的科学家"。他说："我是站在巨人肩膀上。"这并非谦辞。因为他的三定律，就是开普勒的天体运动与伽利略地上运动规律的综合。

再说瓦特，靠发明蒸汽机从而掀起世界工业革命。他成功的道理也很简单，还是综合别人的东西。在他之前，纽克门等人早就"发明"了蒸汽机，而他只是个修理匠。只不过他因整合多项专业技术，解决了蒸汽机的密封效率问题，才真正发明了高效率的蒸汽机。

再看乔布斯笑谈中所说的"点点滴滴串起来"，其实本质上也是"综合就是创造"，即"专业重要，综合而为专业的思想更重要"。

超越金钱，大商之道

乔布斯遇到过两次大不幸：一次是作为创业者却被公司开除；一次是得了只能活半年的癌症。打击可想而知。他在这两次灭顶之灾中更深地感悟了人生。如果他只想到金钱（利）和面子（名），就一定会被压垮，而没有后来的巨大成功。由此，他总是每天问自己："如果今天是生命的最后一天，我要干些什么？"

盖茨也是这样，如今他想的已不是软件，更不是个人得失，而是要解决当今世界最大的问题，就是人与人之间的不平等，把减少人类苦难作为自己后半生的事业。他呼吁每个人和政府领袖扪心自问："你是否正在为解决全球最大的问题而工作？"

在他们成功的路上，内心所想已不再是金钱地位。不要忘记，他们不只是宣讲，而是行动！

重温袁老四句铭言

写在《中外管理》创刊十六周年之际

2007.05

袁老十六年来的教诲

我国《企业法》起草主持人、经济界和企业界的前辈袁宝华同志,是大家十分敬仰的经济建设领导人之一。

他今年已经92岁高龄了。在他90岁诞辰之际,我在他家见到许多老同志给他的贺寿祝词,其中我国航天事业领导人之一林宗棠同志的贺词是:"仁者寿,智者寿",说出了我们那一刻共同的感悟。

朱镕基同志在那天也来函祝贺。信中说:"1951年,我毕业后在您领导下工作,那时候您就是我们年轻人做人做事的典范。时至今日,您仍然是我们做人做事的典范。"一向以作风严谨、要求严格而著称的朱镕基同志,道出了我们晚辈的心声。

《中外管理》只是一本企业管理科普杂志,但是,袁老16年来对我们爱之有加,几次题词、讲话、写文章给我们指出努力方向,关心我们。他在本刊十周年之际曾表示:"《中外管理》杂志,是我们看着它长大的,我们这些当顾问的老同志对它放心。"后来又曾对我说:"你们的任务就是把一家一户的企业管理经验、理念,化为全国企业的财富。"这些话一直鼓舞我们。在筹备中国管理现代化研究会进行换届选举时,袁老高兴地表示:"你到成思危同志领导下的学会工作很好!因为成思危同志是做学问的人,他对企业管理很有热情很有感情,会重视你们的工作。"成思危同志闻听也很高兴。

我们杂志创办期间,袁老多次亲临关怀。我们16年里已召开过15次恳谈会,除一次主持重要会议,一次因病,他参加恳谈会达13次!是到会次数最多的领导同志……他每次到会都会叮嘱我们："不断创新，才有活力。"

我所悟的袁老四句铭言

袁老经常提到的四句话是："以我为主，博采众长，融合提炼，自成一家。"

这四句话，原是袁老对企业管理工作者说的，我认为是袁老对年轻人的嘱托，也是做事业的准则与方法的高度概括和总结。

据我记忆，袁老给我们三次题词，都是这四句话。另外，朱镕基同志一向很少题词，但只要题词也都是引用这四句话。后来，时任清华大学经济管理学院院长的赵纯均同志还曾打电话问我这四句话是谁先提的。人们还专为此题词召开过纪念会，可见袁老这四句话的深远意义。

现把我对这四句话的学习体会，向企业界朋友们做一汇报。

一、"以我为主"是人生成熟的基础

我认为，这是人们从事一项事业过程中最重要的指导原则，也是一个人是否成熟的重要标志。

人的成长，就是从儿时缺少主见、依赖他人，过渡到在理性中"以我为主"、独当一面的过程。其间，重要的是从长期习惯于"理应如此"的被动、单项的思维方式，转向"并非如此"这一主动、独立的双向思维方式。这虽然看似浅显，却不容易做到，绝不是年少轻狂、自以为是时所能理解领悟的，而是在长期实践的摔打中一个艰难的过程。

"以我为主"，是指导人们全面承担起责任，不迁责于人，不"礼让"于人，要有天降大任于我，勇往直前，永不放弃的执著精神。它绝不是局限于个人或小圈子的得失，而是有志气、负责任的表现。越在责任重大时，"以我为主"越重要。

二、"博采众长"是事业突破的诀窍

这是人们都认可，但在过度自信时最容易忽略的。也是我学习袁老四句话中最受启发、从事情报研究工作26年最受益的一句。

现实人生中，人们在一味求专的钻研中往往会陷入无能为力的苦闷。比如：当年我在国家科技情报所搞土建情报，起初就苦于无法与几百人的建工部情报所竞争，而建工部情报所里只有几个人搞工业厂房建筑，他们也陷入无法与建筑研究院情报室实力相比的困扰。以此类推，综合部门似乎就无所事事了。

殊不知，正因为我们忽略了跨专业综合，才屡失取得重大突破的机遇。相反，越是强调"以我为主"，越应注重"博采众长"。

在"文革"十年中，我写了一本《科学技术史》。我发现：那些大科学家，都是因为搞"综合""博采"，才有了重大突破性的成功。

人类"第一科学家"牛顿的那句："我是踩在巨人的肩膀上"，绝不是谦虚。他是基于天文学家开普勒的天体力学，和物理学家伽利略的地面力学，来一个"综合""博采"，才提出了能解释天上地下一切运动现象的"牛顿三大定律"。如果他跟着开普勒或伽利略两人不管是谁的屁股后面，去钻研观察天体或物体，就不会有"牛顿三大定律"。

发明家也是如此。最大的发明家，要算发明蒸汽机、带动工业革命的瓦特了。可是在瓦特发明蒸汽机之前，就有了纽可门等很多人发明的蒸汽机，只是都效率很低，实用意义不大。而瓦特只是一个大学里修理蒸汽机的工人，但他有心去研究各种蒸汽机存在的问题，并请教大学热力学教授，利用潜热原理，同时他又学习制造火炮的镗床技术。最终，瓦特综合各方面的成就、技术、知识、思想，才有了一下增长七倍效率的蒸汽机，一下子就把世界所有大机器都带动了，出现了人类历史上前所未有的最高效、最快速发展的工业时代的盛世，从而大幅提高了人们的生产能力与生活水平。如果瓦特死钻一个原理、一门技术，也就没有蒸汽机的"发明"，人类的工业革命也不知会推迟多久。

而我，在研究情报工作期间取得的"技术引进""技术革新""绿色革命""日本人摸大庆"等突破，能得到薄一波、汪道涵、钱学森等领导肯定，以及随后在全国首届科学大会受奖，也无不是"博采众长"的综合成果。我编纂的《世界著名企业家经营谋略》能获得国家"五个一工程奖"，同样因为我矢志搞"综合"。为此，人们给我起了个外号，叫"大综合"。

今年我们出版世界知名企业家格言故事的增刊，仍是"综合"众家之长的成果。我们编辑部的全体编辑在有限的时间内，遍阅了全世界历史上最有成就的60位中外企业家的自传或评传，集合出了最有代表性、普遍性的180条管理格言及其背后的故事，可以让朋友们片刻领悟这些最成功者做其一生领域的管理真谛。

三、"融合提炼"是丰收必经的途径

在"博采众长"之后，就要进入把别人东西变成自己东西的阶段，要有"不为所有，要为所用"的平行思维方式。正如松下幸之助说的："我的电视机拆开之后，没有一件是我自己发明的，但生产出来的'松下电视'却是世界上没有的。"他提出"综合就是创造"这一真理，正是"融合提炼"的创造过程。

实际上世界知名企业，比如：丰田汽车、本田摩托、微软视窗、戴尔电脑……无不是博采众长融合提炼的产物。

四、"自成一家"是水到渠成的结果

袁老前三句话是思路、过程、方法，这一句是必然结果。

有谁能离开这四句话而有所成就呢？这是袁老观察世界、研究历史、分析现实，在个人实践基础上提出来的，是做人做事的至理名言。值此第16届中外管理官产学恳谈会召开之际，重温袁老这四句铭言，以飨读者。

> 哪一种机会是最有希望的？把自己的主要精力用在哪一方面？这是未来成功者都要再三考虑的问题，换句话说，就是把自己的精力用在适当的地方，发挥自己的才能，许多知名的企业家都是在网上下功夫，从而才确定自己的事业，才能实现自己的理想。

"而立"之际悟道人生

第16届中外管理官产学恳谈会已然落幕,我的同事们半年多的辛苦换来了企业界朋友的微笑,大家怀着依依不舍的心情相互告别:"明年再见……"

道别,是人生最厚重的一刻。

悟成熟

什么是人生亮点?就是"通过让大家愉快幸福,自己也愉快幸福"。我深深赞同经济学家茅于轼老先生对人生的这一断言。在恳谈会中,我很有体味。

这次会议的主题元素是"企业文明"与"成人礼"。

"企业文明"讨论的是企业领导与员工的思维方式,及其行为方式。只有思维方式,才是决定企业及其事业命运的根本。思维方式具体体现在领导与员工的价值观上,即企业的使命与文化追求上。进而,我们此次会议提出了"成人"的成长追求。中国企业已经接受改革开放30年的洗礼。"三十而立"是个关键点,此时深入研讨30年实践得到了什么?失去了什么?正是中国企业走向成熟的不二法门。

成熟的表现,就是听各家之言,静观其变,比对思考,简约归纳,平和心态,沉稳应对,低调潜行,执着追求,不达目标不罢休。

而这,都来自反省和悟道。

悟道中最重要的一条,是在反省中寻求今后的新思路、新目标。这使我想到1980年代参观日本企业在富士山下简陋居室中举办的培训班——由总经理带领干部一起面壁静坐进行反省的情景。我问:这是做什么?回答是:"坐禅",就是反省人生。这样做对管理可有效果?回答是:"很有效"。因为同事们反映:参加学习与坐禅悟道之后的学员,回到公司后,大家都感觉到像变了一个人一样,有一切从零开始的劲头。这次会如果也能起到这个作用，再好不过。

悟价值

我今年70多岁了，去年一年看了很多"人生悟道"的书，央视上"艺术人生""人生在线"等涉及人生的节目我都感兴趣。毕竟，暮年已至，悟道人生也是时候了，当然也晚了一些。

法国思想家卢梭说："人生过得越有意义的人，对人生的感受也就越多。"我多年来对人生很少想，所以一直不清楚人生的意义。事实说明，不论是什么领域的名人大家，无不对人生感受多多。如果总是在浑浑噩噩中活着，自然这种活着也就失去了意义。把这些大家对人生的感悟做个比较，我们都会有所发现，值得玩味。

先引用一位企业家——可口可乐CEO戴森的话，他的看法形象而有趣。他说："人生如同抛球游戏，每人手里都拿着健康、家庭、朋友、工作与理想五个球，在接一个的同时，又要谨小慎微地抛上第二个、第三个、第四个——并且都要接回来，因而过得惊心动魄。但殊不知，只有工作这个球是皮球，其他四个却都是落地就碎的玻璃球。"他生动地刻画了一位企业家在惊险中追求完美的心态与反躬自省的感悟。

法国另一位大思想家雨果更是先知先觉。他说得很简单——人生要玩好两个球："一个是发现自然，顺应和运用自然；一个是发现社会，顺应和运用社会。"话外音，就是要讲究人生游戏规则，要在顺应中运用，对抗是没有出路的。这也是很多企业家们的共同感受。

大科学家居里夫人则说："人生就是愉快地过好每一天，既不要恋旧而为失去的惋惜，又不要把全部希望都寄托给明天。"这说明，一切在于做好今天，愉快地过好今天，这才是最重要的事。

异曲同工的是，大发明家爱迪生在回答人生时说："我一生的追求，就是我很愿意给世界增添一点快乐。"他们以此为动力，创下人类史上科学与技术的最大成就。

中国文豪鲁迅作为斗士，其语言十分壮烈，他说："以我血饲人，寻求人生快活。"

悟快乐

如把科学家、发明家、文学家的人生感受加以归纳，那便是"快乐"。

寓言家克雷洛夫有一句铭言："在创造价值中享受快乐。"英国大思想家罗素也曾做总结："人生，就是让事业成为喜悦，让喜悦成为事业。"古希腊哲学家亚里士多德说："人生，亦美亦善，目的是使人快乐。"而我自己"成人"以来五十多年的实践体验是："听故事、讲故事、编故事，在故事中度此一生，其乐无穷。"

但快乐是要付出的，这就是苦恼的投入。请看名人大家是怎么说的。

日本"经营之神"松下幸之助悟道："人生沉浮，不会永远如日中天，也不会永远困苦潦倒。"

法国大作家巴尔扎克也有同感："人生如同大风大浪中的船长，是通过丢掉一些有用的重物换取轻装前进，以达目的。"

能既形象又深刻地描述人生，还应数大文豪莎士比亚："人生，是在微笑与眼泪的摇摆中度过的。"

佛祖释迦牟尼断言："人生是快乐与痛苦的缘起与缘去。"我想这也许就是物极必反因因果果之意。

中国变法改革大师梁启超说得也很到位："人生，即负责任之苦与尽责任之乐的交替与统一。"

悟缺憾

有时也有苦中求乐的事，大画家毕加索咽最后一口气之前，还和他哭着的妻子说一句玩笑话，说完就"走了"。此时我想起我国足球队屡战屡败给球迷们带来的痛苦，可是在又输一场球之后，一次教练对球员们说：大家不要难过，我本来有个好主意，一定能赢这场球，只是我没下这个决心。于是球员焦急地问是什么高招，教练说：我们与对手只要换一下球衣就行了。大家笑了，只是笑的不是滋味。

说得实际一点，人生总是不会圆满的，都有永生遗憾的事。人死前遗嘱，说的就是想做还没做好的托付之言。美国大作家马克·吐温说："人生，不可能圆满，要圆满只有一个办法，那就是从80岁倒退，再从18岁活起，才会圆满。"我常说：人生的最大悲剧是"人真的懂事了，但也不能做事了"。

美国总统林肯也做过这样结论："没有完美的人生，如有，优点必少。"如此而已。

怎么活才对呢？世界名人罗曼·罗兰做了总结："人生一理，即忠实人生，热爱人生。"做到了就活得很自在，这已经很不错了。大文豪托尔斯泰说得更实际："人生是生理虚弱的提升与灵魂扩大的变化。"他告诫世人要做两件大事：一要讲养生，以求无病而长寿；二要讲人生，要为成就事业而奉献，除此无它矣！

以上短文，只是人生感悟的"冰山一角"。贵在想让自己的脑袋不是"脑壳"，而是"脑海"。

2008.01 企业家"养生"之道

感悟"自我管理"

前年我学习感悟"人生",去年学习感悟"养生"。我现在承认自己不只是"人生盲",还是"养生盲"——对健康养生知之甚少。我写此短文,就是希望企业界朋友们重视健康养生,而且还要用行动去改变生活方式,实现健康愉快的人生。

"养生"不能等老

"养生"之重,可从健康教育专家洪昭光引述的数字中得到警示:

1.人的自然寿命应为100~150岁,这是人人都能做到的。之所以会提前"走",都是因为活得不科学。

2.世界卫生组织公布的全球健康排行榜显示:中国人均寿命71.8岁,世界排名第81位,且后10年多在病痛中度过;我们的邻居日本排第一,男性年龄79岁,女性86岁。两国人均年龄差10岁之多。

3.中国的在职人员特别是知识分子、企业管理者的健康尤其堪忧:死亡年龄在40-60岁间者达八成,平均死亡年龄只有45.7岁;而活着的,也八成都是亚健康或病患者。于是,人们调侃中年人的现状不是"三十而立、四十不惑",而是"三十而栗,四十不活"!

养生无道带来的损失,罄竹难书。诚如大家都明白的:健康是"1",其他都是"0"。"1"没有了,一切都没有了。

养生,重在心与食

我觉得养生的准则在于"和谐平衡"。如:心理与生理、工作与生活、防病与治病、知识与习惯、营养与运动、肉食与素食、主食与副食等等，都需要"以我为主""有主有从""和谐共生"。

第一，要相信心平、愉快在决定自己的福寿。

中国人素来追求"福、禄、寿"。实际上，位高财盈者未必幸福，更未必长寿。人生与养生是不可分割的，我相信可口可乐老总的"五球理论"，人们玩五球，其运行风险极大，压力极大。因此我们在世，就应该"通过让大家愉快幸福，自己也愉快幸福"。

很多老总会问：如何保持平静心态？我觉得洪昭光说得好："春风得意时助人为乐；比上不足时知足常乐；身处逆境时自得其乐""小事不计较，糊涂一点；大事风格高，潇洒一点"。同时要学会控制情绪，郁闷生气是健康的最大杀手。

"生态引导心态，心态决定健康"是养生真理。荀子曰："乐易者常长寿，忧险者常夭折。"俄国大作家屠格涅夫说："乐观，是养生第一要诀。"话说到家了。

第二，"人死于无知"，"知难行更难"。

据调查，100人中重视健康的只有50人，但真去做的不到10人。所以说，养生之大敌是"无知"，更是知、信、行的分离。我有几位同学都因无知或知却不行，而离别人世。

健康的生活习惯，才是人养生之归宿。但它需要时间投入，更要在克"懒"上下功夫，重在坚持实践。科学发现：人的健康，遗传占15%、环境占17%、心态占25%、医疗更只占8%、生活习惯却占60%！而养成好习惯的最大障碍，就是"懒"。比如：每天抽一小时锻炼身体和坚守八分饱，都知道，但多数人做不到。

第三，深悟"病从口入"。

它不只是力求洁净，更在于很多"美味"都是健康大敌。最近，一本畅销书《病是自家生》里，竟然有90%的篇幅在讲"吃"。因为病多是"吃"出来的。日本人甚至把食育与德育、智育、体育并列为"四育"，订立《食育基本法》，在全社会开展"食育运动"。"吃"是保健的重中之重，也是我最近学习中获益最多的。

如何吃好？洪昭光建议：一袋牛奶或豆浆；5-8两主食；三份蛋白食物。另有四句话：粗细粮搭配；不甜不咸；每顿坚持八分饱；特别是蔬果生吃，非常重要。

进而，我们要唱好"八字歌"：日行8000步（运动）、睡好八小时（休息）、吃限八分饱（有余）、日饮八杯水（流通）。

最后结论：以我为主，健康九成责任归个人，最好的医生是自己。

2008.02

拜年，先拜健康！
再谈养生健康的学问

春节亲友相会，见面总是吉祥话不断。其中谈得最多的就是祝福安康长寿。近些年，我国人均寿命已提高到72岁，比世界人均多了10岁，但这些年大腹便便的人（特别是孩子）也多了；虽然生活好了，但"富贵病"（死亡率最高的心脑血管与癌症等）却急剧上升。这些都直接威胁着全民的生活质量和幸福。

世界医学界提出："20世纪是治病时代，21世纪将是养生时代"。作为健康要素的到医院看大夫，只能解决8%的健康问题，而如环境与养生的学问能解决剩余92%！其潜力之巨大、前景之光明，实在让人们痛惜于现在、鼓舞于未来……

推荐五本养生书

"人死于无知"已是大家的共识，如何做到"有知"呢？多看看书，多听听国内外健康教育专家与医学养生大师们的高见，是提高"体商"（在智商、情商之外）之举。

第一本是《25位顶级专家养生大讲堂》。其中有卫生部首席健康教育专家洪昭光大夫。他们将引领人们走上健康之路。

第二本是《百岁医生教我生机健康法》。它全面反映了日本人是怎样进行养生与保健成为健康大国的，作者以第一人称叙述十分生动具体，使人感慨、猛醒。

第三本是《刘太医医学丛书》之《病是自家生》。它告诉我们很多生活健康新知识。作者刘弘章是"世界名医奖"获得者，贵在继承与发展了祖国保健传统，尤其特别的是他是多朝御医之后。而御医的责任，就是研究防病重于治病。作者以生动真实的故事说明了养生健康新理念。此书很值得一读。

第四本是洪昭光新作《最好的医生是自己》。他明确指出："把健康寄托于医生，大错特错。"他推翻了人们"无病即健康"的传统错误观念，呼吁处于健康透支的中年是一生健康的关键。他强调"行法自然""大道至简，智慧人生"，并对完善生活方式的"四大基石"做了详尽阐述。

第五本是代表西方养生观念的《你，身体使用手册》。它被称为"欧美第一健康书"。作者是美国防衰老专家迈克尔·罗伊森。此书声称按照书中提出的五项要求进行生活方式改善，能使你的健康大变样。我国著名医学专家钟南山院士特别推荐。

我感悟的养生理念

我们常说："你想都没想到的事，就不可能做到。"所以养生新理念是引领人们走上安康幸福之路的根本。限于篇幅，这里只简要列出。

1.要早起动、早投入、早上路

大师们提醒人们："三十要为健康努力，四十要把养生注意，五十无病才能潇洒，六十生活欢天喜地，七十享受幸福生活，九十、百岁没有问题。"但知道不等于做到，做到不等于坚持。

2.快节奏的社会要求"慢生活"

养生保健两大理论：一是储备；二是节能。储备是饮食、睡眠和性的养生；节能是指慢节奏、静生活和低温养生。万人称颂的《黄帝内经》提出"五十营原理"，就是慢生活的养生，力求呼吸、心跳放慢，"人气与自然天地之气的和谐"，"以尽天地之寿"。

3.最好的医生是自己

据科学调查的结论：生病的原因是多样的。如：遗传占15%、社会环境占10%、自然环境占7%，而自己的生活方式所占比重高达60%。由此可见，健康"以我为主"的重要。

4.重析"病从口入"的深层意义

我想引用很多警句，如："文明新时代带来饮食享受的文明病时代""以米面为主食的时代，进入以蔬果为主食的时代""用饮食文明主导药片文明""馋与懒引导人们走上生病之路""食药同源，凡膳皆药""药补不如食补，食补还要运动补，最终在于心补""腰带长，寿命短，一胖百病生"。这些话都从一个侧面提出个性化的生机饮食疗法对养生保健的重要性。

5.健康生活习惯的养成,是提高人类幸福指数的宏伟大业。日本人靠这条,人均比我们多活10年。

至此新春佳节之际,向朋友们汇报自己的学习体会,祝愿企业界朋友们身体健康!

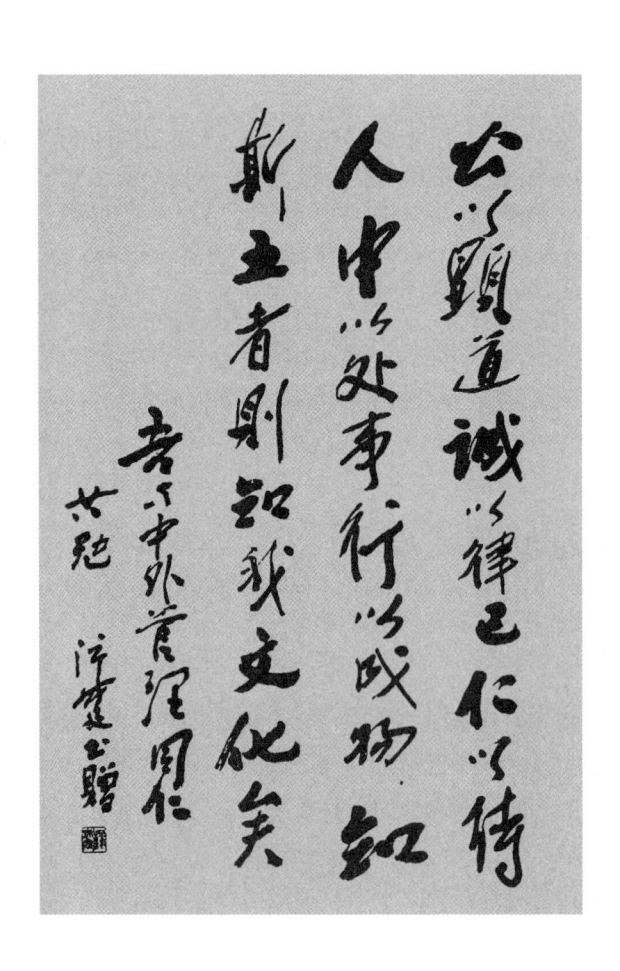

从前辈感言想到管理者素质 2008.08

最让前辈忧心的是什么?

春节前夕,我去拜访经济界前辈袁宝华同志和经济学界前辈于光远同志。

二老今年都是九十多岁了。我到于老家里,他坐在轮椅上接待一批又一批来访者。每年他在春节前必做的事就是给小辈们发"贺年信",谈一年来的感受,关爱后辈。他的著作,已有多个"等身"。他已如此高龄却每年都有新书问世。直到前两年,每月都外出访问一两次,了解人情地情。而想到自己七十多岁却已完全退休,十分惭愧。

于老七十年学术成就,令同行敬仰之至。经济学家吴敬琏曾对我如此评价于老:"他是我们的前辈。他不仅从事理论研究,还直接参与经济改革。"不错,小平同志有了改革开放思路,第一个找人来商量的,就是于老,并由于老执笔写出了思路提纲。当时小平同志与于老讨论改革开放提纲的记录,至今犹在,功莫大焉。

我到袁老家里,他看到我这个"小弟"非常高兴。他很满意地拿出一本书给我看,这就是原经委、经贸委的《大事记》。他兴奋地告诉我:"去年我提出这个建议,今年老同志团拜,就看到了这本《大事记》。你们杂志社也17年了,应该也编一本《大事记》,这对后人了解事业发展,十分有意义。"接着,他指着桌子上的一封信说:"这是昨天我接到的镕基同志的信,你看看。"镕基同志在信中的最后表示:老一辈尽心尽力工作、勤勤恳恳干了一辈子,可是提升现在下面干部队伍的素质,已经成为时不我待的第一要务——昔日领导虽已身退,却时刻在为我们的执政能力、干部素质而忧心,令人深思。

百年校训昭示了什么?

显然,干部素质的核心是事业心、责任心和科学精神。我的老朋友沈大栋给我提供了现在102所大学教育理念的"校训"。阅毕发现:早在几十年乃至上百年前,我国教育家与科学家就对人类素质教育提出了很有真知灼见的方向。

我在归纳后,认为下面三部分最突出。

第一是事业至上。1.进取创新,自强不息;2.学无止境,止于至善;3.敬业乐群,经世济国。

第二是科学至上。1.实事求是,求实创新;2.勤奋严谨,海纳百川;3.明的求真,守正出奇;4.博学审问慎思明辨笃行。

第三是品德至上。1.厚德载物,以诚待人;2.德高为范,学高为师;3.思想自由,人格独立;4.仰天地正气,法古今完人。

我认为关键的要害在于第二部分,即实事求是与求实创新。几乎一半多的大学校训里都有这两句。我问过一位革命多年、功勋卓著的老同志:"您参加革命多年,还领导过上甘岭等著名战役,在重大政治事件中都起着十分重要的作用。就您的经历来看,我们干部作风中什么是最重要的?"他说:"实事求是啊,实事求是最难!"我还问过袁宝华同志什么是最重要的?他说:"就是创新啊,今天不创新,明天就难发展。"

教育界、科学界前辈们千百次叮咛嘱托的就是这些,也是对我们干部和民众队伍素质的由衷诉求。重温这些百年间老一辈的话,很值得我们思索、感悟。在这些话语背后深刻而悠远的意义,对当今太重要了……

管理者们, 你们醒悟了吗?

我曾为各级领导讲课20年之久,几位市长对我说了实话:"我们当领导以后,能连任然后进政协、人大一直到退休,靠什么?不靠知识,而是靠我们的领导想让你做什么?"这话说到家了。这虽不好听,但是客观事实的一个侧面。

又一个春天到了,万物更新。在历经春节雪灾严峻考验之后,我们的各级干部在素质提升上能否焕然一新呢?

中国经济改革到了哪一步? 2008.04
感悟两位大经济学家的对话

吴敬琏与厉以宁,是我国经济改革的参与者和推动者。日前,这两位受人敬仰的经济学家在电视节目中总结了改革开放30年来的成功与遗憾,并分别提出当今经济发展的方向和问题。他们的观点,发人深思。同时,我也想向朋友们谈谈自己的感悟。

因为二位都比我大几岁,所以理应尊称"二老"。

改革30年有哪三大幸事?

吴老认为:

第一件大事是1984年,党的十二届三中全会明确了发展商品经济的目标,成为启动经济改革的重大事件。

第二件大事是1994年,党的十四届三中全会上《关于建立社会主义市场经济体制若干问题》的决定,对1990年代推动经济全面改革是很关键的一步。

第三件大事是1997年,党的第十五次代表大会,提出了建立基本经济制度的改革决定,使我国沿海经济全面迅速扩展。

厉老认为:

第一件大事是安徽凤阳18户农民的承包协议。他们冒着极大的个人生命风险,打破了人民公社所谓一大二公的束缚,很快在市场上就出现了香油、花生米、鸡蛋等大家急需的东西,是了不起的一件大事。

第二件大事是1980年代后期国企股份制改革,有了股份制改革,才有证券市场。

第三件大事是民营经济的兴起。这在当时也是冒着极大风险的，受到很多责难。

以上是二老对30年改革开放最值得一提的"三件大事"。显然，二老在各自阐述截然不同的三件大事时，对对方观点均有所保留。

我听后，感悟二老说的都是事实，都对。他们只是选取角度不同。吴老是从党的改革步伐谈的，是从上而下；而厉老更多是从群众自发的改革行动说的，是自下而上。最终，我国改革开放是从群众中来，又到群众中去，是在互动过程中完成的。

改革30年有哪三大憾事？

厉老认为：

第一件是城乡二元体制的改革没有触动。因此，虽然有了承包，但农民收入一直偏低，收入增长缓慢，应享有的权利也不平等，尤其在农民工方面存在很多问题。

第二件是行业垄断没有触动。实际上，行业垄断也是行政垄断，这与发展市场经济是矛盾的，需要改革。

第三件是社会保障制度没有很好落实，推行很慢。这也就是大家都关注的民生问题，也急需改革。当前，政府最紧要的事就是加快社会保障体系的建立，对人们普遍关心的教育、医疗、就业三大问题取得进展。

吴老认为：

第一件也是社会保障制度。执行的难处，主要不是财政问题，而是各部门只求自己利益和方便，实质是权力之争。

第二件也是行政垄断问题。市场经济的核心是自主决策、自由交易。如果行政权力或其他权力起支配作用，就不是市场经济。这方面的改革最慢。关键是政府自身的改革，主要是要按人民的托付去管好自己该管的事，不该管的事尽快退出来，不要为自己一点小的本位利益或权力而妨碍大局。

第三件是产权改革没到位。首先是涉及中国广大民众利益的土地权问题，应该把土地永久使用权还给农民。这个问题不解决，很多问题都解决不了。

我觉得二老提到的三大憾事共识颇多，可见已经说到点子上了。此时，我不尽感叹："世界上真正总是坚持说真话的，首先是追求真理的知识者。"可惜，并不是每一个知识者，特别是领导者都能真正做到，更不用说始终做到。而这是科学发展的基础。

当前改革有哪三大瓶颈?

第一，二元体制的改革问题。

我觉得厉老提出此命题的时间恰到好处。大家深知：二元体制下农民工进厂打工，中国才有了廉价劳力，创造出"物美价廉"的产品铺向世界，取得"中国制造"的优势。甚至根据工资增长与人口结构，人们可推断出"中国优势"持续的年限。原因之一，是我们没有多大技术优势，正如一日本制造商所言："我们看到处处都有中国货，我们的产品相对少多了。但我们的赢利还是比中国多，特别是人均创造价值占绝对优势。"那么，未来中国闯荡世界靠什么？还是二元体制吗？在旧有体制下，农民收入偏低，增长缓慢，而城市加工业占了便宜，因而目前急需解决农民收入和企业创新两大问题。最近两会上，看到三位农民工到会，这是解决此问题的转机标志。这就是二元制"决策之后的二次决策"。

第二，行业行政垄断和法制建设问题。

这也是我国《反垄断法》迟迟不能问世的根本原因，但同时也是行政改革已经迫不及待的现实压力。在一次会上，一位深知行政之事的同志感慨之言，受到不少人的认同。他说："我国行政管理人员，只有20%全力以赴地认认真真地做好人民委托之事；有60%的公务员（包括国家事业单位）可有可无，有作用但作用不大；另外还有20%的人，完全有悖于人民的托付，总做些有损于政府声誉、攀比私利、损害民利的事。"这表明：行政体制改革与人事制度改革息息相关，它已经滞后于我国经济形势发展的需要。

第三，关于产权制度改革的问题。

我相信很多人心里都会赞成吴老的意见。我们在农村包围城市、解放全中国的人民战争中，一个有效动员农民的有力口号就是"把土地还给农民"。可是，我们解放后却一直抓在政府手里，到现在还没有完全还给农民。正如吴老所说的：土地权有田底权和田面权，至少应该尽快把田面权（永久使用权）交给农民。这个问题直接关系到全国一半多人的土地权利益问题。而且土地权，还不只涉及农民。有人质疑：为什么房价下不来？其原因之一就是土地垄断——最令人难忘的是吴老那句："这个问题解决不了，很多问题都解决不了"。我想这里包括贪腐问题。

不错，为什么小煤窑死伤事故不断？为什么黑煤窑丑闻一再给我们抹黑？其中就涉及吴老说的"地面下"矿产权力的垄断。地面权与地下权，是谁垄断谁就受益。那么最终受益者应该是谁？就不能不说是一个值得讨论的大事……

2008.05 中国企业要强化危机意识了

环境意识规避危机

中国企业急需深思当前大环境大趋势的变化。

因为在"牵一发动全身"的全球化大环境和"多事之春"的奥运年大背景下，每一家企业的经营策略都受制于此。我们要冷静沉着地采取应对措施，不可浮躁冲动，三思而后行。

我刊第八届官产学恳谈会上，周保罗先生介绍他用几千美元到美国创业，不到十年获得十多亿美元财富的主要经验，就是每天上班之前就想：昨天国内外有什么大事与自己企业有关？想清楚了，到班上与班子共同研究对策，而后再处理日常工作。他坚信这条习惯是他发家致富之本。

一句话，环境意识决定组织命运。

"蝴蝶效应"制造危机

提出"蝴蝶效应"的爱德华·洛伦茨，4月16日逝世了。他的贡献，是他根据现代世界变化特征和走向进行多次调查，于1992年提出了"小影响能导致大变化"的"蝴蝶效应"理论。他的论断是："巴西一只蝴蝶扇动翅膀，改变了空气持续流动方式，其发展到最后可能会在美国得克萨斯州引发龙卷风！"

想想看，美丽的蝴蝶翩翩起舞，是多么美好的事，但最后可能却成为一场风灾。中国举办奥运会，对全世界也是多么美好的事，但在欧美却出现了阻挠奥运圣火传递的"麻烦"。极少数藏独分子的局部暴乱，在西方就掀起了反华恶浪。

在这个黑白颠倒的事件上，善良的中国人除了要想到西方某些人傲慢自私的本质，还要想到他们在手法上，就是处心积虑地如何把万里之外一只美好的"舞蝶"变成近在眼前的"龙卷风"！

一个组织的软实力，就集中在应变的能力上，大到国家，小到企业，无不如此。

"返航门"与"短信门"警示危机

在今年3月一个月之内，我国企业就连发两起公共危机。

3月31日，东方航空居然有14架飞机起飞后，又把乘客原封不动运回出发地，向公司"示威"。事发后，公司却选择对外撒谎，最后才承认是"人的因素"。这一事件，暴露了东航管理的混乱，以及员工素质的低劣，成为人们心中久久"不能抹去的痛"。

另外一个时时发作的"痛"，就是我们每人都饱受手机垃圾短信之扰。但人们没想到，其源头，竟是因发明了"电梯间电视广告"而一举成名的分众传媒的旗下公司。这同样招致了公众的强烈不满，江南春也迅即成了众矢之的。

这两起事件的共同之处，都是高层事先毫无察觉，事发之后茫然无措，导致公司声誉严重受损。

未雨绸缪之策

那么，如何避免这类"人为危机"呢？我建言三点：

一是要从上到下都要进行危机意识的教育，还要有应对危机的组织与制度。

二是企业领导对职工要知心。通过沟通制度发现地平线上的问题，及时解决。我认为，员工要有每天记三句话日志的习惯：一是回答今天你做得最满意的一两件事；二是发现什么问题，有何感悟；三是明天准备干什么，怎么干，重在干好一件事。只要使之成为制度和习惯，就能防患于未然。

三是高层领导，要有"二次决策"的制度和习惯。海尔CEO张瑞敏的一个重要管理经验，就是"二次决策"。即在做好一项决策之后，还要做一次这个决策执行后果产生问题的相应决策。没有二次决策，企业管理就难有预见性。而二次决策，就要利用哈默的反向思维方式，而这也正是一个人或一个企业是否成熟的标志。

2008.06 为什么它们能幸免次贷危机？
震灾之际再谈危机意识

5月12日，四川汶川突发8.0级特大地震，损失惨重！它警示着我们每一个人：危机随时都可能到来！而如果没有做好准备，任何强大都会异常脆弱……

去年爆发的次贷金融危机，使横行天下的美国都一筹莫展，而且这个危机又漂洋过海影响到了全世界，包括中国。当前，以"世界工厂"闻名的珠江三角洲的繁荣已受到威胁，仅鞋厂就有上千家倒闭，原先夜晚厂区的灯火通明已然不见……

但是，也有例外。

高盛因何一枝独秀？

在这场危机横扫世界时，很多老牌投资机构都不知所措、狼狈不堪，可为什么高盛却能做到毫发无伤，而且一枝独秀呢？这很值得我们企业界的特别关注和研究。

首要因素，就是该公司董事长兼CEO劳埃德·布兰克芬的善于应变、重视危机管理的文化建设，以及他超人的经营谋略。他的领导团队和员工能在次贷危机还隐身于地平线上时，就积极准备种种应对危机的策略，从而充分展现出了一个成功者的必备基因——预见能力。

他的远见，在于能在次贷危机发生之前就下决心作空抵押贷款，此一决策使高盛成为次贷危机中美国金融界的最大赢家。但这绝非一日之功，而来自高盛多年积累下的企业文化积淀。

劳埃德在重大决策时，总是动员全体员工把危机意识植入自己内心深处，提前准备好必需、有效的应变举措，随时应对一切可能发生的危机。其思维方式是：永远不去一味乐观！

他经常提醒干部员工："要在商战中入手其内，超然其外。在全力投入的同时，保持自己能全身而退的清醒。要在工作中显示游刃有余，又不无自我矜持。"他还说："什么是经营生活？就是超然事外的能力，时刻锻炼并具备自己能看到而别人看不到的东西的能力。"劳埃德具有很好的工作风范，他平时看起来很有亲和力，对别人十分友善且不乏柔情，并很有举重若轻的幽默感；但在工作上他又能做到严谨严格，强硬执着，一丝不苟。在他身上，你能看到这两种截然不同的性格，而且他又能很好地融于一身。这就是劳埃德能够应付危机的"领导文化"。他的这种风范，就使得他的思路能不断渗透到员工与干部的各项工作与生活中。也正是他铸就的这一危机文化，使他们能够发现别人发现不了的问题！

由此我也想道：我国企业如何把从"制造中国"变成"创造中国"的政策落到实处？呼唤我们的危机意识和创新文化是至关重要的。有人认为：现在中国已出现日本经济低迷初期的现象。这种危机感对企业来说又意味着什么？大家是否已有了应变准备？结合这次突如其来的地震灾害，我们所有企业都能够而且应该找到自己可以深思借鉴之处。

德国为何独善其身？

另一个例外，远在欧洲大陆。人们发现：在西方世界哀鸿遍野时，只有德国经济的信心指数、景气指数和企业效益三大经济指数一直保持高扬。为什么？人们归结为如下两点：

一是经济独立性好，依赖外资的比例比较小，特别是依赖对美贸易的比例比较少。相比，我国沿海地区对美贸易的依赖度则太高了。

二是企业界、金融界和政府对世界经济走势一直保持警惕性，并能迅速果断地采取有效的防范措施，如：对政策银行提前注资，对可能受到威胁的地方银行和民办银行进行剥离或并购。

总之，我们在国家宏观经济与企业微观战略上，都要注意建设应变体制，特别是对我们未来"廉价出口优势期满"、"制造中国走向终结"的动向，心里要有个底数。正如杨振宁预见的，这种优势也许只有30年。从形势发展看，可能更短。因此，我们要重视危机意识和危机文化，进而预见和缓解各种危机，以保持和发展我们的经济盛世，实现崛起。

2008.07 震灾后，反思管理之本

今年5月12日四川大地震，国人将永远记住它，因为它"改变了中国，影响了世界"。它给人以最大启示，并让它深深地印刻在海内外国人的心上。

灾中，血泪长城

那些日子，一位好朋友对我说：让全国上下心痛流泪不止的，莫过于周总理的逝世和这次大地震。

俄新社网站上发表的文章《中国，挺住！》深深打动了我："汶川地震让半个亚洲震动，让整个世界震惊。中国经历的磨难太多，但从没在磨难中倒下。面临灾难，中国展现出坚韧与顽强；珍视生命，中国赢得了全世界的敬意和赞扬……我们愿以杯水之力，尽寸尺之能，和中国人民站在一起。我们知道，一个总理能在两小时就飞赴灾区的国家，一个能够出动十万救援人员的国家，一个企业和私人捐款达到数百亿的国家，一个因争相献血、自愿抢救伤员而造成交通堵塞的国家，永远不会被打垮。希望必将与中国同在。让我们为生者祝福，为死者祈祷。中国，走好。"我是含泪向杂志社同仁朗诵这个短文的，我感到做中国人的自豪与幸福！

灾后，反思生命

前几天，远大空调张跃总裁邀我参加他主办的以珍惜生命为主题的论坛，他作为生产空气净化设备的企业家，很有远见地看到了当今人们对生命价值认知的巨大变化，看到了生命教育的重要性。他提出：大地震之后，我们应该想什么？生命是为什么？人类活动是否应为生命而展开？他在为这些问题寻求答案。张总在

睿智之外，还有如此厚重的人文思考，我深深佩服。这昭示着我们企业家的成熟，开始肩负关注社会、参与社会的大国民使命。

与此相关，最近新华社记者周润健等号召重视"生命教育"，颇有见地。同时，凤凰卫视的"一虎一席谈"节目围绕范美忠事件辩论救人救己的师道与人道。这些都已触摸到了中国文化的深层次问题。

责权利，不是根本

我作为一本管理杂志的总编，也在思考管理上的一个基本理念。我们经常强调管理上要实现"责、权、利"统一，好像它已是天经地义之原理。但现在受到了挑战。这次千万群众自发救灾的动人事迹层出不穷，千万群众志愿奔向汶川，这里有谁是受"责、权、利统一"原理驱动的？从"国家有难，匹夫有责"的角度，"责"也许有，但"权"、"利"在哪里？与之相反，真正有"责"的少数部门，其后面反而有个很大问号。最近，我为一批离休干部受骗一事奔走。可是诸多相关部门都表示："这不是我们一家能管得了的。"我问谁管？他们都能提出一大串名单，结果仍是又管又不管之间，不了了之。"多一事不如少一事，逃避责任"的体制问题仍在阻碍着社会进步。

在长沙，张跃总裁要我对生命的意义发表意见。这是个难以说清楚的问题。应该说各"家"之中，科学家最诚实，所以我引述了大科学家爱因斯坦的几句铭言，得到了在场人的赞同。

"对人来说，最有价值的东西，并不是雄心壮志，也不是什么责任感，而是出于对人、对自然的爱，并有专心致志的行动。"

"生命的意义，在于设身处地为别人着想，忧他人之忧，乐他人之乐。"

"人的价值，首先取决于他的感情、思想、行动，对人类社会能起多大作用。"

"要使自己活得有价值，首先要从自我中解放出来。"

"一个人只想到享受，追求金钱、荣誉和奢侈生活，是可耻的。"

这几句话，我认为已经谈到家了。当人，有对别人的爱、对自然的爱，并付之于行动，就是现在大家说的"大爱"。至于"责、权、利"已不是根本，而只是管理上追求的一个办法。管理追求的根本应该是"大爱"，是"在让大家愉快幸福中自己也愉快幸福"。你管多少人，你就要让这些人愉快幸福，不管你地位高低，都是一个道理。这才是管理之本。

经过四川大地震的教育，我对此深信不疑。

立人立言居内创外
企业家成熟的两大表现

最近,我有机会与几位一线企业家晤面深谈,感悟颇多,最深刻的印象有二。

第一印象是他们在创业二三十年以后,又能跳出自己职业圈子创造出自己的新事业。正如最近小说家王晓方说的:"你要成为有才能的人,就要挤进职业圈子。但是当你要想有所成就时,就要跳出这个职业圈子。"这句话十分深刻。

第二印象是这些成功企业家在二三十年中,经受无数风雨坎坷严峻考验,他们在苦辣酸甜之后,总是有很多话要说,不吐不快。这正像我最近感悟的人生成熟三标志:一是30岁前"立业";二是50岁前"立人"(立德);三是50岁以后"立言"。时至今日,我们很多企业家已到"立言"著书的时候了!

金蝶徐少春:为中国管理模式做贡献

前不久,我与金蝶老总徐少春相会,他提到在他发起的"中国管理模式论坛"上曾呼吁:在与狼共舞的残酷竞争时代,没有自己文化底蕴的管理模式,仅靠经验是难以支撑持续发展的。我们一定要形成自己的模式为世界做出贡献。中国大约600年一轮回,从礼治西周到武帝强汉,再到贞观盛唐,再到郑和出洋……而下一个600年,就是今天!中国人"输出管理"的时代应该到了。

金蝶矢志普及ERP,就是要把管理"模式化",使它突破本业,放大管理。这也是我们企业界的历史使命。

远大张跃:围绕"生命"闯事业

记得我第一次应邀坐上张跃的直升机,俯视"远大天下",有中东建筑,有远古金字塔，有欧式、日式的各类别墅……让你感觉到是在周游世界。最近有幸在其大院漫步，一花一草一木都渗透着张跃的艺术眼光与工业设计的完美融合。如今，他已把自己的事业，定位为实现完美的生命。常人印象中，生硬的科学与浪漫的艺术是隔阂的，但他却让它们融合了，因而我赞叹张跃是我国科学管理与艺术创新完美结合的第一人。

日前，他拉着我促膝交谈的，就是他的著书计划。作为老朋友，能为他做点事是理所当然的。

唯美黄建平：让陶瓷向世界讲述中国

最近，我还应邀到东莞唯美陶瓷，特别是进入黄建平老板筹建的"中国建筑陶瓷博物馆"，成为我少有的一次艺术享受之旅。其间一砖一瓦都是中国历史文化的结晶，尤其是毛绒地毯一样的地砖，以及真假难分的陶瓷古画……一个绚丽的陶瓷世界展现面前。在黄总身上，我们看到了工业产品与中国传统文化艺术的结合，他又是一位中国第一人。

青啤金志国：让传统产品插上诗之翅

不久前，我还应邀参加青啤老总金志国新作《一杯沧海——我与青啤》的新闻发布会，甫一开始，幕后朗诵诗篇"一杯沧海"的高亢之声铿锵传来，而后金总在掌声中闪亮现身，让人有一种优雅潇洒与厚重哲理相结合的新鲜愉悦。短短的一首诗，凝缩了金总做人做事的哲理；著作的目录，则像一首叙事长诗，从"临危受命"到"董事会不是花瓶"，章章句句引人入胜；而从一向低调的张瑞敏为其所写序言，我又看到了海尔与青啤为创名牌结伴而行的漫漫征程。在会后，我问他："您那么忙，怎么有时间写书呢？"他那奋笔不辍的激情和愿望随即感动了我：他每天在下班后，即便拖着疲惫，也要坚持写书，前后历时达两年多。他的第二、第三本著作也将呼之欲出。从他身上，也印证了优秀企业家追求人生"立言"的必然。当我问到青啤未来时，他眼望远方，持重深思，憧憬美好未来的同时，还有一丝惆怅。

金总是一位了不起的企业家，但他更像是诗人作家，他是把中国啤酒当作诗，传送全世界，让大家陶醉，成为一位诗人作家的老总。

同在最近，皖北煤电耿总、中联重科詹总也相继与我一起晤谈"著书立说"之事，让我兴奋，也感到责任。这么多企业家牢居本业而又高瞻寰宇，大展立业立人立言之激情，无疑将推动我国经济，一起滚滚向前！

奥运热中静读南怀瑾

百年期盼，成为现实。

首届现代奥运起自1896年，时我中华大地甫遭"甲午之辱"。有谁想到，112年后的今天，中国在崛起之年召开全球瞩目的盛会！于是13亿国人与世界华人笑了，饱含泪水地笑了，笑得甜蜜、幸福、自豪。

在奥运赛场的喧嚣声中，我却进入了国学思想的林海，于闹中取静，攻读当代国学大师南怀瑾450万字的巨著。现把我学习到的一点感悟以语录方式，向企业界朋友汇报。

从国学看未来

1.当提到中国未来的命运时，他说：一百多年，中华民族从太平天国开始受尽了欺凌。但他有个五千年文化计算命运的方法，结论是：到1984年，中国开始转运，以后将有200多年盛世好运，超过康乾盛世。那时，汉语将成为世界第二种普遍应用的语言。

2.当提到中国未来的风险时，他说：一个国家的兴衰成败是看文化和教育事业。

文教问题出在三个方面：一是要有正确人生观（价值观）。中国新一代人没有人生观，这不行。现在不只是年轻人，甚至中老年人也随波逐流没有人生观，这是大问题。二是要注重文化与科学技术的发展方向，重在认知科学与生命科学。我们要重视科学，更要紧的是要重视科学背后的哲学，科学与哲学结合是世界大趋势。三是工商界要知道应该做什么？怎么做？不只要会挣钱，更重要的是学会用钱。挣钱容易，用钱难。只有懂此理，才是有人生观的生意人，否则谈不到做生意。

谈到大环境风险时,他说:中国最大的危险是经济"八国联军"的到来。当谈到内在风险时,他说:中国传统文化最害怕的是经受不住一时太顺利、太平安的考验,没有忧患意识。中国过年贴五福临门:寿、福、康、德、命,就是没有"贵"字,因为贵必骄横失道。

他认为《孙子兵法》十三篇,真正重要的只是一个字"势"。势就是大环境、大潮流和风气、人心所向的社会力量。此时重在一个"转"字,万不可被功名富贵所淹没。班固曰:"夫唯大雅,卓而不群。"(这话对干部和群众都是意味深长的)。

3. 当提到今天能够影响世界的文化是什么时,他认为有四个文化:一是达尔文优胜劣汰的进化论;二是弗洛伊德的性心理学,许多著名历史事件都与此有关;三是马克思的资本论;四是凯恩斯的消费刺激生产理论。美国到处出兵打仗,成为国际经济军阀,就是受凯恩斯理论的影响。中国要警惕的就是国际经济侵略。目前,世界没有一个领导文化,但今后30年会走向统一,这就是文化大趋势。

根据南怀瑾的经验,世界任何一门学问,如果它不同人的身心性命有关系,就没有用,也不会有持续发展。东西方文化,无不是为了生命而建立的。

4. 当提到中国文化的本质时,他指出:中国文化不只是儒家,更不只是孔子。中国文化是春秋战国诸子百家的整体,不能开分。儒家好比"粮店"、道家好比"药店"、佛家好比"百货店",都是为做人。它的整体称之为"中国文化"。什么是中国文化?就是一个字:"道",以认知科学和生命科学为中心的"道"。把传统文化弄通了,再与现代文明相结合,这就产生了大智慧。

5. 当说到政治、领导时,南怀瑾说:中国人讲的政治,最重要的是"正己而后正人"。自己不行,还要领导人家,能行吗?即便让你领导,也是出于利害关系,并不是真的服你。要当领导,做到要人服气,就要"作之君,作之亲,作之师"。其意是当领袖第一要正己,第二要亲民,第三要能当老师。这三条是身份,又是条件,缺一不可。

他多次强调:大禹升任国家高位领袖之际,舜教导禹的两句话是:汝唯不矜,天下莫与汝争能;汝唯不伐,天下莫与汝争功。可见,骄横自大是导致领导失败之源。上下几千年,此理不变。

南怀瑾在讲述尧舜禹三代禅让民主管理故事时,总是引用《书经》中提到的管理四原则:"正德、利用、厚生、唯和"。这是尧舜禹传下来的管理之本、治国之本。正德,就是品质好;利用,就是有利于人;厚生,就是提高人民生活水平;唯和,就是和谐处事。

跟南师悟人生

南怀瑾的最新观点是什么？他说的有几点，我尚未完全吃透，但觉得余味绕梁，也愿意一并托出与大家分享。

他说：明朝一位学者讲，人生只做三件事：一是学会走路；二是自欺、欺人、被人欺；三是自骗、骗人、被人骗。秦皇、汉武，以致后来蒋介石，无不如此。

他说：我父亲教我"仗剑需交天下士，黄金多买百成书"，我一生多交朋友，多看书。

他说：孙文说，人生以服务为目的；有人说以享受为目的；有人说以赚钱为目的。实际上，人生以人生为目的，这就是本体论，没有别的答案。

他说：中国文化是包容一切的，对人种都有同化作用。英国国家博物馆研究成果是，中国人与任何人种结婚，生下孩子不到三代都变成中国人了。什么西方文化，不要管它，中国文化都能把它溶化掉。

他说：人要塑造什么品质，才能行走天下？实际上只是四个字"卓尔不群"，就是要有自己的独立人格。什么是自由民主？这就是。

他说：人为何做学问？还是《中庸》中说的："博学之，审问之，慎思之，明辨之，笃行之。"

他说：孔子做人有三步骤：青年"戒之在色"，中年"戒之在斗"，老年"戒之在得"。

他说：所有的真学问都是教育人如何做人，会做人，就能做事。

他说：中西方文化很大不同，中国传统文化认为经济附属的一切靠政治解决问题，西方文化正相反。人类理想有多种学说，最高政治境界就是"安居乐业"。

他说：世界上的政治、军事、外交，在当时是没有是非对错善恶的，都看应变能力和因果关系的掌握。因果关系就是规律、法则，违背它才是错的。

以上只是摘录的很小一部分，在举国欢庆、含泪畅笑的激情之际，拿出一些隽永深沉的思想清茶，亦可为大家消暑，亦是奥运热潮中的另一乐趣。

两国元首突然下台之恨

2008.10

秋高月圆之际，慎思明辨接班人

奥运落幕，心情复归宁静，众多时事看得也更细了。我和很多朋友一样，对日、巴两国元首几乎同时下台，颇感意外。意外的是他俩虽然气质迥异，但自己事先都没想到，不幸却骤然降临了。

正如福田首相所说："如风而去"。而风者，外力也。

是谁逼退穆沙拉夫？

巴基斯坦强势总统穆沙拉夫，即将登机前往北京参加奥运开幕式时，最令他高枕无忧的，是他始终对军队有绝对控制权，他从不为自己未来的安全不放心，尽管反对派一再逼宫弹劾。

穆沙拉夫是个精明人，四年前就安排退休后的一切。他做了两件事：一是在首都伊斯兰堡近郊风景区花费约合人民币1700万元为自己建退休别墅。另外，在军内安排好自己的亲信接班，这就是现在掌握军权的参谋总长基亚尼。这可谓万无一失。因为基亚尼是穆沙拉夫从普通战士提拔成自己第一副手的，多年来能决定他命运的，只有自己。穆沙拉夫还公然宣布基亚尼是自己的接班人，并一再表示："基亚尼是下级军官时，我就很了解他。如果我有一天脱去军装，我将把军权交给他。我对他很信任。"于是，基亚尼在穆沙拉夫呵护下平步青云。

可是，就在穆沙拉夫来北京前夕，基亚尼一反常态，登门对穆沙拉夫直言："军队不再负责你的安全，你唯一的选择是宣布辞职，流亡海外。"此时，毫无准备的穆沙拉夫惊愕得半天说不出话来。随后，这个世界强人泪流满面，深知自己今后处境危险，立即跑到电视台宣布辞职。4年修好的豪宅，永远也不可能住进去了……一代枭雄瞬间成为有家不能归、有国不能回的游民。

其实早有迹象。2007年3月，穆沙拉夫利用自己军内实力迫使大法官辞职，当时所有军官都拥护支持，唯独基亚尼表示沉默。但穆沙拉夫却并未警觉。等到摊牌时，大势已去。

福田康夫引狼入室？

再说日本首相福田。福田是与穆沙拉夫截然相反的人，一贯待人谦和，从不咄咄逼人。去年当选首相本身就出于偶然，如果不是安倍晋三突然辞职，福田这辈子也不会有当首相的机会。

但事情发生得太突然，为了争取党内实力派麻生太郎的支持，福田任命麻生为自民党干事长，这等于宣布麻生为自己的接班人。但就是这个任命，埋下了福田提前下台的种子。麻生是个锋芒毕露、口无遮拦之人，三次竞选首相没成功，而且政见上与福田相左，经常宣称"中国威胁论"，坚持参拜靖国神社。他虽为副手，却从不甘心也不尽心。果然，福田一辞职，麻生第一个理直气壮地跳将出来。

而前首相小泉，对政治圈看得更透彻。早在福田刚上台，小泉得知福田去找麻生时，就当即表示：这是"引狼入室"。因为小泉深知麻生为人之凶险。事实证明了小泉的警觉。

神·人·鬼之变与辨

这两位国家元首，一个铁腕一个柔和，却都在选接班人上犯了错误。错在选中的不是副手，而是与自己争权的对手。

有人说，副手不等于接班人。有人说，人在权力面前是会变的。初定，要把对方看成"神"，要学习和认可他的长处，要尊重他、鼓励他。当与其成为合作伙伴时，要把他看成"人"，看到他的缺点，真心帮助他、呵护他。但当他有了权力仅一人之下时，你要把他看成"鬼"，防止走向反面。中国科协下属一个很好的地方企业，其总经理把一个工人提拔为常务副总，但很快这位副总带领骨干另起炉灶，反过手把这个企业一夜之间搞垮了，总部后来成了"洗浴中心"！不堪回首……

最近这两件元首缺憾之事，也是日常领导团队之常事。在此花好月圆之际，要想到月缺云障。领导者永远要居安思危，才是安全的。

解救危机之道，是向潜规则开火
慨然奶粉危机与金融海啸

2008.11

两大危机的相同点何在

当今，不管是在饭桌上，还是朋友集会，甚至街头巷尾，无不谈论"金融海啸"与"奶粉危机"。这两件事已经成为社会舆论中心的中心议题，也许"奶粉危机"与"金融海啸"在规模与影响上是不能相比的，但这两大事件爆发之后，人们都不得不思考：这两件事的底蕴惊人地相似。

如果我们对它们背后的动因认识不清，就无法杜绝以后祸害重演。

首先我们要理清二者相似之处：

第一，它们的出现如同泰坦尼克号沉没，十分突然，但立即让大家惊慌失措。人们形容它们像炸弹一样，瞬时火光冲天，大祸临头。

第二，不只来得突然，更大的共同点是它们让人人自危，它们与每一个人都利害相关，几乎谁也躲不过。在惊慌中，人们都在思考：如何保障安全？如何防止自己的财富蒸发或健康受损？且这不只关乎现在，还影响后半生的生活。

第三，比以上还重要的是，谁都不知道谁是肇事者！即使感觉到了，也不是几个人，而是许多人，且边界十分模糊。

第四，让人最不理解的是，即使知道这些肇事者，也不能不投鼠忌器，只能政府出钱，即让老百姓拿税金去埋单、抢救，尤其是金融海啸的制造者。作为祸源的华尔街当事人居然面无惧色，拿着年薪千万心情坦然地到加州海滨豪宅疗养去了。在官方层面，"金融海啸"的始作俑者、美联储前主席格林斯潘，还面无愧色地高谈危机处理之道。而大洋这一边"有毒奶粉"的制造者们，也不是不知道真相，但却在事发之日还试图让政府为"有毒奶粉"遮掩隐瞒。目前看，即使相关政府领导已经辞职,制造"有毒奶粉"的人也还没有怎么表示歉疚。

我说这四点,是因为我"无知",不明事理才提出外行人的问题。但我悟出了一点道理:一切祸源都与心照不宣的行业"潜规则"盛行有关。

为什么说潜规则是妖魔

什么是妖魔"潜规则"?

1. 上有政策,下有对策。心照不宣、我行我素地干对自己有利却伤害别人之事。但它不是一个人、一个组织,甚至在一个行业圈子里,已成为普遍认可的"潜规则"。

2. 为了满足私欲,为争霸市场、垄断称雄,坚持不懈地不择手段得强势争暴利。这个动因使人们不惜冒犯众怒去作伪,甚至明知故犯地放"添加剂",以劣充好。金融中介则用谋划"包装"等奇招怪招,遮掩问题,促成无资质者借贷成功,使虚拟经济变成虚伪经济、泡沫经济,当事人却如同吸毒一样狂欢。这种金融业的恶性"创新"使有害的潜规则大行其道,肇事者们虽很清楚内幕及危害,但谁也不点破它,为获"浮利"而沾沾自喜,于是把祸根"做大做强"了。当东窗事发,遭遇政府查办、百姓愤恨时,"早知今日,何必当初",晚矣!

有些内部人士透露,不要以为此弊端只在美国的金融与中国的食品这两个行业存在,实际上别的行业,如当今部分保健企业、信息传媒业等,此道也在公开或秘密"潜行"。尤其是有人利用老年社会到来的商机,在牟利思想的鼓动下,在媒体上做虚假广告宣传,谎称一切老年常见病都可一招清除,永不再犯;还有的以不吃药疗养为名治病,更是骗人。于是很多老年人把仅有的养老钱交给他们,得知受骗之时,已不可逆转,欲哭无泪。但此种潜规则四处蔓延,却至今无人、无部门能管得了!

一句话,这些以牟暴利为目的,从事骗人之术的恶行,都是通过潜规则形式做案,它不只是使百姓财产、健康受损,政府也无光,经济也衰退,社会也动荡,可谓泯灭天理、丧尽良心!而他们也在制造悲剧中,走向自我毁灭之路。这些人终将被万千民众唾弃,让子孙后代羞愧连连,恶名难除。不是吗?日前,数年里拿过数亿美元高薪的雷曼兄弟CEO公开被多名员工暴揍,就是一个典型!

根本在"两只手"要结合作用

"有毒奶粉"事件已在了断当中,而"金融海啸"仍在震荡发酵,欧洲的冰岛政府面临"倒闭"呻吟呼救，从而产生骨牌效应；亚洲的日本金融保险业公司"大河生命"突然宣布破产，震惊四邻；人们更担心的是我们的邻居韩国……

人们普遍认为，当前的办法是各国联手救市，更根本的办法是金融业的大户必须实行政府保障和监管的"国有国营"——英国和美国已先后对银行注入数千亿美元，以直接掌控金融机构，即政府将走向控股，银行走向国有。也正因为如此，西方媒体纷纷报道："美国自由经济发展模式已经终结""布朗、布什开始搞社会主义""马克思的观察是正确的""社会主义是拯救今日世界的途径"等等舆论甚嚣尘上。说到家，其本质是"看不见的一只手"的"自由市场经济"与"看得见的一只手"的"政府计划与掌控的社会主义经济"实现结合。

以目前状况看，"海啸"虽在各国政府重金救市下可能稍微稳定，但仅仅"救市"难以拔除自由资本主义市场经济之内在祸根。

2008.12 感悟企业信仰的奥秘

信仰幸福

　　《中外管理》杂志办刊第17个年头,迎来了我们恳谈会历史上的一个新高峰!到会的企业界朋友多达900位,以至于我们不得不拉视频线另设分会场,气氛热烈空前。甚至部分报名较晚的企业家朋友,囿于场地容量的极限,我们只能很愧疚地躬身致歉了。如此火爆的原因,我想第一是当前形势,第二是会议嘉宾和主题,第三是我们一贯的办会信仰。

　　两天半的议程,有近50位官产学界名流到场,大家欢聚一堂,热议"时代拐点"的本真,探寻扑朔迷离的未来,以及我们应对的思路。对当前严峻形势的困惑和主讲嘉宾入木三分的解析,使大家从始至终对会议内容保持着浓厚的兴趣。

　　当会议宣布结束,看到涌动的人流、欢快的笑脸,让我们从心底里感到由衷的愉快和幸福。

　　在我送我们的"首席嘉宾"、96岁高龄的中国企业联合会名誉主席袁宝华离开会场时,袁老兴奋地对我说:"会开得很好,我明年、后年还要来!"我们办会17年来,袁老参会15次!每次总是激励我们服务创新,继续前进。这也是领导给予我们的幸福感受。

　　当听到大家重复着一句话:"这个会,三天管一年"……此时此刻,作为组织者的幸福感油然而生,觉得一切都是那么美好。

　　很多名人都谈到过幸福。什么是人生的追求,很多成功企业家或许感触最深:"追求物质与奢侈,不一定幸福。一个人有了感恩之情才有幸福,一个人在助人之后的'为乐'中才有幸福。"正如经济学家茅于轼说的,让其他人生活幸福,自己才有真正的幸福。这已不是我第一次在这里提及了。为什么？因为我信仰。而信仰的形成与传播，无不需要反复阐述。

信仰的魅力

我国谈企业信仰的书不多。盛世泰山企业顾问公司董事长项润写了一本书，书名就是《信仰——企业长寿第一密码》。他让我写序，我就在序中开门见山讲了两个故事。

一个故事是说日本美誉最高的企业家，也是日本唯一把街道夫妻店经营成著名跨国公司的"经营之神"松下幸之助。他不仅寿命长——94岁，而且当总经理时间也长——60多年。这是很多企业家的梦寐追求。他如何做到的？有这么个故事。

1932年，当时松下只有37岁，一向对宗教不屑一顾的他，经朋友规劝来到庙堂。他看到庙堂里有挤不动的人，都在顶礼膜拜，真诚至极。这种常见现象却引起他的深思：宗教靠什么驾驭如此众多的人心？又靠什么让人保持如此平和而无私的心态？我们做企业的为什么做不到像宗教一样让员工忠于企业、信仰企业呢？如何也让员工成为企业的信徒？后来，松下做了三件事：一是不断提出能够征服人心的理念，建立自己企业的信仰体系；二是有严密可行的有效组织；三是有个身体力行的领袖，及其鼓舞人去执行的魅力。核心问题是如何让理论与领袖在人们心中神圣化。这是一个企业事业成功的过程，也是使人心理念不断统一的必然结果。松下正是想到这点，于是成立了P（Peace和平）H（Happiness幸福）P（Prosperity繁荣）研究所（也是出版社）。他把人类共同的理念作为松下公司永远追求的理念和信仰，并坚持把这一追求通过研究、宣讲、出版、培训等多种形式，灌输到每位员工心里。

松下幸之助是位小学没毕业的企业家——华人"经营之神"王永庆也是如此，但他们珍惜时间、重视学习——他的著作比马列全集还要多。他虽早已离开人世，但他的思想使松下公司永葆青春，是一种信仰支配着全体松下人不断实现壮丽美好的远景。

另一个故事，是说原美国GE公司CEO韦尔奇创造的企业信仰。

杰克·韦尔奇是全世界企业仰慕的"世界第一企业家"，成功经营着爱迪生创办的"百年老店"，成为全球高山仰止的企业管理圣殿。GE是否也是靠企业信仰发展的呢？回答是肯定的。

有一天，记者采访GE一位员工："你们靠什么成为美国以至全世界都仰慕的企业？"那位员工对记者说："我们依靠的是全体员工对企业的信仰，对企业领导韦尔奇的信仰。打个比方，如果明天早晨上班的时候，韦尔奇头朝地倒立进公司大门，你必将看到后面所有员工都会倒立进入公司大门！"以此，揭示了GE长青是靠企业信仰。

韦尔奇是如何实现企业、领导人神圣化的呢？据介绍，韦尔奇看似领导GE十万多员工的庞大队伍，实际上他只抓住他直属的42个战略经营单位不到500位领导人，认真当好他们的"老师"，坚持定期在培训基地上课，讲述自己的主张，并反复讲，直到他们有了自觉行动，并获得事业成功为止。正像他在自传中说的：为了实现上下统一的意志，共同的战略目标，"我执着地在理性和感情两方面做好工作！尤其在核心生产、技术开发和客户服务的三大业务上，必须通过不断沟通交流这个民主的过程，达到追求上的充分一致"。接着，这500位领导再寻求与下级的充分一致，以此类推。总之，领导必须都是老师。这大致可看到GE以企业信仰为中心的企业文化的主要着力点。实际上，我国的海尔等企业也已这么做了。

信仰，是冬衣

今天，企业面临诸多全新挑战，只有实现企业理念的员工信仰化，企业领袖的神圣化甚至偶像化，才能使企业在各类风波困境中立于不败之地。

什么是企业信仰？说到底，就是领导人或领导思想得到下属充分认可，从而在实践中让人们在理念与行动上表现出高度自觉、实现高度统一的意志信心。也可以认为，信仰是一种主动且不懈追求的人生观、价值观、世界观。因此，不只是宗教有信仰、政党有信仰，企事业单位也应该有统一的思想和信念。

信仰与迷信尽管界限含糊不清，但性质却有根本的不同，甚至二者是完全对立的。正如西方世哲人康德那样，一方面在理性中杀死上帝，另一方面却又在实践中做出有个上帝的假设。显然他是把上帝作为唯一性真理的代名词了。

"隆冬时节"，在"物质力"先天缺乏时，打造"精神力"，往往是企业"获剩"进而"获胜"的不二法门。在白雪皑皑的严寒季节，让我们在清幽空灵的新年钟声里，与自己的团队、员工共同虔诚地去信仰，共同修炼一颗坚毅、平和、团结、节制的心。

向问题"添加剂"挑战

2009.01

我在2008年11期卷首语中,曾倡议"向潜规则开火"。所谓潜规则,实际上是人们多年来形成的"坏习惯"。

比如:领导"批条子"。一位地方检察院检察长说:"依法办事,本是不言而喻。但每当一个案件要起诉时,总会有某一级领导批下一个'依法办事'的条子,暗示我要关照。我又不能不听,难啊!"

而时下最泛滥的潜规则,恐怕要算各形各色的"添加剂"了。

"添加剂"之滥,你我有责?

2008年10月26日,权威媒体发表《添加剂泛滥的合谋者,还有消费者》一文。从题目上看令人费解,但它确是说出了惊人又发人深思的事实。

文中指出:97%的人类食物都有添加剂!有名的添加剂至少有2300多种!何以如此之多?其根源正是企业投消费者所好而发明并发展的结果。从这个角度说,添加剂的泛滥不是生产者与消费者"合谋"的产物吗?

消费者无不贪求美味和美色,追求感官享受,而同时,生产者又以降低成本与扩大销售为己任,正是两种贪婪,共同制造了这一入口之祸。

此文引用了圈内人的惊人之语。一位食品添加剂公司从事食品研究多年的经理说:每个人每天都得吃进去上百种添加剂。比如:每天新鲜出炉的面包,都有添加剂二十多种,香精几十种;奶油生产商会向奶油中投放抗氧化剂、色素;再说面粉,也少不了添加剂;至于猪肉馅冻饺子,人们想的只是猪肉,实际上还有蛋白粉、香粉等多种添加剂;又如火腿肠,实际上肉不到一半,另一半多是添加剂。他还说:"我研究肉制品多年,无不在添加剂上下功夫,这几乎是肉制品行业共同遵守的'潜规则'。"

更令人恐惧的是,这位经理说:"如果你下决心不吃方便食品,自己亲自动手做菜,也躲避不了添加剂。因为做菜总要放作料,如鸡精等提味品,可以说跟鸡没什么关系,只是个添加剂。"

当今,消费者对食品的要求越来越高,如:味好、色好、便利、长久保存等诸多要求,于是企业就不断靠添加剂来满足客户,既降成本,又受欢迎,何乐不为?于是,人们就生活在泛滥的添加剂海洋之中。添加剂的泛滥正逐渐越过健康保障的底线,已发展到使用化工原料作添加剂加害于人。如何控制这种趋势的蔓延,已成当务之急。

这些事实和"知识",令人震撼,也令人深思。

"添加剂"已渗透各行各业

如果居高而看,"添加剂"的泛滥,已经蔓延到学界、医界、教育界。

一位中老年病权威人士披露:现在不只是看病难、看病贵的问题,而更重要的是"看病危",即看病安全问题,而且十分严重。他指出:现在不少医院添置的"新设备",其实于人无益,而可能有害的就有十多种。不只设备有"添加剂",药物"添加剂"更严重。由于药厂、医生的共同利益,大量开药已很普遍。据权威统计,医院开药的增长速度,大大超过GDP增长,占全国卫生费的50%~60%,而美国还不到9%。药品,已成为某些人强加给患者的"添加剂"。结果,"小病会吃成大病,没病会吃成有病"。"添加剂"之害,哀莫大焉!

日前,《半月谈》指出:官员以权力谋学位、教授以学历谋名利的"博士大跃进"如火如荼。另外,中学大量课余补课使孩子家长一起受累,也是"添加剂"之害。人事工作上,机关林立,"官多为患"仍是"添加剂"做乱。问题在于大家都知道危害不小,但没人公示出来。这一现象也令人深思。

《人民政协报》2008年11月17日报道,现在图书市场上有大量宣扬潜规则的书籍堂而皇之地摆在书架上,甚至含有行贿的门道及技巧。《人民论坛》杂志关于"党政干部如何能听到真话"的调研,有60%以上的行政领导都认为:"潜规则"阻碍官员听真话。

可见,向加害于人的"潜规则"和问题"添加剂"挑战,是当前管理之要害。

危机中企业精英们现况如何? 2009.02

他们都有备无患

在辞旧迎新之际,在巨变快变之时,我有幸分别受海尔集团张瑞敏CEO、中联重科詹纯新董事长、华菱钢铁李效伟董事长和苏宁电器张近东董事长之约到访,使我从闲适的小书房里一下子投入到了他们争分夺秒、紧张应变的热潮之中。

看来,我们的企业精英已经动起来了,而且他们都早有应变的准备。

这四个企业都是好样的,给我留下深刻印象的是:他们都洋溢着临战前的激情,他们的共同点都是危机意识很强。

张瑞敏的危机意识是出了名的。早先他在办公室挂着"如履薄冰"的横幅,后来他在办公桌上放上了一艘正在沉没的巨轮模型。这让他警醒每天面对的都是危机及应对。现在,他又号令海尔全体以"冬泳"的激情迎战"寒冬"。

中联重科的詹总,三年前曾与我共议"头冷脚热八分饱"的经营与养生之道。今天,老朋友见面,詹总畅谈他这三年来的应变感受,颇有久别重逢话语无尽之感。他对于危机管理之道,对内对外均各有其法:对内,从企业治本下手,不断通过多种喜闻乐见、寓教于乐的方式整合干部的价值观,所获成绩让他颇感自豪;对外,趁机收购优秀外国企业,并用自己的包容心和企业不变的法则来克服跨文化差异,圆满地实现了国际合作,博得了当地政府及各界的好评。

而我一跨入华菱钢铁的门槛,就迎来了以"危机与发展论坛"为主题、官产学共议国是的热烈气氛。李总不仅以其献身企业的感人事迹彰显了他传奇的前半生,而且早在10年前,他就提出了"主动危机论",也正是这一主要思想指导他在中国钢铁业群雄受挫时,华菱却几乎一枝独秀。而华菱高层与我深夜攀谈应急管理之道，他们投入事业之激情，也令我感动。

在经济迅速下行时，苏宁电器目前依然扶摇直上，上下士气高涨、信心十足，正在制订计划，力争几年内成为国内家电连锁的第一。

感慨海尔年终总结会

我赶往青岛海尔总部应邀参加海尔总结大会时，适逢大雾，一如我们现在的复杂经济环境。但我每次去海尔，都是又兴奋又收获智慧的享受。这次参加海尔大会，我有如下感受：

一是总结会开得别致、热烈、欢快

会议充分表现了海尔上下同心同德、共战经济危机的乐观精神。大会在表彰先进中开场，同时穿插获奖者与员工自己的创新故事为内容的节目，辅之以主持人的巧妙提问与当事人的有趣回答，常引发阵阵笑声和掌声，积极而和谐。

二是新年经营思路的深入动员

张瑞敏在本刊编的《海尔的故事与哲理》前言中说："提出新理念不困难，让人认同一个新理念才是困难的。"张瑞敏一切矢志于理念落实的思想，始终贯穿在企业各项活动中，这次总结会也印证了这一点。我又想到韦尔奇说过：我每月都给500位下属讲一次课，做他们的思想工作。让他们与我的思路统一起来，这几乎就是我的全部工作。不止韦尔奇，其实日本"经营之神"松下幸之助几十年如一日坚持做的事，就是每月给员工写一封信，然后将自己的新理念和新体会，放在每位员工的工资袋里。

由此我想到：什么是文化？文化就是领导文化，就是将领导的思想理念转变成全体员工牢不可破的意识习惯。民间谚语："上梁不正，下梁歪"、"将帅无能，累死三军"。而"正"与"能"，就集中表现在：一是自己决策的正确性，二是决策能否见诸于员工的行动。

这是我在海尔总结会上深刻体会的一点。

吴炳新大作与人生哲理

春节过去了。想想我为领导讲课服务近20年，为企业朋友服务又近20年了。人老了，一大特点是怀旧。怀旧的目的，是想告诉年轻人一些做人做事之理。

人活三个30年。头30年从不懂事到懂事，尔后是"立业"。从30岁到60岁，负担与责任加重了，在"立业"同时"立德"。而这个德，是对自己、对家庭、对同事、对社会、对国家负起责任的"大德"。到60岁以后，人对一切都"无奈"了，想留下点什么，所以挣扎着疲惫之躯，写点文字告诫后人，这就是"立言"。这"三立"就是人生的历程。

有一次我提到这"三立"，凤凰卫视的吴小莉随后对我说："杨教授，您提的'三立'，对我很有帮助。"这表明有心的年轻人在吸收老人的"小智慧"，我很欣慰。

我啰嗦这些，是身前摆放着三株老总吴炳新寄来的140多万字大作《论消费》，让我震撼。

打不垮的企业家

我震撼，因为吴炳新是一位经受巨大打击而没有垮掉的企业英雄。我对受到打击挫折的企业家有种从内心感到同情的关注。更何况，吴总的成功与挫折在中国企业界是一个时代的经典。

早在10年前，正是吴总受创之后，他邀我去三株做客。也许那是他一生中最兴奋的时刻，因为正是那天，中央广播电台播出时任中央领导的李瑞环，表彰他在困难时期不辞退员工等可贵表现。这也从一个侧面，安抚了一位新受挫折的企业家。那次与吴总见面，一生难忘。我们攀谈到深夜——此前的噩梦，三株净损失7

个亿，全部损失12个亿，这是当时任何民营企业都受不了的。但翌日一早，他就把我叫醒，与他站在高台上。他的全体干部，步伐整齐，昂首阔步，高喊勇往直前的口号，接受他的检阅。此情此景，在我头脑中总难磨灭。而他今日写就的巨著，又让我看到了一位英雄企业家的执着与坚强。

受挫坚强与人生通透

南怀瑾说：没有经过失败的企业家，不是真正的企业家。企业家的表现，说到底是人生观的问题。为此，我整理了名人大师的一些说法，因为它是人类的终极哲学，也是我初读吴总巨著的半点体味。

1.人生，就是要做一番事业，否则不足以受人尊重。（拿破仑）

2.人生，是在服务于社会过程中，寻求短暂又有风险的生命意义。（爱因斯坦）

3.人生，难免沉浮，不会永远如日中天，也不会永远痛苦潦倒。（松下幸之助）

4.人生，如果勇于尝试失败，那比无所事事更有意义。（肖伯纳）

5.人生，让事业成为喜悦和幸福，再让喜悦和幸福成为事业。（罗素）

6.人生，就是承受责任的苦处，享受责任的乐趣。（梁启超）

7.人生，是给世界增添欢乐，自己也得到满足的过程。（爱迪生）

8.人生，就是让相关的人愉快幸福，自己也愉快幸福。（茅于轼）

9.人生，10岁最为开心，20岁追求恋人，30岁成就事业，40岁追逐野心，50岁开始贪婪……总是没有充分理智的一天。（卢梭）

10.人生，前一半有享乐能力无享乐机会，后一半有享乐机会无享乐能力。（马克·吐温）

11.人生，不要等日子过去了再回忆它的可爱之处，也不要把希望总是放在未来。（居里夫人）

12.人生，从婴儿两拳紧握开始，到生命终止时两掌张开结束，他向世人表明：我来时什么都想抓在手里，我走时两手空空什么也没拿走。（南怀瑾）

13.人生，先哭后笑。先哭是要了解悲哀，而后才知道快乐。（培根）

14.人生，就是经常想到自己"还活着"时那种幸福的感受。（泰戈尔）

15.人生，是一刻不停地应变。（托尔斯泰）

16.人生，如铁砧，愈敲打，愈发出火花。（伽利略）

话都让这些名人说了。人生，"不过如此"。

和老总们谈谈企业文化

2009.04

文化,是个很虚、很广,什么人都能说谁又都说不清的杂乱概念。可是,凡是管理者,谁又能回避它呢?任何事业要想绕过它,都不可能。现实会逼着你,按着自己对文化的理解去做工作,久而久之就是你组织里的文化。所以我常说,组织文化就是领导文化。小到企业大到国家都如此。

企业家如何"做文化"

于是,最近我特意向企业老总们求教:什么是"企业文化"?大体也就了解了他们对企业文化的想法和做法。

作为我国生产电力机车的大企业,南车集团的赵小兵总裁在谈到企业文化时,斩钉截铁地说:"文化就是习惯。通过教育、制度等一切手段让干部和员工在为人处事上都有良好习惯,这就是我们的文化。"赵总的看法言简意赅、通俗易懂。

中联重科詹纯新总裁则说:"用学习型组织方式,针对干部员工所能表现出来的价值观、人生观中存在的问题,开展深入研讨,把大家的认识统一到正确的人生观、价值观上来,从而实现我们的战略目标。"詹总的看法实际是做法,只要坚持做,就会成为文化。

由此,我想到杰克·韦尔奇也是这么做的。在每月开一次的核心干部会上,韦尔奇首先阐述自己下一个月的经营新思路、新理念,让大家讨论,直到统一到正确思路上来为止。

作为我国管理软件业精英的金蝶,徐少春总裁着迷于组织管理模式的研究与讨论，投入巨资推动这项对中华民族具有重大意义的事业，令我深受感动和尊敬。他认为：企业的管理模式就是企业文化的体现。

这也使我想到"现代管理之父"彼得·杜拉克围绕模式与文化说的一段话："影响一群人的行为模式，进而凝聚共识……让人们心甘情愿为企业效命，使大家永远知道应该在什么时候、什么地方怎么做才对。"他还补充说："一手把持整个组织，而等他一走组织便被掏空而崩溃，这是最糟的。"我想，这也恰可以作徐总所奋斗事业的深刻注脚。

学者们如何"说文化"

而文化学者对文化，自有另外一番味道的阐述。

文化大师南怀瑾一生都在研究思考文化。他对"中国文化"的研究与讲述，我认为是比较透彻的，现引述如下：

"全人类所有文化，都是为了生命而建立的。""文化的重点是生命科学和认知科学。"

"一国之历史、地理，是一国文化之本。"

"什么是中国文化？就是儒、释、道加上耶稣和穆罕默德这五教合一的包容文化。""什么是现代文化？我认为有影响力的只有四个方面：一是达尔文的《进化论》、一是马克思的《资本论》、一是弗洛伊德的性心理学、一是凯恩斯的'消费刺激生产'经济学。"他提出的这四大理论，空前深刻地影响了众多精英的行为。

近年，学者们还有很多诸如："文化是根""文化是灵魂""文化是内涵，又是表象""文化是个性""文化是软实力"等似是而非的观点，不一一赘述。我素来不喜欢纠缠定义，觉得分析出构成要素就够了。那么，文化的组成要素是什么？我觉得有四个方面：

文化=科学知识/科学精神+价值观/人生观+文学艺术/思想表现+法制观念/习性习惯。

最终，一切都如我国著名经济学前辈于光远所说的："国家富强在于经济繁荣，经济繁荣在于企业发展，企业发展在于自主经营，自主经营在于企业文化。"可见文化的重要！

经济危机中，感悟"二次决策"

2009.05

领导者的五件大事

什么是领导？原全国人大常委会委员长万里同志当年在"全国软科学大会"上回答了这个问题。

他说：领导工作，说来说去，不外乎做好五件事。

第一件事，是调查研究，发现问题，并提出解决方案。我在日本科技厅政策所工作时，一天所领导请我吃饭。已是晚上十点多了，可是一眼望去，东京政府各大行政楼灯火通明。我问：为什么这么晚还都在办公？所长说：做政府工作的，其业绩考核，就是看你能不能通过调查研究，发现社会公众中存在的问题，并能提出合理建议。因此官员大部分时间花在调查研究上，每天还要用一页纸把当天调查研究的结果写清楚。因此，白天在办公室的人很少，而到晚上大家都在办公室写报告。这样，第二天领导一上班，就知道每人前一天的工作情况和成果。

可见，调查研究是政府/企业管理者的第一要务。

第二件事，是制订计划。这显然是工作的主体部分。30年前，我第一次出国访问前西德信息委员会。当时我问该委员会主席："你们政府主要是干什么？"他回答很简单："我们只做一件事，就是计划工作。年初提出计划，年中执行或修正计划，年末总结并制订来年计划。我们是市场经济，市场经济是无政府的，因此计划是绝不能少的。"他的简短谈话，给我留下西方国家重视计划工作的深刻印象。

第三件事，是制订政策。政策是领导工作的中心工作，是动力之源，又是灵魂，是关乎全局的关键工作。调查研究、制订计划都离不开制订政策这个中心环节。

第四件事，是计划与政策的执行。执行是计划与政策制订工作的终极表现。有一次《中外管理》杂志社召开理事会议，我问麦肯锡企业咨询顾问公司的程嘉树先生：您认为中国企业提升管理水平的主要障碍是什么？他很自信地表示："中国企业的领导还是比较优秀的，但中国企业存在的最大问题是中下层干部执行不力，缺乏执行的创意，使正确决策大打折扣，甚至功败垂成，所以中国企业领导中力不从心的居多。"

第五件事，是做好总结工作，提高整体共识。有一次，我问乐凯胶片公司杜昌焘总经理："您最佩服中国的哪位企业家？"他告诉我：海尔张瑞敏。他的最大优势是每完成一件大事都能做到认真总结经验！并提高到理念高度，教化干部和员工！因此他的管理思路总是清晰明确的。与张瑞敏接触过的人都有如此印象。因此，善于总结是一个企业不断前进的强大动力。

那么这五件事中，什么是核心？万里同志画龙点睛：领导工作的重中之重是决策，可以说，领导就是决策。多年前获诺贝尔经济管理学奖的赫伯特·西蒙也说过同样的话。

围绕"决策"后果的"决策"

但决策方法，一直是我求之若渴的大问题。有一次，我采访海尔张瑞敏时问道：您领导海尔集团工作多年，感触最深的是什么？他很肯定地说：是"二次决策"。所谓二次决策，主要就是针对一个既定的决策方案，要考虑其执行过程中可能出现的问题，再针对这些问题再做一次决策。只有这样，才能保证决策的完善与安全。

我听此话如获至宝，虽已多年，仍铭记在心。

最近，世界银行首席经济学家林毅夫也提到二次决策的理念。他表示：这次经济危机的问题，就出在每个人都从自己出发就事论事地做出自己认为"可行的"决定，而谁也不思考：大家都这么做，后果会怎样。这如同《第五项修炼》作者彼得·圣吉所说："大家都做自己认为对的事情，最后是一场悲剧。"这就是当前这场世界经济危机的起源。

尤其在当今经济危机形势下，只追求一时一事的利益，而忽视总体大局的未来，可能会发生更大的危险。因此我向大家呼吁：当领导，决策要慎之又慎。

盖茨父教之悟与中国教育之殇 2009.06

　　任何一位企业家，不论成败，都有自己的奋斗成长史。这是一个企业家在什么时候谈及都会滔滔不绝，却仍有言不及义之感的话题。

　　最近，我连着求教于几位企业家，一位是上周从美国讲学归来的老朋友山东三株集团吴炳新董事长；一位是泰州双登集团杨善基董事长；一位是大午集团的孙大午监事长；另一位是山东置业集团田茂军董事长。我们不约而同地都谈到企业与个人成长的历程，这引起了我就"成功企业家成长奥秘"的思考。

　　为此，我想起了"世界首富"比尔·盖茨的父亲，讲他儿子的一段故事。

盖茨为什么等了30年

　　我的儿子比尔·盖茨，在家都管他叫"特里"。他令我不解和吃惊的，是他在上学时就与同学酝酿提出"第一个创业计划"，其业务就是从街头获取原始数据，再制作成适时的交通流量图。

　　1975年，比尔·盖茨还在哈佛大学上二年级，就提出辍学，下决心提前进入社会自主创业。引发他下此决心的，是一个令他十分惊愕甚至一生难忘的电话。

　　他的好友保罗·艾伦，从《大众电子学》杂志上得知阿尔伯克基公司开始生产世界上第一代个人电脑的消息后，他与该公司通话核实此事。因为他与艾伦早就预见到了这一发展，而且他们也预见到电脑进入工作与生活，最迫切需要的是各种软件。于是，比尔·盖茨给该公司打电话，询问对软件的需求。该公司如获至宝，表现出极大的兴趣和热情。于是他和保罗·艾伦就开始策划成立软件公司，这就打开了微软的大门。

我听到特里辍学的消息，很不高兴，和他母亲立即赶到学校想阻止他。但他坚持意见。他说："等到我在哈佛毕业，这种难得的机会将不复存在。"他并向我们保证，以后会回到大学拿到毕业证书。

后来，我的儿子办起微软公司，成就了举世瞩目的电脑软件事业。离开学校32年之后的2007年6月7日，哈佛特别授予他荣誉法学博士学位证书。盖茨在掌声中致词："为了实现我对父亲的诺言，为了事业，我等了30年。"说完，他特别面对我说："爸爸，我答应过您，我一定回来完成学业，实现我对您许过的诺言。"

有谁在真正培养企业家

盖茨父亲讲述这段故事，使我联想到：这种事可能发生在中国大陆吗？另外，我们做父母的，对子女教育的重点是什么？我们可给孩子们留下了他们日夜梦想追求理想的空间？

我们作为老师、家长，其实更多地是强制孩子服从自己意愿，只给他们压力，而缺乏引导。应该给孩子自由创新思考的空间。这一理念，要从孩子幼小时做起。作父母的，最重要的事业应是为孩子提供足够的了解世界、了解历史的条件。我在1993年编辑出版了《世界著名企业家经营谋略》丛书，8万套很快售完。有一次，我在书店看见一位老者拿着这套书，爱不释手。他对我说："我拿回去让我孩子看，以引起他将来作企业家的追求。"我觉得这些是父亲该做的。

事实证明，中国人是聪明的。但为什么中国大陆很少有人在国际舞台称雄，而在国外的中国人却往往表现非凡？为什么欧、美、日的世界名牌林立，而中国的世界名牌寥寥？为什么大家都说：中国企业长不大？也不想长大？所有这些，都值得反思。

李开复在《做最好的自己》的序言中指出："中国青年非常优秀，但是中国学生非常困惑，因为他们面对的是高期望值的父母，习惯于应试教育的学校、老师，以及浮躁心态的社会……虽然，中国青年有幸出生在能够自由选择的新时代，但没有给他们选择的空间和智慧。"因此，我们要创造一个"人人可以成功，人人可以选择自己的成功"的大环境。我觉得，这两句话说到点子上了，值得家长、教育界人士与广大国人反思！

我感到痛心的，是不少企业家都有创出世界名牌的愿望，但我们一心培植、支持企业家成长的，又是谁？

感悟三株吴炳新的《消费论》
什么是社会、组织繁荣的决定性因素？

前不久，三株老总吴炳新先生从美国讲学回来。老友久未相见，热烈拥抱，其兴奋之情表明他此番美国讲学的成功。他滔滔不绝地讲述这次讲学受到了美国学者的欢迎，我也为他的大作《消费论》成功出版表示祝贺。

他之前就已把这部150多万字的巨著寄给我，这里我只谈谈恭读后的一点感触。

消费的"分量"

吴炳新早年就下决心离开国企自己创业，建成了集保健品、医药、化妆品于一身的三株集团，而后再转战各地之后扎根济南，进一步奠定了他几十亿元雄厚的资产基础，最高营销收入曾高达84亿，年纳税额高达8.2亿，一时成为中国最大的民营企业，多次受到党和国家领导人赞扬。

在当时社会各界还在争论市场经济利弊得失时，吴炳新就发表了《消费与经济规律》一文，文中明确认为："社会主义经济就应该是市场经济"。也正是在三十多年前，他开始着迷研究消费与经济。他发现：消费才是扩大再生产的经济运行中非常重要的关键环节，而生产与流通的最终目的都是消费，消费才是生产的动力源泉。这个认识，与当时人们的"生产中心论"差异很大，但这也成为了他下决心边经营边研究消费问题的动力。

现如今，他在经过十多年实践研究之后写成巨著《消费论》，系统全面地论述了经济与消费的关系。

他提出，消费是人类社会各项实践活动的本源，是消费制造了需求与市场，从而使消费统领一切经营活动。即使科学研究，也必然以消费作为出发点和立足点——从而使以消费现象为研究对象的"消费社会经济学"受到人们的重视。但遗憾的是，过去的古典经济学忽视了消费经济学。

在信息时代，优秀企业从生产服务向消费服务转型已是必然，消费起决定作用已无可争议。

思维方式决定一切

吴炳新提出生活、生产和社会三大消费，并在此分类基础上提出"消费链理论"。更重要的是，他在三大消费实践基础上，又提出了思维方法论。

我对吴炳新在改革开放广泛实践基础上，提出领导经营的七种思维方式十分欣赏。

这七种思维方式中，最重要的是系统思维方式。此法与1980年代著名科学家钱学森大力提倡和推广的系统论是一致的。随后在1990年代，美国学者彼得·圣吉完成了《第五项修炼》，主要的核心内容也就是看似与常理相悖，但却是古今智人共同认知的"系统思考"理念。其五项修炼中有四项其实都属于系统思考范围。

吴炳新提出的其他六项思维方法，是逻辑思维方法和辩证唯物思维方法、创新思维方法、突出平衡法，以及逆向思维方法、换位思维方法。

从管理角度看，逆向思维方法是判定领导者成熟与否的重要标志。企业家中与各国政要交往最多的美国著名企业家哈默，终生从事多个不同行业企业的领导工作却一一获得成功，最后成为石油大王，其基本思路正是运用逆向思维方式。

而吴先生提出的"突出平衡，平衡突出"的思维方法则很有新意，即人们决定一种政策时，往往强调最关键又最薄弱的环节，待取得平衡后，再突出另一个关键薄弱环节，从而达到在不断突破中获得高速发展的目的。

稻盛和夫的共鸣

前几天，我们荣幸地请到了日本四位经营之神中唯一还健在的、一手创办了两家全球500强企业的稻盛和夫先生，他将会在今年金秋的"第18届中外管理官产学恳谈会上"演讲。

他何以如此成功？前两年他著述的《活法》一书，已受到中国企业家普遍欢迎。大多数企业家的著作，多是显示自己经营成就和经营道路，唯独他从经营的最根本问题上，提出了自己成功经营的公式和理念，并通过"盛和塾"训练营方式在日本和业界推广。

我认为他的人生公式有三要素：首要因素正是思维方式，其次是工作的激情和能力。目前，所以在企业界兴起一场学稻盛之风，其重要原因，就是大家都逐渐认同了：思维方式的优化是获取企业成功的重要根源，是"活法"在决定着企业战略、策略和方法。不讲究思维方式的优化转变，一个企业就难以持续发展。

看来，有成就的企业家都悟到了研究应用思维方式的重要。吴炳新几乎用他前半生丰富实践在总结他的经营理念，以及他的领导工作。他把思维方式作为管理工作的"金钥匙"，这是很深刻又有远见的提法。因此，学习运用优化自己的思维方式，不仅很关键，也是企业家需要终身进行的一种修炼。

组织昌盛成败之谜

吴炳新的《消费论》，不只是从国家宏观的社会管理、企业营销的微观管理、家庭生活理财的细节管理等诸多方面，来讨论消费管理的理论、方法，他还从管理需求上，如：战略管理、人才管理、投资管理、科技管理、基础管理、财务管理、法制管理、质量管理、监督管理、文化管理、素质教育管理、领导艺术管理、一把手管理、团队管理等多方面深入探讨了管理与消费的内在、本质、必然的关系。

吴先生150万字巨著的重点，就是想说明什么是管理的要害，什么是管理之本，希望在同行中引起讨论。

最后，我有一点感言。

我国企业家放开思路，广泛交流自己的经验，是我国经济发展的前提。最近报上刊载南美一位大学者总结古今中外各国、各地域经济繁荣的普遍规律有两条：一条是人口最密集的地方交通的枢纽；另一条，就是人与人之间知识信息交流顺畅。人类社会进步的进程中，是人口密度与知识信息交流的速度，决定着一个国家或一个地区的未来命运。我们如能为这个充分条件做点事儿，实现袁宝华同志的期待："把每个企业的经验教训，作为全国企业的财富"，我愿足矣！

2009.09 企业大趋势：信息上行，权力下行
南车集团赵小刚董事长的管理理念

2009年我在企业走访中，南车集团赵小刚董事长给我留下了深刻印象。我认为他是一位很有思想、很成熟的企业家。

"思想变革了，管理就上去了"

南车集团，是个不声不响却全速发展并具有世界规模的轨道交通装备企业。我办刊18年才首度叩访，颇有相见恨晚之感。

管理是历史，又是文化。企业不能割断历史独立独行。

赵董谈话开始，就提到："南车的历史，与我国工业史同步。它是中国最早的产业发祥地，是它通过铁路、火车、钢铁、造船、军工等骨干企业构成了中国工业发展框架。但事物都有两面性，'铁老大'在前进中也开始背上沉重的文化包袱，使企业前进放慢了脚步。职工的优厚待遇、社会地位，再加上工作的终身制甚至世袭制，助长了不求变革、唯我独尊的文化现象。"

赵董强调："什么是文化？日积月累的习惯、意识，就是文化。"

赵董点到一例："1997年，改革开放如火如荼，可是我们的一位员工当面指问：'你们领导实行货币化分房，是走私有化的资本主义道路！这下我们多年享有的社会主义福利没有了！'这使我意识到：如果仅仅贴几张标语、说些动员的话，在根深蒂固的传统意识面前，没有多大作用。要从管理下手，做出个样子才行。后来，我们通过货币分房和改建宿舍实现社会化管理，大大改变了简陋落后的生活区面貌，前后对比让现实教育了职工。我们当领导的因为把社会能办的事业都交出去，矛盾少了，也能轻装前进了；把过去耗在职工生活上的50%的时间用在企业

管理和发展上，也能与外资、民企竞争了。说实话，国企领导并不傻不笨。只要从思想认识上来个革命，管理也就上去了。"

"领导的勇气比智慧更重要"

乍一听，并不很理解赵董这句话，听下去才知道这是领导工作的深刻体会。赵董讲："人与人，特别是企业主管这个层面的智慧，其实大家都有，问题是在面临挑战急需拍板立案时，你有没有这个气魄和勇气，结果就完全不同。决策不外乎两条：一是远见；二是勇气。远见可靠大家群策群力，但在需要拍板决定时，是敢负责任的勇气在决定一切。"

做领导，"'无'是更好的享受"

当问到赵董以什么心态处事时，他先讲了个故事："有三个和尚出行，一个拿了把伞，一个拿一个拐杖，一个什么没拿。下雨了，拿伞的淋湿了，拿拐杖的一身泥，只有什么都不拿的反而很好。道理很简单：相信伞的，遇到风；相信拐杖的，遇到泥滑地；只有不拿任何东西的，因晴雨不同能躲行自如的反而最好。常言道：佩剑者易遭暗算。想开了，不要什么都有，'无'可能是更好的享受。"这几句富有哲理的话，对为人做事都十分实用。

"信息上行管控，权力下放搞活"

这是赵董在金蝶主办的论坛上发言时讲到的两句话。它对当今企业管理是非常重要的。我当即在会上表示：这是当今企业经营的大趋势。

他是从"大企业病"谈起的："各国国有大企业效率都低下，很大原因是'大企业病'，上行下达不通畅，这对领导决策执行十分不利。可是，在与GE的CEO伊梅尔特交流与合作中，我看到他们的工作节奏非常快。GE是最古老、最庞大的跨国公司，在韦尔奇主政期就提出解决大企业病的新理念，那就是GE要有大企业的躯体，更要有小企业的灵魂。大企业同样可以对市场大环境变化反应很快。我们如何解决这个问题？南车集团的解决办法就是'信息上行，权力下放'。"

赵董这句话，也使我想起海尔张瑞敏的理念，即让大企业的基层组织都建成"自主经营体"。看来，英雄所见略同啊！

六十年华诞重在警觉未来

从中美博弈谈起

喜逢我国60年大庆，像我这样近80岁的人，既内心欣喜，又感慨万千，想说的话太多了。前几天，接受新华社记者采访，记者在采访之后对我说："您的激情让我感动。"这也使我想到，为什么老人在最后的岁月总想说点写点什么？因为在立业、立功、立德之后的立言，乃人生之大享受。

卷首短文无法表达我心意之万一，只就中国当前国际处境谈点儿感想，写上几句，聊以自慰。

美国靠不住

当今，世界舆论的最大特点是："表象上夸大中国的成就、地位与影响，不惜笔墨大加颂扬，而私下和背后是嫉妒并积极抵御，甚至是为提防中国崛起之势做种种准备"。这就是我们面临形势的本质特征。

但其中也不乏关心劝解或求实有益的话语，对我们正视和理解现实颇有意义。

美国还能依赖吗？这成为全世界的焦点话题，更是中国面对的现实。现摘录代表性观点如下：

"曾几何时，美国是世界经济的发动机。而如今，全球经济力量转向东方，全球商界不再憧憬美国，甚至也不奢望美国消费新潮的到来。美国总统奥巴马也说：'中印诸国再不能继续依赖美国消费来实现自己经济的发展了。'尽管美国经济规模仍然大大超过日、德、中、印的总和，但美国已不是可依赖的国家，还是向东方去寻求发展吧！"（引自美国《商业周刊》）

现时中美关系不只是中国的大事，也是当今世界的关注焦点。美国一方面要与中国绑在一起成为利益互补的全面战略合作伙伴；而另一方面，在经济上不顾历届总统的许诺，悍然对中国采取严厉的贸易保护主义，在政治上或公开或秘密地支持台独、疆独和藏独，未来对达赖，奥巴马也要公开接见。

看当年美国整日本，眼熟吗

由此，人们不禁想到1980年代，作为与日本生死之交的美国，又是如何对待并坑害它的盟友日本的。

当时的日本与当今的中国相比，日本对美国的影响要大得多：当时日本掌握的美国资产、证券达2850亿美元，还掌握美国银行的3290亿资产（占美国银行总资产的14%），占有美国国债30%~40%。日本还占有美国股票交易量的25%、美国电子产品市场的20%、汽车市场的30%、机床市场的50%。除软件行业以外，很多美国行业的技术创新能力都被日本超过或与美国相当。连作为美国文化标志的好莱坞也被日本收购。美国檀香山市长惊呼："檀香山市快变成日本东京的一个区了！"

也正是在日本不可一世的全盛时代，我参加在日本召开的国际科技政策会议。会上，美国人提出下次会在美国开，日本科技厅一位官员公然站起来质问："你们有钱吗？"那位美国人很尴尬地坐下了，会上哄堂大笑。那时很多美国人以到日本秋叶原买日本电器为时尚。可见1980年代日本的狂妄。但美国人随后发动了一次"金融战"，就把日本打下去了，直至二十多年之后的今日仍抬不起头来。2009年2月16日，日本宣布其GDP负增长12.7%！即使如此，日本新内阁仍怕美国误会，反复强调"日美同盟是日本外交基础"。早在二十多年前，日本有人写书向美国人说"不"的时候，美国一个彻底摧毁日本经济的计划就开始出台。后来，日本人吉川元忠写书《金融战败》（"日本"没在书名出现，可见日本的民族性格）揭示了这次美日金融战的详情。此书开局就说："美日金融战如同美国向日本又丢下一颗原子弹，其破坏力及造成的损失之巨，远远超过整个二次大战日本的全部经济损失。"可见，美国的"国家主义"之厉害。

美日金融战全过程，美国人只走三步棋，日本就全盘皆输，政治、经济上要持续俯首称臣。

第一步1985年9月，美国人拉住德、英、法一起参加纽约广场酒店会议，胁迫日本签署"广场协议"，强逼日元升值，理由只一个："严重贸易顺差"。日本就范了，结果不到两年，日元升值一倍，仅这一着棋就使日本这个"制造大国"的制造业差不多瘫痪了。

第二步1987年12月10日,美国人又召开12国会议签署"巴塞尔协议",要求各国银行都提高资产率到8%,尽管法、德、日不同意,美国声言不到8%则拒绝与其交易,以美国独有的金融强势压迫各国就范。日本只好用买美国的证券股票作为资本金与美国交易,迫使日本不得不停止并购,日本的扩张戛然而止。

日本企业出口遇到困难,只好在国内金融市场上捞回补偿,于是日本全国炒股炒楼盛行(房产与股票一样,成为资本家手中把玩的敛财手段),资金流动性泛滥,于是股市楼市泛起泡沫,推动了通货膨胀。此一结果正中美国下怀。

日本政府也出现资本过剩,手里有过多外汇,银行有大量存款,于是采取全力投放到基础设施与基本建设上,目的是保高速增长。其结果使企业贷款困难,直接打压了日本广大中小企业的发展。与此同时,美国媒体与学者们鼓噪吹捧"日本是拉动世界经济的火车头"。银行在此鼓动下也参与炒股炒楼。恶性循环动起来了。

美国人看到日本企业与政府都进入了美国圈套,于是给日本最后的彻底一击,日本经济倒下了。

第三步1989年,美国又使用"股指期权"的狠招,来个最后决定性一击,使日本很难再站起来。美国摩根士丹利与高盛等金融企业对此给予配合。当日本人认识到美国股票只是一张白条时,股市崩盘了,楼市也止不住下跌之势达十多年之久。最近我看到外讯说:中国这么多高楼如雨后春笋长入云天,楼市售价更扶摇直上,他们为此担心后怕。凤凰卫视独立经济学家也说:"如此楼市涨风强势,是对普通老百姓购房的直接打压,这不一定是好事。"

中国,请你擦亮眼

我在这里想说的是,今日世界是美国实力衰微下的多极乱世,金融全球化走向终结,民族主义、国家主义之风兴起,再加上美国带头推动贸易保护主义——中国已成为最大的靶子。

美国政府在巨大赤字压力下,出于自身利益,在其复苏前美元暂不贬值,但等到世界经济开始全面复苏之时,美元大幅贬值已成定局。

以上说法已是人们预料之中的事。如《德国金融时报》就断然做此结论:这次经济危机之后最受益的可能还是美国。过去的经济危机都如此,这次能例外吗?美国的思维理念是唯我独尊,为所欲为——我们近三十年取得的巨大成就来之不易,可要小心美国这个主张先发制人的霸权国家可能使用的损招。对此,我们要有所准备。

袁宝华同志多次讲到的一句话,仍是当今警世铭言:"以我为主,博采众长,融合提炼,自成一家"。此话对人、对企、对国的管理都有指导意义。形势所迫,忧患永存,以求持续发展,是当今人人都需关心之大事。

组建企业文化的障碍

组织障碍

1. 决策层应避免:

(1) 什么都靠不成文的规定。"不成文"就意味着随意性,不认真不严肃。(2) 不负责任的越级指示。"爱批条子"是我们中国的痼疾,破坏极大。(3) 不正常的赏罚。这将激化矛盾,引发分裂。

2. 中层应避免:

(1) 不重视,不认真。常常是畏惧权贵而放弃了自己肩负的责任。(2) 不和谐,窃窃私语。

3. 基层应避免:

(1) 不上心,不理睬。(2) 不问是非,一律执行。

思想障碍

突出的是:好面子。我们中国对于"面子上的光彩、形式上的热烈"的迷恋几乎到了登峰造极的地步,而这直接带来的是实际利益的极大损失。所以,日本管理专家镰田胜先生语重心长地告诫我们中国企业家:"把该做的事做好",比什么都重要。

2009.11 喜听稻盛和夫与张瑞敏谈当今企业之本

坚持18年的谈心

《中外管理》杂志已创办18年了,我们的恳谈会今年也已是第18届。18年,几乎是我人生事业追求时间的一半。另一半,让非业务的"运动"和劳动占用了。

回首18年,想到办杂志的坎坷和困难,曾不止一次掉泪,甚至有过片刻的后悔,但我坚持下来了,并投入了自己退休后的全部时光。

欧洲著名的企业管理顾问罗兰·贝格曾在我们恳谈会上分析中国改革开放后的各行业变革:中国媒体业的改革开放,和进入国际竞争舞台,将是最后也最困难的一个行业。日前的世界媒体大亨会议,我们终于提出了中国媒体要走出去、进入世界,这无疑是一次突破。

1982年6月,我担任《情报学报》主编时,发表了《论媒体走向》的短文,主张媒体要长入社会、深入实际,从大局出发推动学术自由与社会进步。后来我邀请中国科协主席朱光亚写篇有关情报媒体的文章,他在该文第一句话就写道:"我同意沛霆同志关于媒体要长入社会、深入实际的主张。"我深受鼓舞,这也是我退休之后有意办杂志的重要原因。也因此,我办《中外管理》后,有个每月至少与一位企业家谈心的想法。特别是在中国科技讲学团团长钱三强鼓励下,我确实这样做了。钱老说:"我一生从事核工业,为国防服务,但没有机会深入实际为企业服务,这是我终生遗憾,希望你坚持做下去。"

两座当今企业哲学的巅峰

这次恳谈会之前,我们邀请到了我内心深处十分敬佩的两位企业家来会上谈心。

一位是日本"企业四圣"之一、独办两家500强企业的稻盛和夫；一位是我们杂志的理事长、以忧患意识走向世界，并成为国内外闻名的企业家张瑞敏。在当前危机环境下，请他们两位到恳谈会上谈谈"当今企业之本及应变之道"，无疑是这次会议的一大亮点。就我认为，他们是当前对此一重大课题最有见解的两位企业家。

而且，正像稻盛和夫在《活法》一书中所说的，明确这一问题无疑是"在纷乱浮躁时代为企业持续发展打下的一根桩"。审视活法，是让人们"找到活着的意义和价值，找到人生的方向"。这需要从哲学上，具体说从理念、思想上正视"我们为什么办企业？为什么活着？"这样的基础问题。因为我认为，对这个问题的模糊，是使我们企业失败、个人失足的一个最重大根源。

他们两位的共同特点，就是重视做人的根本问题："为什么办企业，为什么活着"，并不遗余力地向人们讲述有关道理。

稻盛和夫不只在日本和海外办了60个"盛和塾"、塾生5000人——我们《中外管理》还专门组织企业家考察团参加他的"盛和塾"大会——现在他又想进一步在外国办"塾"，可见这位老先生心愿之强烈。他说："我没学过企业经营管理，我就秉承正确做人的标准。不管世界发生什么事，照样以一颗追求人生理想的纯洁之心工作。"他坚持"始终保持正义、公正、勇敢、友爱、谦虚之心"去做事，终于成功办成了京瓷与KDDI两家"500强企业"。

以往，我向张瑞敏讨教甚多。当我问他对个人未来怎么考虑时，他很坦然又真诚地举着一支笔告诉我："在我离开海尔的时候，这样一支笔都与我没有关系。"他只有千方百计办好海尔的心。我听说，他有一次回到家拉着他爱人的手说："我们出去散散步"，此时，他爱人竟热泪盈眶……这足以表明，他对事业的忠诚与勤奋。仅点滴引述，就可看到一位优秀企业家的高度与境界。

他们两位另一个重要相同之处，是对待职工特别关爱与重视。稻盛声称："在我心目中，第一位的是我的职工，其次才是客户和股东。"他们两人共同主张放权给基层，让所有基层组织能针对一个项目进行自主经营、自主创新。这可能也是他们这次最想说的一个课题。稻盛称此基层组织为"阿米巴组织"，张瑞敏称为"自主经营体"。在我参加海尔2008年总结暨2009年冬泳动员大会上，当"印度市场自主经营体"在讲台上出现时，张瑞敏特别高兴又自豪地对我说："就是这几个人打开了印度市场！"从其笑容可看出，他对"自主经营体"的殷切期望与坚定信念。

一切的根本是"三观"

我想来想去，觉得稻盛和夫的做人三要素公式很有意义，其核心就是人生观、世界观、价值观这"三观"问题。我们如果能在这"三观"上不跑题，坚持用一颗正义、公正的心和服务于社会的勇气，围绕既定目标执着做下去，任何管理问题都能得到解决。稻盛和夫经常说他没学过管理，但他却能搞好管理，不就是靠这个吗？

钱三强作为本刊发起人，他的发刊词标题就是《管理的理念在决定企业命运》，而理念的核心、灵魂、基础也正是这"三观"。"三观"是决定我们命运的根本。这次恳谈会上能提出并明确这个根本问题，是有极其重要现实意义的。

附1：稻盛和夫的部分人生感悟

下面摘录稻盛在《活法》与《人，为什么活着》中关于思想境界的理念，供大家思考。

1.什么是企业经营者最需要的？

"当今时代最需要的就是从根本上思考'人为什么活着？'"，"尽管它像在沙漠中洒水一样虚无，也像湍流中打桩一样困难。但它是从根本上决定着人们的思考和行动。否则，我们将陷入无止境地追求钱财和名位而疲于奔命。我希望，每人能带着美好一点、崇高一点的灵魂死去。"

2.人生态度能影响管理和企业吗？

"人的生活经历，取决于'人生态度'。人生态度不同，就有高尚与卑鄙的分别。一切为了钱，将最终成为商业丑闻的主角。人越有才华，越相信自己有很强实力，越容易走上不知其危的失败不归路。因此，人生品格修炼对事业、企业都是十分重要的。"

3.什么是人的品格？

"品格是由先天的性格和后天的理念组成的。而后天的理念、思想、哲学是做人的准则，准则的对与错在决定人品格的好与坏，而品格的好与坏决定了人生的成与败。要提高心性的尊贵，要追求人间正道的做人准则。品格的形成，是通过完成工作实现的。"；"工作完成又受品格好坏决定。所以完善工作不如完善品格更根本。"

4.是什么造就了人一生的成就？

"人生成就是由思维方式、工作激情和业务能力这三个要素组成。"；"起决定作用的要素是思维方式。何谓思维方式？就是对待人生的态度，即人生观、价值观。思维方式有好有坏，有积极与消极，因此有正值又有负值，它从正100到负100。而激情、能力都是0到100。三个要素的乘积，才是人的成就。"

5.什么是稻盛哲学的原点？

"这个原点就是'正确地做人准则'。是基于人类与生俱来的良心，并以此衍生出社会基本伦理与道德。它使人不会迷失方向，是企业经营的指针，也是人人必须遵守的判断是非的标准。"

"我的经营，是'以心为本'的经营，就是在企业建立一种牢固的相互信任的人与人之间的关系为中心的经营。"；"世界上没有比人心更易变、更不可靠的东西，但是只要建立起牢固的信赖关系，也没有什么比人心更牢固、更可靠。"

6.什么是我们办企业的目的？

"企业经营者必须有明确的目的和意义，从而能制订出光明正大、顾全大局的崇高目标。具体说：就是追求全体员工物质与精神的幸福，同时为人类社会的进步与发展做出贡献。"

"企业经营的首要目标，是谋求全体员工及其家属的共同利益。"

7.什么是企业经营的基本出发点？

"实现销售额最大，经费支出最小"是京瓷创业时稻盛的基本理念，一直坚持至今。为此，创办了完全独立核算的"阿米巴"小集体。在经营中，实行单位效益时间核算。这与通常说的成本核算不同，而是先获取订单，在订单前提下生产，以投入最少，集中全力追求创造价值最大化。'阿米巴组织'是通过明确责任，确保细节透明公开，形成可以彻底检验效益的经营体系。"

8.什么是经营者应有的境界？

"我的观点与中国道教遵循的'道法自然'的观点相近，即要以基本的道德观、伦理观为前提办事。我是企业经营专业的外行，但我本着这一思想经营企业一辈子，也获得了事业的成功。如果我当初学了经营学，想到的只是赢利，甚至想到一些投机取巧的办法一味通过人际关系去赚钱，一切为了少吃苦多获名利，那也就没有今天。我就是从做人的道理出发，提出我自己的经营哲学，并做到与全体员工共享。我始终如一地去做，悟出道理就记在本子上，始终保持自己追求的人生理想。"

附2：张瑞敏的部分经营感悟

下面摘录张瑞敏及海尔内刊《海尔人》报中关于经营管理的理念，供大家思考。

"昨天、今天、明天，任何时间，脚踏实地的精神都应闪光，而那诱人的目标便不再是虚无飘渺的海市蜃楼，而是成功在握。"

"竞争法则很明了，'要么占据优势，要么居于人下'。占优势要全力以赴争第一、争速度，正所谓'兵贵胜，不贵久'。"

"一个企业在其生命历程中，为了适应不断改变的世界，必须准备改变自己的一切，但决不放弃自己的信念。"

"盛衰、强弱、大小之间没有一成不变，企业亦然。昨日成功的楷模皆可成为今日失败的典型。"

"要有永远的忧患意识。'前事不忘，后事之师'，企业竞争没有终点，没有胜负。"

"追求永远的活力。企业强大难，保持长盛不衰更难。"

"如果每个人每天能革除旧的弊端，再造新的自我，给企业新的定义，那么我们的事业肯定会无往而不胜。"

"现代企业要生存就必须领先，领先又首先是观念。而观念的领先和实施的成功与否，取决于领导者的素质。"

"海尔应像海。唯有海能以博大的胸怀纳百川而不嫌弃细流；容污流且能净化为碧水。"；"大海被人称道的是年复一年默默地做着无尽的奉献，袒露无私的胸怀。"；"只要我们对社会和人类的爱'真诚到永远'，社会也会承认我们到永远，海尔将像海一样永恒存在。"

"赵云'功成而弗居'，功高不争功；吕蒙不靠老经验吃饭，不摆老资格，折节好学，终于由文盲成为文韬武略的将领。这对我们今天集团发展和每一位海尔人的成长大有教益。"

"企业无'守'势。一个企业高速发展就不存在创业与守业的界限。再创业困难，是如何保持不断进取、自我加压的氛围。"

"能不能实事求是，即思维方式的问题；敢不敢实事求是，即思想境界的问题。"

"改革开放为海尔带来最本质、最核心、最打动人的东西是什么？想来想去，比来比去，我认为就是四个字：观念革命。"

"我们打出'海尔，中国造'概念，就是要与'德国造'、'美国造'比高低，就是不服气，就是要长'中国造'的志气。"

"没有思路，便没有出路。"

"在网络搭造的全球市场竞争平台上，企业的优劣势都被无情地放大了。无形资产是新经济下企业生存的资产。"；"创新是新经济的核心。创新首先是观念创新，再次是技术创新。人是保证创新的决定性因素。人人都是创新的主体。"；"挑战满足感，战胜满足感！"

"企业的永恒资产是忠诚于本企业品牌的顾客。"；"顾客买的是享受，不是商品。"

"要让创新价值观成为企业成长的基因，成为企业自身的价值，也是企业生存之本，也就有了核心竞争力。"

"组织要成为员工表现的平台，员工在平台上创造价值的同时，也体现自身价值。"

> 领导工作没有预见，就谈不到远见，没有远见必有近失。预见就是从过去和现在的事实中寻找规律，也就是想到未来

2009.12 缅怀为国鞠躬尽瘁的钱学森主席

2009年11月6日,钱老生前的同事、朋友、学生和中央领导同志,纷纷来到八宝山,参加这位爱国科学家的遗体告别仪式。一支3000多人的人流长龙静默地徐徐走向灵堂,向他老人家致敬和告别。大家看着悼词,无不感慨:"他为了咱们这个国家,可真是鞠躬尽瘁了。不易啊!"

当我看到他老人家静静地躺在鲜花丛中,头发已掉光了,由于经受病痛折磨,他常有的微笑不见了。那一刻,我不由地落下眼泪。随即,过去的一幕幕浮现眼前……

穿梭50年忆往昔

那是50年前的1959年。我看到他在国庆游行队伍中与同事们谈笑风生的情景,回去后自豪地告诉同学:"我看到钱学森了!"

一晃13年。那是1972年,他在国防科工委担任主任时,特意接见我们搞科技情报研究的三个人,亲切告诉我们在科技情报方面应重点抓些什么?并告诉我们不要跟着西方人的说法走,要有自己的主张。

一晃又是11年。1983年,他任中国科协主席,我也调到科协工作。我跑到他面前说:"您可能不认识我……"他马上抢过话头开玩笑似地说:"你是大名鼎鼎的杨沛霆,我怎么不认识!"一下子,他在我心目中的神秘、生疏感,瞬间都消散了。

在1970–1980年代,他对我们搞"软科学"的晚辈,持续不断地给予了大力支持。我们开什么会,都往往能首先得到他的热情鼓励。有一次,我负责召开的"交叉科学会议"上,他和钱三强、钱伟长"三钱"都参加了。大家说:"三钱"有机会并坐在一起,是难得的机会啊!大家欣喜异常。只可惜,当时没留下"三钱"的合影。

5年后的1988年,他直接管中国科协时,几乎每周五上午都召集我们一些局长汇报。我汇报时,他都叫我坐在他右边座位上,因为他左耳不好用了——他总是让人感到那么亲切。

重温钱学森的远见卓识

1984年4月,我们的人民领袖胡耀邦同志呼吁人们学科学、学管理。我有幸参加筹组中组部等六单位发起组织的《迎接新技术革命知识讲座》工作时,特请钱老讲第一讲。

如今,我又重温他那篇讲话,他字里行间无不流露着对祖国的厚爱,与对国家美好未来的憧憬。而且他提出了很多至今还有意义的建议。说真的,当时我们国家上百位部长、一千多位司局长等掌握国家命运的人,都现场认真听了,可是后来钱学森的思想又有多少能融入治国实践中,就难说了。

他当时特别强调的几点,直到今日依然重要。因此,在此再次重新归纳,并联系现实与大家分享:

1.要用系统工程的思想来管理社会、管理国家。这次全球经济危机的发生,正是因为每人都"就事论事"地处理问题,短期看起来对每个参与者都有利,却最终导致世界遭遇劫难。可最后,连主管美国宏观经济的格林斯潘都不认为自己有很大责任。我国去年的牛奶问题也如此,似乎是三鹿在承担责任,但深究起来,与无人负责的次贷并无差别。这主要是官产学三界,没有认真、深入地系统思考。显然,让局部承担全部责任是不公正的。早在1984年以前,钱老就反复强调:"系统思考是管理工作之根本。"但很显然,我们实施得很不够啊!

2.对中国来说,"三农"是大问题。钱老的报告曾指出:关键是搞好城市化建设中的"农村小集镇化",从而"形成劳动与技术双集约的高效能大农业综合体系"。他还提出对太阳能、风能的利用,力主改变能源观念。所有这些,我们觉得是否有些晚了?

3.钱老提出:"要研究世界,把各国实践中规律性的东西统统用起来,从而不断地进行体制改革。""国家体制、制度不合适就要改变,否则会成为障碍。要听专家意见,进行量化分析。"这些,直到今天我们也还没做好啊!

4.他说:"政府要有自己的总设计师主导下的咨询参谋本部,即各方面专家组成的'总体规划设计部'。"他还很早就提出流通、金融等事业的管理与发展是很重要的。然而,这些直到今天我们才真正感觉到了,滞后了十多年。

仅此几点,就足以看出钱老为国为民负责的科学家精神。

至死不渝的爱国精神

而学钱老,就是要从国家前途命运的角度,来思考自己的工作。

我们都知道,他多次获得我国科学界最高奖赏,甚至他自己说:已不像首次获奖那么激动了。让人们感动的,是他得知获得"科学成就终身奖"之后,立即嘱托把200万港元奖金直接捐给西部沙漠治理事业。他常笑谈自己姓钱,不爱钱。他对名望、地位也不屑一顾,并坚持不题词、不参加鉴定会、不担任虚职、不到外地讲话、不搞应酬、不要新房。总之,名位待遇,他从不当回事。

生前病中这几年,他想的仍然是"中国目前最缺的是高素质的拔尖领军人才"。2005年7月,温总理登门拜访他,他语重心长地说:"我们缺的是有创新能力的领导,不但有科学知识,还要有文化艺术修养。文化艺术修养对我后来从事科学工作很重要,帮助我开拓了科学创新思维。"后来,钱老躺在病床上对温总理作嘱托:"现在中国还没有完全发展起来,其重要原因,是至今没有一所大学能按照国家需求来培养科技发明人才的模式去办学,没有自己独特的东西,总不能冒出杰出人才。这是个很大问题啊!"这是他与温总理的永别之言。

在钱老面前,那些损公自肥的贪官,那些迂腐空论的学究,难道不应该感到无地自容吗?

在钱学森永远离开我们的时候,我最后一次看到他坚毅而安详的遗容时,闪烁在我泪水中的,是他身上的一面党旗。那一刻,我多么希望在他身上再加覆一面鲜艳的国旗啊!

钱学森的学术领域,也许和我们很多人一生都无关,但钱学森的"爱国精神",是我们要永远学习的!官产学各界,都要学习钱老至忠至诚的爱国精神,并让它在祖国大地生根、开花、结果!

从城管"进村"到房产"绑架"
"以民为本"谈何容易

2010.01

在我们2009年11月召开的第18届官产学恳谈会上，嘉宾们围绕"2010决胜复苏期"谈了方方面面的看法。会后，我反复想：什么是当今社会和企业管理的核心？

"小摊贩"反映"大民生"

每天早晨，我上班都经过一个路边摊贩市场。摊贩们一年四季站在那里，天寒地冻、风吹雨打……但他们总是笑脸迎人，因为他们要生活。可是他们总是心惊肉跳地睁大眼睛四处看——有没有城管来。一发现踪迹，立即推车落荒逃走。十几年来，城管一旦抓到，通常就对水果蔬菜脚踩车碾，或连人带货用车拉走，狼藉一地，号哭一片。围观百姓纷纷说：这些城管巡逻很像过去"鬼子进村"！

至今情况似稍有好转。据报载，外地城管开始"文明"了——城管不砸不抢，而围着摊贩行"注目礼"，迫其离开。我回忆起1979年去西德，看到早晨五点多摊贩开车来，九点开车走，地面收拾干净，大家购物方便，摊贩也满意而归，并没有看到一个城管。我在日本工作时，发现他们的警察与摊贩协会一起，建了有透明屋顶的摊贩亭并免费提供，这样既保证了摊贩的安定，大家购物也方便。

资本主义国家能做到的事，我们就做不到？可是，我们城管多少年来坚持与摊贩"为敌"，就是不改。我对此困惑不解。最近，我看到几位赶跑摊贩后仍在那里留守东张西望的城管，就问："你们长年这么赶，觉得有必要吗？"他们无奈回答："这不是我们愿意做的，可是领导就让我们出来！有什么办法？"此时，我无语，只想到一位政府秘书曾感慨："如果我们的公务员减一半，工作可能做得更好。"

最近中央领导经常号召"执政为民",可是我们的城管却"与民为敌",不为"民"解决问题。上下形成强烈对比。日前,中央经济工作会议又特别强调放宽户口限制,缩小城乡差别,解决农民在城镇的就业问题。可如果连农民入城卖菜都面临"扫荡",再奢谈让他们在城市落户就业,不是太难了吗?我想归根结底,管理是个对"执政为民"的认识问题。只要解决了工作"为民"的意识,什么好办法都会有的。反过来,一切落到执行上,恐怕不过是重复"进村"而已。

房产泡沫在绑架全社会

最近,《参考消息》刊载郑永年《中国警惕"社会墙"越筑越高》一文,他指出:"中国地方政府和发展商绑架了整个住房体系,转而又绑架了年轻购房者,接着绑架就业、买房、结婚和养家。大家都感觉不幸福……教育资源分配不公……信任缺失,法治社会不可能实现……当'以钱为本'成为社会主导体制,这个社会就解体了。"该文有些偏激观点我不敢苟同,但是它提醒我们要警惕总是件好事。关于中国的房地产泡沫,海内外都担心2012年前后将出现大麻烦。近来一位售房者对我言之凿凿:北京房价将涨到5万/平方米!而现在,一套百来平方米的精装房已卖到600多万!即使白领也纷纷望房兴叹。社科院《2010年经济白皮书》提出:"房价飞涨的今天,居民85%买不起房。此问题解决不好会严重影响社会安定。"因为民众的"居住权",注定是民生的一大问题。

而很刺眼的是,我家附近一栋大户型商品房以4万/平方米高价全部售空,但每晚大楼却一片黑暗——房子,在暴涨声中已完全成为投资者赚钱的工具。然而天下没有价格永远上涨的产业。前些年美国人就因为忽略了这一点,才酿成了次贷危机。我们如果一直心中无民、唯利是图下去,我们就能逃脱规律的惩罚吗?即便不是今天,那明天呢?后天呢?不管哪天,但总有一天,不是吗?

居安思危,未雨绸缪。值此新年前夕,我代表杂志社全体同仁向企业界、学界朋友们致以新年问候!

中国不能再陶醉于GDP总量了

2010.03

古人总说一年之计在于春。而长远大计，首先是人的质量、人的素质。现在都说以人为本，但人之本，依然是质量和素质。离开了素质提升的人本，就会成为动物园。

其实社会上的不幸，哪一件不是与人的素质相关？特别是干部的素质。朱镕基同志退休多年来，最担心的正是干部素质问题。

我们挨打时，竟都是GDP大国！

而干部的素质，首先应体现为发现与认识问题的素质，和制订政策与计划的素质。而什么才是政策与计划工作的本质？为民众谋福利！让亿万民众过愉快幸福的日子！基于此，我们该好好反思我们各地方笃信的"GDP主义"了。

GDP当然很重要。当前，我们已成为世界第三经济体，很快将超过日本成为世界第二，甚至人们已开始议论我们何时超过美国成为世界第一。在国际上，没有中国参加，就难于解决任何重大问题。这时，我们才真正体会到"中国人民站起来"的自豪，更是我们改革开放之前想都不敢想的。

但是在对GDP的认识上，我们要清醒地实事求是地按科学发展观行事。仅举二例，说明GDP的本质。

中国小孩子都知道1840年的鸦片战争，并为此痛心疾首。可包括很多成年人都不知道的是，当英国悍然侵略中国，当清政府一败涂地最终丧权辱国时，我们当时的GDP总量依然是弹丸英国的好几倍！是的，我们道义上比英国占理，我们GDP上比英国大得多，但英国人不怕我们，而我们却又失败得很惨！为什么？！政府腐败，固然是重要原因，但我们GDP质量（即经济产业结构和与之相关的军工产业）落后，已决定了我们必败无疑。显然，这不是林则徐和三元里农民的爱国热情能左右的。

再有，我出生那年日本发动"九·一八事变"占领了东北，并进一步在八年侵华战争中长期处于军事优势，甚至要不是我们在边陲云南果断炸掉一座桥，日军可能直取陪都重庆。为什么日本会有如此优势？要知道当时中国的GDP总量，也是远大于"小日本"啊！和英国一样，日本不是靠GDP的数量，而是靠GDP的质量！他们都是在下大功夫改善国民经济结构后，重创当时GDP大国中国的。

而先进的经济结构，归根结底仍是人的素质，特别是干部的素质决定的。

要把重点转向优化人均GDP质量

最近，吴敬琏等经济学家也在呼吁中国GDP不能再一味快速增长了。借古鉴今，还是把有限资源与实力用到完善经济结构、提高经济结构的先进水平上最重要。

中科院中国现代化研究中心日前发布的《2010年现代化研究报告》指出：中国在21世纪末成为现代化发达国家的概率其实只有4%！其理由是：1.人口规模庞大，且老龄化严重；2.地区发展极不均衡；3.政治改革缓慢；4.人均收入差距大。

最近，国家发改委副主任张晓强指出：中国人均GDP只有3600美元，依然排在全球百名开外！甚至不到世界人均的一半！而达到发达国家水平，那要人均GDP两万美元。如果再考虑到今后我国必将面临的"人口老化"问题——中国30年的飞速发展，很大程度是依靠"人口红利"实现的，但是随着今后中国的老人日渐增加，而最富活力的年轻人日渐减少，我们还靠什么去实现2020年全面小康的目标？更何谈在2040年以前从人均实力上去"赶日超美"呢？

所以，我们不能再继续满足于GDP总量的增长，甚至一味追求超过美国。在新30年内，我们的目标要放在人均GDP进入世界40强上。只有民富，才能国强。

松下幸之助有句话："世界上一切失败者，无不从自满开始走向狂妄，因失去警惕与激情而失败。"我们不能忘记，我们还有一亿多同胞的生活还处在贫困线以下，我们在行政管理上，在民营企业竞争力上，在社会福利保障等大众民生方面，还做得不够好。

当受到来自世界的赞扬、吹捧时，我们头脑要保持冷静，要有危机意识。而危机意识，是当今干部素质提升的不二法门。

比尔·盖茨的父教启示

什么是培养企业家的正确道路

2010.04

大企业家是从家教开始的

2009年，本刊举办的第18届中外管理官产学恳谈会上，本刊理事长张瑞敏、日本京瓷老板稻盛和夫就"什么是企业经营的根本"进行了对话，说到了今日企业经营的实处、深处、要害之处，让到会的企业家无不感到痛快。稻盛听到张瑞敏没有产权还全身心投入企业经营时，吃惊地表示太难得了！让他心服口服！而稻盛自己先后把两个企业推进世界500强行列，最近又接管亏损严重、申请破产的日航——78岁高龄所表现出的勇气与气魄和忘我为国为民的服务精神，让世界无不赞赏敬佩。

但我特别注意到稻盛和夫在功成名就时曾说过一段话，大意是：我不懂管理，也没正式去学过管理，我经营企业还是我父母对我讲的话在起作用。

可见，父母教育对稻盛的重要。

有一次，我对我的小孙子说："你背诵的《三字经》中有一句'养不教，父之过'。你学习中不会的，要找你爸辅导。"小孙子说："晚上我再不让爸爸没完没了看电视，要帮助我学习完了，再让他看！"我说："太好了！尤其是电视剧绝不能让他看！"我们全家哈哈大笑。

世界首富、微软老板比尔·盖茨，是世界公认的技术与经营双赢的能手。更重要的是，在他精力旺盛的中年就转向慈善事业，成为世界最大的慈善家。而日前阅读《盖茨是这样培养的》一书后，我更觉得分享比尔·盖茨之父如何教育他的孩子，会引起老板们的关注，毕竟我们老一代都梦想自己的孩子能接好班、创好业。

老盖茨说：一个家庭就是一个社会，家教对社会、对国家都有特别重要的地位。它又是一个国家的"细胞",它好了一切都好,"家和万事兴"。只有家教,能把上述两件事都联结起来,家教成为人一生成长的关键所在。

要帮助孩子始终保持好奇心

老盖茨说:我总去发现孩子身上的亮点,并加以欣赏表扬,从而使孩子在你的引导下,在欢乐中继续努力。老盖茨发现小盖茨有很浓厚的好奇心:"好奇心是幼儿前进的动力,我要让好奇心在孩子身上持续下去,我就必须做到时刻能满足他的好奇心。"

要让孩子养成读书习惯

人生的成就不外乎"读万卷书,走万里路"。前一句要承继人类的间接知识,后一句是要人们通过自己实践,形成自己的知识与思想。二者结合起来,人就聪明了,对人对事都有办法了。

老盖茨还在小盖茨很小时,就常常领着他到图书馆,顺着他好奇心地追求,让他大量读书。这引起了小盖茨对读书的极大兴趣,从而培养了他很好的读书习惯。

小盖茨成长中的幸运,不只是家庭重视让孩子读书,他的学校也很重视学生多读书——而绝不是像当前中国教育这样只给学生留下深夜都做不完、说不清对一生有什么用的作业。每当寒暑假,小盖茨的学校总是给学生留下必读和选读的书目。开学时,通过开展读书竞赛评比活动,由老师宣布获胜者。因为小盖茨爱读书,又有争强好胜的性格,所以他总是在读书竞赛中获得头名,受到老师和同学的赞赏。

这就使小盖茨对读书的热情一发而不可收,对他终生成就产生了深远影响。我们常说,要教给学生获取知识的方法,而不应该只教其知识。这就是让孩子学会选书和读书。

所以说,小盖茨快速成长的内因是他的强烈好奇心,外因就是他父亲从他幼小时就引领他的好奇心到阅读各类书上,让孩子能掌握世界万物的运行及其规律。

必须让孩子少看电视

老盖茨说:"满足孩子的好奇心,可以有多种方式,但做父亲的要选择合适的方式。首先就是让孩子少看电视，多看书。多看他有兴趣的书。可以给孩子购买大量的书，让孩子们选读。后来他着迷地读到很晚，甚至我们也不会严格限制他们的作息时间，强迫孩子去休息。"

让孩子习惯解决问题刻不容缓

在谈到养成良好习惯时，老盖茨说："吃饭的时候，有时见到一个不认识的单词，大家会停下吃饭去翻字典，并朗读给大家听。久而久之，形成了小盖茨一个重要理念：有问题，就要马上去找答案。"

让孩子从小实践理财和经营

提到要让孩子积累生活经验时，老盖茨说："我们全家和学校老师都很喜欢他，不只是他学习很好，也会积累生活经验。在盖茨还是童子军时，我们就让他做小买卖，如：出售未经加工的坚果，挣了钱作为假期同学活动的开支。而且在同学团队中还组织竞争，看谁挣的钱最多。盖茨每次都肯花时间挨家挨户去找客户，要订单。最让人想不到的，是他从小就喜欢做生意，还记录下做生意的体会。"

父母也要学习孩子的闪光点

"我们当父母的一言一行都会受到孩子关注，甚至兴趣爱好、衣着打扮、生活习惯都成为孩子学习观察的榜样。但为什么当父母的不能也从孩子身上学习到很多东西？我的女儿从小就养成了理财习惯，现在成为美国四大会计师事务所德勤的合伙人，还是另外四家企业的董事。她从不喜欢别人叫她'比尔·盖茨的妹妹'，她要独立创业、独立生活，一切自己拿主意，以自己的方式工作和生活。"

人的素质教育，当务之急

从一个人的教育过程看，有家庭教育、学校教育和单位、社会教育三阶段。家教重在道德习惯教育，主要不是学知识，在幼年家教就为人的素质奠定了基础，因此，它是人生最重要的一个历史阶段；学校教育与家教不同，学校教育重在知识与知识利用方法的教育，而不是职业教育、岗位教育；社会教育与职业岗位教育，重在责任教育、奉献教育。这三个阶段构成了人成长成熟的全过程。

把一切活动都纳入到对人素质教育的轨道上来，是我们的当务之急。

世博会应该给中国带来什么?
回想1985年参观日本筑波世博会

全球关注的上海世博会开幕在际,人们都在跃跃欲试想办法弄票,去见识这个期待已久的盛大展会——这种心情很像北京奥运会前。

一提到世博会,我就想到25年前的1985年。当时我在日本科技厅政策研究所客座工作时,受邀参观了日本筑波世界博览会。据报道,当年我国有数千人乘船赴日专程参观这个博览会。

日本世博为什么孩子居多?

我也抱着"外行看热闹"的心情去参观了这个世界各国争相展示自己高科技成就的赛场。但我怎么也没想到,世博会大门口却挤满了吵吵嚷嚷的中小学生,而成年人却很少。我一度以为走错了地方,但世博会大门明明就在眼前。这使我迷惑不解:中小学生懂什么?怎么到世界博览会这样深奥的地方添乱?

当我随着学生洪流一起拥进会场时,映入眼帘的是目不暇接的奇形怪状、五光十色、交相辉映的各国展览馆。使我奇怪的是,有的国家馆显得很冷清,但当我看到日本馆这里时,四个馆门前都排着大队,要等待1-2个小时才能入馆参观,而那些日本学生正在这里等候。

我也十分好奇地排起了队。一进计算机与机器人展馆,门口就站着个机器人在发一张展项说明。进馆后,看到的是一个全新的机器人世界:有的机器人在弹钢琴;有的机器人在讲故事,介绍日本大和民族的起源与发展……

再进入生物馆,我至今难忘的是一棵大西红柿"树",它像藤萝一样爬满架子,上面挂着上万个红红的西红柿。日本讲解员面向学生高声喊道:"我们日本是资源缺乏的岛国,但我国又是个出口大国,靠什么? 全靠日本人的智慧。你们看,这棵西红柿在开馆前培植,现在已结了一万多个,这一棵西红柿你们家一年也吃不完。不用遗传基因等新技术,只要合理、科学地利用阳光、肥料和水,我们就能有这么好的收成。只要我们年轻人一代一代掌握创新科学技术,虽然我国国土十分狭窄、人口密集、资源贫乏,但一样能成为世界强国!"讲解员赢得了学生们一阵阵掌声,显然上了爱国家、爱科学的生动一课。

当我走出展馆进入大院,并不像想象中的摆放着机器、汽车等大家伙,而多是启迪智能的"游戏"。我挤进学生群,看到一个没有支撑,也没有悬挂的孤立地在空中的水龙头不断喷出水。有的大人就问孩子:"水从哪里来?"很多孩子傻了,有一个孩子欢叫:"我猜到了!水柱中有个人们眼睛看不到往上注水的玻璃管,而后又让水顺着玻璃管流下来!"这些科学游戏无疑大大唤起了学生们发现问题和解决问题的兴趣,使孩子们在欢声笑语中受到了教育。

中国世博能为教育贡献什么?

在此时此刻,我看到院内大标语:"世博会就是一所大学校"、"要把一切社会活动纳入教育人的轨道"。我此时才彻底领悟到了日本人办世博会的目的:教育国民,教育新一代。说得简单一点,就是教育人。既然是教育人,就要让人们看得懂、有兴趣,给人们科学知识(事实、规律)、技术知识(产品、实物)、方法知识(思维方式方法),以及喜闻乐见的表述,让知识与智慧永远植入人们的心中,让国民提高悟性、能力、水平。

每当我想到"要把一切社会活动纳入教育人的轨道"这个口号发生在日本,就使我感慨万分。与之相比,25年后我们在豪情万丈办世博时,是否也把教育国民、推动提高全体国民素质纳入进了自己的世博思路,让世博成为推动中国可持续发展的精神引擎呢?

大喜总难免伴随大悲。前年奥运盛典之前发生汶川之痛,今年世博大观之前又发生了玉树之难……悲痛之际,相信我们依然坚强! 只要人的素质提高了,一切灾害都不可怕!

2010.06 当中国模式席卷全球,中国怎么办

模式是个什么东西

近两年,国际舆论对"中国管理模式"的议论甚嚣尘上,甚至言必称中国模式。如外国报导这次世博会,也认为"上海世博会引发人们对中国模式的兴趣"。可是,我们国内反倒很少有人议论此事。人家已经把"中国管理模式"的帽子给咱戴上了,可是我们却不知道这个帽子是个什么东西。

我们先要弄清楚模式的本质(而非定义)。首先,模式必然蕴含着独到而丰富的创新内容。没有创新,就没有让人们学习模仿的价值,当然这种创新必须有可推广的普适性。如最近北京出现一位"山寨局长",他看上了模仿政府行为做买卖可赚大钱的方式,竟然赚了1600万元,活动长达四年之久。你不能说他不是创新,但绝不能让人学习模仿,还要严加打击。因此,创新是必要条件,但不充分,还要具备让人可模仿学习的范式,即有模范的意思。我同意全国工商联副秘书长王忠明给模式赋予的概念:"模式有强调、放大、夸张的意义",同时具有普适、宣扬推广的意义也是不可少的。

中国已成"模式"了吗

那么,什么是"中国管理模式"呢?其来源于中国近30年改革开放创造长期两位数增长,成为世界第三大经济体的光辉成就。尤其是通过奥运会、国庆盛典和上海世博三大盛典,中国更令人刮目相看,于是人们竞相以谈"中国模式"为时尚。

先谈世界对中国模式的看法。当今世界流行三大观点:一是大加赞扬、"中美

决定世界事务"的G2说法，认为"30年内中国将超过美国成为世界第一"，甚至最近英美报纸还煞有其事地说："中国还是别当老大，当老二对中国更有利。"尤其是外国工商界人士多持此观点，很看好中国。他们对西方已失去信心，所以号召学习中国模式。而西方不一而足的吹捧，让我们也有些迷糊。第二种观点，属于"棒杀派"，认为中国模式与西方模式背道而驰，必将是对西方世界的严重威胁，极力把中国模式政治化、妖魔化。第三种观点认为："中国体制内还存在问题，是否成为大家学习的中国模式，还有待观察。"这三种观点也有共同之处，即承认"中国模式已是客观存在，它不以任何人的意志而转移"。

从世界舆论种种论点来说，也还处于变化之中。1992年，美国人弗·福山向世界宣称："自由市场经济、民主政治的西方价值观已取得决定性胜利，今后将永续永好，不会有其他制度取而代之的可能。"当时世界191个国家，有118个国家明确采用西方模式。可是20年后，这次经济危机使越来越多的人认为西方模式已经没落。以色列历史学家甚至得出了"专制大国回归"的结论。美国名刊《外交》也发表了《西方制度倒退，开始向专制化转变》的文章，认为：今日经济越来越需要政府的直接干涉。于是又有人主张：人均产值超过6000美元是个门槛，执行自由经济民主制度会稳定；但人均产值不到6000美元的国家，以专制体制获得稳定发展，在制度上可能更有优势。

我们该做些什么

我们作为中国人当然不能置身事外。我们也要研究中国的管理模式（包括：行政管理与企业管理模式），以求有个清醒正确的认识，每人都成为有效的管理者。为此，日前我向中国管理现代化研究会成思危理事长请示。他说：我们应该支持建立相应组织研究探讨此事。

关于企业管理模式，在金蝶董事长徐少春主席的倡导下，以"总结梳理出成功的中国企业管理模式并加以推广，促进中国管理现代化的发展为宗旨"，建立了"中国管理模式杰出奖"，这是一个良好开端。在此基础上，从实际范例出发，研究探讨中国管理模式的本质、形式、方向，已势在必行。

稻盛和夫：也是国人之师

2010.08

2005年，我在上海机场买到了稻盛先生《活法》一书的中译本，随后一口气读完。在《活法》一书中，稻盛先生提到：身居乱世，审视活法。他判定纷乱状态在不断加深，混乱正在人间蔓延，危机与浮躁在鼓动着每个人，无休止地为钱、为名奔波纠结，乐此不疲。此时此刻，我们要从本质上提问：人到底为什么活着？为什么你要办企业？只要这些问题想对了，就是为这纷乱、私心搅动的社会洪流中打下一根桩——稻盛先生这句话太好了。

此后，我买了很多关于人生的书。我越来越感悟到在当今巨变、多变、快变并且正由私心搅动的世界里，每人都要为打深、打实这根桩做出贡献，否则就不会有进步和谐的社会。对人生的意义，世界名人各有高论，但稻盛先生讲得最实际、最贴切，因为他是真正通过自身实践体验得出的结论。

这是怎样一个浮躁的世界

那么，该怎么看这个世界？该怎样描述这个充满巨变、多变、快变的浮躁时代的社会特征？那就是：

生活忙乱却前途未卜警讯频现却不求安分；
丰衣足食却巧取豪夺稍有成就却大肆宣扬；
享受自由却孤家寡人多元社会却就事论事；
特立独行却不思进取精明能干却缺少思路；
信息泛滥却闭塞无知聪明伶俐却钻研歪道。

这些并不是人们原想如此，而是浮躁思潮推动下的社会百态。问题出在哪里？我想以我亲身经历，看官、产、学三界的浮躁。

我们中国的官、产、学各界的人生观、价值观是什么？很值得研究探讨，因为只有人生观、价值观才是真正支配人们言行的、内心深处起动力作用的马达。

我曾为中央部委1300位司局长、100位部长，以及各省委五大班子领导、在中国市长培训中心先后十多年学习过的1000多位市长讲过课。在一次学习期末考察昆明市的活动中，我与市长谈心较多。一次有几位市长到我房间来，我问他们："我讲了十多年课了，你们感觉怎么样？"他们说了些客套话："我们也看管理与领导的书，但通过这次学习深刻了、系统了。"我又问："有用吗？"他们笑了，我说："笑什么？"他们几乎是异口同声地说："没用！"我愣住了。他们说："我们一说您就懂了。我们靠什么当上市长？又靠什么可以连任？并最后到人大、政协，完满一生？首先不是靠知识，而是靠上面领导的认可。只有这样，我们的市长才当得长。不只市长，所有行政干部为了自己的前途命运，无不如此。"这就是中国官员的价值观、人生观。

再说学。科学的本质是实事求是，说真话、干实事，解决问题的才是学者。但使我意外的是，我发现学校老师们不是以教学优秀为本，而是一味追求发表论文，追求的是名、是官，因而难以做到实事求是。在一次与朋友吃饭时，我说："我终身遗憾的就是大学毕业后只当了三年老师就服从分配到中科院了。"同桌教授们却说："你做对了，现在在学校当老师日子很不好过。当老师不是比讲课教学生，而是比写论文，在国家刊物上发表，否则当不了讲师、副教授，而要当教授更必须在国际著名刊物上发表文章，主持什么国际会议。这个价值观像个铁帽子、紧箍咒，逼着每个老师每天想的就是写论文出名，压力极大，谁还把主要力量用在教学上？于是少数人写论文压力太大了，就抄……"

由于学者的价值观、人生观也歪了，于是为名、为职称而奋斗，而不是为教好学生。再说咱们企业。追求什么？做强做大！如何做强做大？就有问题了。正像稻盛先生所说的那些现象，单纯为挣钱，追逐名利，于是走上歪路。

早期中国企业家追求什么？追求政治待遇，并为此纷纷栽了跟头。而现代企业家追求什么？追求无暴不富。两个时期，两种思维方式，都是两个字："浮躁"。如果他们能像稻盛先生那样把"人为什么活着？为什么办事业？"这些根本问题落到实处，成为每个人做人做事的根本出发点和言行准则，结局必然不同。

稻盛哲学在指引我们改变活法

"因此，就需要从改变思维方式下手，实现180度大转变""深刻感受人生，提高人性，修炼灵魂，实现不断完善自我的目的"。这就是稻盛先生"德盛于才"的基本理念。

这一思想集中表现在他的成就公式上：

人生成就=思维方式（-100～+100）×激情（0～+100）×能力（0～+100）。他认为思维方式是真正决定人生的主要因素。

我在"人为什么活着""人应怎样活着"方面看过不少书，都不外乎规劝人要从善，但从善有同情、怜悯、施舍之意，而我们追求的并不是公益事业，因而与此有别。我同意IBM运营战略首席顾问白立新博士说的："'自利则生，利他则久'就是稻盛的经营哲学"的结论，也就是作为一个"人"，应有的基本人生观、价值观。大到国家，小到家庭无不如此。即使自己的家庭亲人与所在单位的同仁也要按此办事，无不和谐，无不皆大欢喜。

我们看看，受自己影响最大的是谁？一是家庭；二是职工。因此，我们很多老板现在观念改了，不再把单独强调"客户是再生衣食父母"叫得震天响，更不是"股东利益万岁"。几年前，国家曾派很多企业主管去西方培训考察。回来后，我求教一位老总"什么收获最深刻"时，他头一句就说："为股东服务"。可是现在，我们本着稻盛和夫的思想，应该说"职工至上""为职工服务万岁"。因为只有职工心里想着你，你一声令下才能一呼百应，自然客户、股东的利益也就都有了。如果职工离心离德，上有政策下有对策，还何谈客户与股东的利益？我至今记得去年我们恳谈会邀请稻盛先生与张瑞敏对话一结束，78岁的稻盛先生就下讲坛直奔大厅，去看望他在展厅的职工，谈话问候。"职工至上"不是一句空话，是渗透到潜意识中的习惯。

世界上的真理无不是简单又可行的。从做人到做事做企业，稻盛先生都是我们真正的好榜样，是我们真正的思想大师。过去政治思想工作"假大空"使思想工作走错了路，但这不等于思想工作应该不做！最近，全国召开人才会议，胡总书记、温总理已把人的工作说到极致，下面就是我们具体怎么通过思想工作，校正价值观、人生观这个意义深远的大工程了。

我在此呼吁：面对当今乱世，万心浮躁，不讲公德，一心为钱为权奋斗，利欲熏心的世界，我们每人为公益公德打根桩吧！